"十三五"国家重点出版物出版规划项目

中国经济治略丛书

PPP模式支持"一带一路"建设：效应、机制与政策

PPP Mode Supports the Construction of the "Belt and Road":
Effect, Mechanism and Policy Optimization

仇娟东 著

中国财经出版传媒集团

经济科学出版社
Economic Science Press

·北京·

图书在版编目（CIP）数据

PPP 模式支持"一带一路"建设：效应、机制与政策 /
仇娟东著 . -- 北京 ： 经济科学出版社，2024. 12.
（中国经济治略丛书）. -- ISBN 978 - 7 - 5218 - 6169 - 3

Ⅰ. F125

中国国家版本馆 CIP 数据核字第 2024JN6404 号

责任编辑：王　娟　徐汇宽
责任校对：杨　海
责任印制：张佳裕

PPP 模式支持"一带一路"建设：效应、机制与政策
PPP MOSHI ZHICHI "YIDAIYILU" JIANSHE：XIAOYING，JIZHI YU ZHENGCE

仇娟东　著

经济科学出版社出版、发行　新华书店经销
社址：北京市海淀区阜成路甲 28 号　邮编：100142
总编部电话：010 - 88191217　发行部电话：010 - 88191522
网址：www. esp. com. cn
电子邮箱：esp@ esp. com. cn
天猫网店：经济科学出版社旗舰店
网址：http：//jjkxcbs. tmall. com
北京联兴盛业印刷股份有限公司印装
710 × 1000　16 开　18 印张　300000 字
2024 年 12 月第 1 版　2024 年 12 月第 1 次印刷
ISBN 978 - 7 - 5218 - 6169 - 3　定价：72. 00 元
（图书出现印装问题，本社负责调换。电话：010 - 88191545）
（版权所有　侵权必究　打击盗版　举报热线：010 - 88191661
QQ：2242791300　营销中心电话：010 - 88191537
电子邮箱：dbts@ esp. com. cn）

本书受以下经费的资助：

国家自然科学基金项目："一带一路"沿线 PPP 项目中政府引导对社会资本吸纳效应的影响研究（项目编号：72164032）

宁夏高等学校一流学科建设（理论经济学学科）资助项目（项目编号：NXYLXK2017B04）

总　序

　　2017年5月，经自治区教育厅、财政厅批准，理论经济学获批宁夏回族自治区一流学科建设项目，成为自治区立项建设的18个一流学科之一。理论经济学一流学科设计了4个学科发展方向：开放经济理论与政策、财政金融理论与政策、人口资源环境与可持续发展、消费者行为理论与政策。学科发展方向适应当前和未来国家和地方经济建设和社会发展需求，在人才培养、科学研究和社会服务等方面形成鲜明特色。

　　理论经济学一流学科建设目标是：根据中国特色社会主义经济建设的现实需求，坚持马克思主义为指导，借鉴现代经济学发展的成果服务于中国实践。通过五年建设，一是基本达到理论经济学一级学科博士学位授权点申请基本条件，二是在第五轮学科评估中，理论经济学教育部学科排名显著上升。为实现该建设目标，主要采取如下措施：第一，创造良好的工作环境和学术环境，积极引进人才，培育研究团队成长，积极申报人才和创新团队项目；第二，紧密围绕学科发展方向，瞄准对学科发展具有前瞻性、长远战略性的重大理论及现实问题开展研究；第三，建立跨学科、跨部门的开放型科研组织形式，营造既能有效促进协同攻关，又能充分发挥个人积极性的科研氛围，形成团队合作与自由探索相结合的管理机制；第四，开展国际国内合作研究和学术交流活动，形成有影响的学术高地。

　　理论经济学一流学科自获批以来，凝聚了一支结构合理、素质良好、勤奋敬业的研究团队，凝练了精准的研究方向，开展了较为系统、深入的研究，形成了一批高质量系列研究成果。经理论经济学一流学科编委会的精心组织、认真甄别与仔细遴选，确定了《中国区域经济增长效率集聚与地区差距研究》《村级互助资金与扶贫贴息贷款的减贫机制与效应比较研究》《资产扶贫理论与实践》等 12 本著作，作为理论经济学一流建设学科首批系列学术专著。

系列丛书的出版，凝结了宁夏大学经济学人的心血和汗水。尽管存在诸多不足，但"良好的开端就是成功的一半"，相信只要学者们持之以恒，不断耕耘，必能结出更加丰硕的成果。

系列丛书的出版，仰赖经济科学出版社的鼎力支持，承蒙经济科学出版社王娟女士的精心策划。现系列学术著作将陆续面世，衷心感谢他们的真诚帮助和辛勤付出！

系列丛书的出版，希望求教于专家、同行，以使学科团队的研究更加规范。真诚欢迎专家、同行和广大读者批评指正。我们将努力提升理论和政策研究水平，引领社会和服务人民。

杨国涛

2017 年 12 月于宁夏大学

序 言

　　在世界各国深受全球性金融海啸影响、全球经济复苏与增长乏力的现实情景下，习近平总书记于 2013 年 9 月出访哈萨克斯坦和 2013 年 10 月出访印度尼西亚时，先后提出了共建"丝绸之路经济带"和"21 世纪海上丝绸之路"的重大倡议（以下简称共建"一带一路"倡议）。面对百年未有之大变局，共建"一带一路"倡议下的政策沟通、设施联通、贸易畅通、资金融通和民心相通，将中国与共建国家和世界连接、联动起来。特别是新冠肺炎疫情防控期间，共建"一带一路"倡议在逆全球化等形势下并没有停止，反而取得预料之外的成效与进展，很多项目为当地抗疫情、稳经济、保民生起到了重要作用，也为深化抗疫国际合作、助力全球经济复苏作出了重要贡献。时至 2023 年，恰逢共建"一带一路"倡议提出 10 周年，经过 10 年的建设，中国已经同 152 个国家和 32 个国际组织签署 200 余份共建"一带一路"合作文件，共建"一带一路"倡议的"朋友圈"越来越广；经过 10 年的建设，共建"一带一路"倡议按照高标准、惠民生、可持续目标建设，一大批基础设施和产业合作项目落地生根，促进了当地经济发展，改善了民生，成为一条合作共赢之路；经过 10 年的建设，共建"一带一路"倡议不仅为全球发展注入了新活力、提供了新机遇，也为全球治理体系变革、国际公共关系公平公正化发挥了建设性作用，共建"一带一路"成为深受欢迎的国际公共产品和国际合作平台。下一阶段，不断推动共建"一带一路"倡议枝繁叶茂，重点是培育共建国家发展新动能，将"一带一路"打造成惠及各国人民的"幸福路"；重点是共同推动全球发展迈向平衡协调包容新阶段，将"一带一路"打造成造福世界的"发展带"，构建全球发展共同体。

　　党的二十大报告在部署我国迈上全面建设社会主义现代化国家新征程、向第二个百年奋斗目标进军过程中的重要工作时，提出要"推动共建

'一带一路'高质量发展"。不过，高质量共建"一带一路"依然面临一些主要瓶颈与约束。一是外媒质疑多元。部分国外媒体和一些研究提出，"一带一路"倡议是中国版"马歇尔计划"、是"新殖民主义"、是中国所布置的"债务陷阱"等质疑，以至于习近平主席多次在国际场合强调："'一带一路'不像国际上有些人所称是中国的一个阴谋，它既不是二战之后的马歇尔计划，也不是什么中国的图谋，要有也是'阳谋'"①；我国外交部长王毅则直接以"一带一路"不是"债务陷阱"而是惠民的"馅饼"予以回应。二是资金瓶颈严峻。基础设施互联互通一直是"一带一路"倡议的优先领域，但国际与国内、官方与民间机构均测算过沿线基础设施建设的资金需求量，测算结果一致显示出了巨额的资金需求，撬动中资企业之外更多东道国企业和第三方国家企业参与"一带一路"建设，保障建设项目顺利落地并取得成功，成为关乎沿线居民福祉、中国在沿线国家投资成效和高质量共建"一带一路"倡议取得可持续进展的重要理论与现实问题。三是社会资本参与积极性有限。政府与社会资本合作模式（Public – Private Partnership，PPP），是目前公认并广泛使用的缓解财政压力、解决基础设施融资难题的有效途径，也是促进公共服务领域效率提升和协同创新的可行方式。习近平主席也明确提出：在"一带一路"建设中要创新投资和融资模式，推广政府和社会资本合作。② 但是基础设施建设所需资金往往具有规模巨大、使用周期长等特征，加之沿线国家存在多样且复杂的投资风险，严重影响了社会资本参与沿线 PPP 项目的积极性、项目的落地率和实施效果。

基于上述背景，本书聚焦"一带一路"沿线 PPP 项目，集中探究 PPP 模式支持"一带一路"建设的效应、机制与政策，以期为撬动包括中资、东道国和第三方国家在内的社会资本参与沿线 PPP 项目建言献策，为中国"走出去"企业趋利避害提供参考，为政策沟通和回应外界质疑提供依据。具体而言，本书各章节的主要内容如下：

第一章为"一带一路"倡议及 PPP 模式概述。在总结"一带一路"倡议 10 年来的进展与成效的基础上，重点梳理"一带一路"建设的资金支持体系，梳理以 PPP 模式支持"一带一路"建设情况。

第二章为文献综述。在"一带一路"建设 10 年中，进一步梳理关于"一带一路"定位及经济效应的相关研究，旨在通过文献来厘清"一带一

---

① 周小苑. 山海连丝路　传播架心桥［N］. 人民日报，2018 – 10 – 30.
② 习近平著作选读（第一卷）［M］. 北京：人民出版社，2023：593.

路"的进展与现实成效。没有金融支持的"一带一路"也难以有投资和贸易的"一带一路",有效的金融支持成为共建"一带一路"倡议行稳致远的关键,因而梳理了金融支持"一带一路"建设的相关研究,旨在厘清"一带一路"金融支持体系的演进方向。现阶段,有效的政府引导十分必要且重要,因而又梳理了PPP模式与"一带一路"建设的相关研究,重点梳理以政府引导牵引私人部门参与的必要性、机制与效应。

第三章为共建"一带一路"倡议研究进展与前沿分析。在共建"一带一路"倡议实施10年的时间节点上,进一步选取2015~2022年高质量文献进行梳理,兼用CiteSpace科学计量与文本细读方法从作者合作网络、关键词共现、关键词聚类、关键词时间线图、关键词突现等角度进行深入挖掘,旨在进行阶段性总结"一带一路"研究的热点内容、研究进展与未来重点研究方向。

第四章为"一带一路"沿线PPP项目及其宏观环境描述。为了在实证分析之前廓清"一带一路"沿线PPP项目的基本情况,本章主要运用统计分析方法,结合世界银行发布的"私人部门参与基础设施项目数据库"(Private Participation in Infrastructure Project Database,PPI)、世界银行世界发展数据库(World Development Indicators,WDI)和世界银行世界治理数据库(Worldwide Governance Indicators,WGI)的相关数据,统计描述"一带一路"沿线PPP项目的基本情况和"一带一路"沿线国家的经济金融环境,定量评价"一带一路"沿线国家的制度环境。

第五章为PPP项目发起政府级别对私人部门投资额的影响。结合43个沿线国家3371个PPP项目的数据,实证检验了PPP项目发起政府级别影响私人部门投资额的总体效应和中间机制。研究发现:沿线国家PPP项目发起政府级别对私人部门投资额的影响遵循"差序信任"逻辑;债务融资获得、股权融资获得和风险选择,均成为沿线国家PPP项目发起政府级别影响私人部门投资额的中间机制;多边金融机构的支持、倾向于私人付费的PPP项目收益来源、PPP项目所在国的人均GDP和金融发展水平,也对沿线国家PPP项目中私人部门投资额有正向影响。

第六章为多边金融机构对PPP项目中私人部门投资额的影响。基于43个"一带一路"沿线国家3858个PPP项目数据,运用倾向得分匹配方法和中介效应模型,实证检验了多边金融机构影响私人部门投资额的总体效应和中间机制。研究发现:多边金融机构对沿线国家PPP项目中私人部门的投资额有显著促进作用,债务融资获得、股权融资获得和风险选择均成为多边金融机构对沿线国家 PPP 项目影响私人部门投资额的中间机制，倾向于私人付费的收益来源、PPP 项目发起的政府级别和 PPP 项目所在国的人均 GDP、金融发展水平、监管质量等也对私人部门投资额有正向影响。

第七章为 PPP 项目收益来源方式对私人部门投资额的影响。结合 1996～2019 年 42 个"一带一路"沿线国家的 3041 个 PPP 项目数据，实证检验了 PPP 项目收益来源对私人部门投资额的影响。研究发现：首先，"一带一路"沿线 PPP 项目收益来源为"用户付费"等市场化模式总体更容易吸引私人部门投资，即存在"市场激励效应"。其次，沿线 PPP 项目收益来源对私人部门投资额的影响存在行业异质性和发起政府级别异质性。具体而言，在能源等投资周期长、融资规模大的行业，私人部门更偏好于"政府付费"的 PPP 项目；由中央政府发起的 PPP 项目，"用户付费"模式对私人部门投资额的影响更为显著。最后，权益融资、债务融资均是沿线 PPP 项目收益来源影响私人部门投资额的中间传导机制。

第八章为保险资金支持"一带一路"建设的效应评估。基于"一带一路"倡议对沿线经济体保险业"促进效应"和"拖累效应"的逻辑框架，结合全球 75 个经济体的面板数据，运用双重差分倾向得分匹配方法（PSM - DID）检验了"一带一路"倡议对沿线国家保险业发展的最终效应。研究结果表明：共建"一带一路"倡议提出后保险业发展的速度加快，但主要受沿线国家经济发展水平和保险业发展水平滞后等因素的"拖累"，共建"一带一路"倡议促进沿线国家保险业发展的最终效应并不显著；共建"一带一路"倡议促进沿线国家保险业发展的动态作用也不显著，但"促进效应"逐步增强。

第九章为中国企业对"一带一路"沿线的投资效应评估。结合"中国全球投资跟踪"数据库中所记录的中国企业对外投资项目数据，运用三重差分模型（DDD）实证检验并回答了中国企业对"一带一路"沿线国家的投资效应究竟是"发展馅饼"还是"债务陷阱"？实证检验发现：共建"一带一路"倡议显著促进了中国企业在沿线国家的投资金额和次数，但无论问题投资的次数还是问题投资次数的比重均不显著。由此得出结论：在共建"一带一路"倡议推进中，中国企业对沿线国家的投资效应无疑是"发展馅饼"而非"债务陷阱"。

第十章为共建"一带一路"倡议的进展、经验与展望。在共建"一带一路"倡议提出 10 年来的重要时间节点上，系统梳理建设历程、总结现实成就、凝练主要经验、判断未来趋向，以期从总体上把握共建"一带一路"的现实进展、时代贡献和前景展望。

特别需要说明的是，中国国务院新闻办公室于 2023 年 9 月 26 日发布的《携手构建人类命运共同体：中国的倡议与行动》白皮书指出，共建"一带一路"倡议是开放包容进程，不是要关起门来搞"小圈子"或者"中国俱乐部"。截至 2024 年 3 月，中国已经同 152 个国家和 32 个国际组织签署 200 余份共建"一带一路"合作文件，共建"一带一路"倡议的朋友圈越来越广泛，相关表述中使用"共建国家"已成为基本共识。在本书中，一则考虑到 2015 年 3 月，国家发展改革委、外交部、商务部联合发布的《推动共建丝绸之路经济带和 21 世纪海上丝绸之路的愿景与行动》中，初步勾勒了"一带一路"的五大方向，并且出于数据统计等方面的便利，商务部、海关总署将五大方向的 64 个国家作为统计范畴；二则考虑到相关国家与中国签署共建"一带一路"倡议在时间上动态推进，而相关贸易、投资等产生明显效应具有时间上的滞后性；三则是认识到共建"一带一路"倡议是造福人类的宏伟世纪工程，基于空间经济学等相关理论，共建"一带一路"倡议相关经济效应的产生是一个圈层不断向外拓展的过程，而目前 10 年的建设显然还处于前期阶段。综合以上三方面，本书根据具体的研究问题而审慎使用"共建国家"抑或"沿线国家"的表述，在实证部分主要考虑到高质量数据的要求，将商务部、海关总署列出的五大方向、64 个国家作为基本研究对象，主要使用"沿线国家"的概念；其余部分，为更加全面认识共建"一带一路"倡议，主要使用"共建国家"的概念。

以上 10 章构成了本书的主体内容，期望本书首先能够为总结"一带一路"10 年建设的总体效应做基础性铺垫，其次能够为以 PPP 模式支持"一带一路"建设提供一定前瞻性启示。

由于时间、资料等因素的约束，本书可能依然存在许多不足甚至错误，衷心恳请读者批评、指正。

第一章 "一带一路"倡议及 PPP 模式概述/1

第一节 "一带一路"倡议的进展与成效/1

第二节 "一带一路"建设的资金支持体系/13

第三节 PPP 模式与"一带一路"倡议/24

第二章 文献综述/28

第一节 "一带一路"定位及其经济效应的相关研究/28

第二节 金融支持"一带一路"建设的相关研究/34

第三节 PPP 模式与"一带一路"的相关研究/41

第四节 文献述评/45

第三章 共建"一带一路"倡议研究进展与前沿分析/47

第一节 研究设计/48

第二节 共建"一带一路"倡议研究的基本特征/50

第三节 共建"一带一路"倡议研究的热点内容/53

第四节 共建"一带一路"倡议研究的发展脉络/61

第五节 共建"一带一路"倡议研究的趋势/66

第四章 "一带一路"沿线 PPP 项目及其宏观环境描述/70

第一节 "一带一路"沿线 PPP 项目的基本情况描述/70

第二节 "一带一路"沿线国家经济金融环境综合评价/84

第三节 "一带一路"沿线国家制度环境综合评价/91

第五章 PPP 项目发起政府级别对私人部门投资额的影响/96

第一节 引言及文献综述/96

第二节　特征性事实及研究假说／100

第三节　研究设计／105

第四节　实证检验／111

第五节　结论与政策建议／121

第六章　多边金融机构对 PPP 项目中私人部门投资额的影响／124

第一节　引言／124

第二节　文献回顾及研究假说／125

第三节　研究设计／130

第四节　实证检验／135

第五节　结论与政策建议／145

第七章　PPP 项目收益来源方式对私人部门投资额的影响／148

第一节　引言／148

第二节　特征性事实与文献梳理／149

第三节　研究假说／153

第四节　研究设计／155

第五节　回归分析／159

第六节　结论与政策建议／168

第八章　保险资金支持 "一带一路" 建设的效应评估／171

第一节　引言／171

第二节　逻辑架构／174

第三节　研究设计／179

第四节　实证检验及结果分析／184

第五节　结论与政策建议／195

第九章　中国企业对 "一带一路" 沿线的投资效应评估／198

第一节　引言与文献综述／198

第二节　特征性事实／201

第三节　研究设计／204

第四节　实证检验及分析／208

第五节　拓展性讨论／219

第六节 结论与政策建议/221

第十章 共建"一带一路"倡议的进展、经验与展望/225

第一节 共建"一带一路"倡议的发展历程/226

第二节 共建"一带一路"倡议的实践成就/230

第三节 共建"一带一路"倡议的主要经验/234

第四节 共建"一带一路"倡议的未来趋向/238

参考文献/247
后记/268

第一章

"一带一路"倡议及 PPP 模式概述

第一节 "一带一路"倡议的进展与成效

一、"一带一路"倡议的进展

2008 年全球性"金融海啸"以来,国际、国内政治经济环境发生了巨大变化,亟须国际社会携手走出此次金融危机的"阴霾"。2013 年 9 月,习近平主席在哈萨克斯坦的纳扎尔巴耶夫大学演讲时,首次提出"丝绸之路经济带"的建设倡议。2013 年 10 月,习近平主席在出访印度尼西亚时,首次提出了"21 世纪海上丝绸之路"的建设倡议。作为当时中国外交的新提法,"丝绸之路经济带"与"21 世纪海上丝绸之路"两者合称为"一带一路"倡议(The Belt and Road Initiative,B&R)。2013 年 11 月,党的十八届三中全会通过了《中共中央关于全面深化改革若干重大问题的决定》,明确提出"加快同周边国家和区域基础设施互联互通建设,推进丝绸之路经济带、海上丝绸之路建设,形成全方位开放新格局"。自此之后,"一带一路"倡议成为未来一段时期中国国家层面的重大事项,也成为影响全球政治经济格局的关键倡议。2015 年 3 月,国家发展改革委、外交、商务部三部门联合发布了《推动共建丝绸之路经济带和 21 世纪海上丝绸之路的愿景与行动》,其中提出了坚持开放合作、坚持和谐包容、坚持市场运作、坚持互利共赢的共建原则,也明确了"政策沟通、设施联通、贸易畅通、资金融通、民心相通"的五项合作重点，为共建"一带一路"倡议绘就了"路线图"、定好了"行动表"。2016 年 11 月联合国大会通过第 A/71/9 号决议，欢迎"一带一路"倡议，呼吁通过"一带一路"建设等加强区域经济合作，敦促各方为"一带一路"建设提供安全保障环境、加强发展政策战略对接、推进互联互通务实合作等。"一带一路"倡议写入联合国大会决议，这标志着"一带一路"的国际认同度的提高。2017 年 10 月，党的十九大召开，通过了关于《中国共产党章程（修正案）》的决议，将推进"一带一路"建设写入了党章。从该进程可以看出，"一带一路"倡议在国际场合被提出，在国内获得了强有力支持，并且得到了国际社会的认可。

2017 年 5 月 14 日，第一届"一带一路"国际合作高峰论坛在北京举行，29 国国家元首和政府首脑参会，论坛全面总结了"一带一路"建设的积极进展，共商了下一阶段重要合作举措，强调要进一步推动国际合作、实现合作共赢；该论坛在政策沟通、设施联通、贸易畅通、资金融通和民心相通 5 方面，形成了 76 大项、270 多项具体成果。① 2018 年 8 月，习近平主席在北京主持召开推进"一带一路"建设工作 5 周年座谈会，提出"一带一路"建设要从谋篇布局的"大写意"转入精耕细琢的"工笔画"，向高质量发展转变，造福沿线国家人民，推动构建人类命运共同体。② 2019 年 4 月，第二届"一带一路"国际合作高峰论坛在北京举行，来自 150 多个国家和 90 多个国际组织的近 5000 名外宾应约参会，中国在会议期间发布了《共建"一带一路"倡议：进展、贡献与展望》，对五年多来共建"一带一路"走过的历程作出全方位回顾，提出下一步高质量发展的意见和建议；中方同各方一道形成并发布了《"一带一路"债务可持续性分析框架》，为融资合作防控风险，确保"一带一路"合作可持续发展提供了有益工具；有关各方还共同发起了《廉洁丝绸之路北京倡议》《"创新之路"合作倡议》，签署了《"一带一路"绿色投资原则》。③

2020 年以来，新冠肺炎疫情席卷全球，多行业受到严重影响，但共建"一带一路"倡议在逆全球化等形势下并没有停止，反而取得预料之外的成效与进展，很多项目为当地抗疫情、稳经济、保民生起到了重要作用，

① "一带一路"国际合作高峰论坛成果清单［N］. 人民日报，2017 – 05 – 16.
② 《中国共产党简史》编写组. 中国共产党简史［M］. 北京：人民出版社，中共党史出版社，2021：505.
③ 第二届"一带一路"国际合作高峰论坛成果清单［N］. 人民日报，2019 – 04 – 28.

也为深化抗疫国际合作、助力全球经济复苏作出了重要贡献。2021年11月，党的十九届六中全会通过的《中共中央关于党的百年奋斗重大成就和历史经验的决议》更是明确提出，我国坚持共商共建共享，推动共建"一带一路"高质量发展，推进一大批关系沿线国家经济发展、民生改善的合作项目，建设和平之路、繁荣之路、开放之路、绿色之路、创新之路、文明之路，使共建"一带一路"成为当今世界深受欢迎的国际公共产品和国际合作平台。2021年11月19日召开的第三次"一带一路"建设座谈会上，习近平主席提出以"高标准、可持续、惠民生"为共建"一带一路"倡议的目标，要巩固互联互通合作基础，要拓展国际合作新空间，要更好服务构建新发展格局，要全面强化风险防控，努力实现更高合作水平、更高投入效益、更高供给质量、更高发展韧性，推动共建"一带一路"高质量发展不断取得新成效。① 在2022年4月召开的博鳌亚洲论坛年会上，习近平主席进一步指出，中国将坚持高标准、可持续、惠民生的目标，积极推进高质量共建"一带一路"。② 2022年10月，党的二十大报告两提"一带一路"：一是对过去近10年的"一带一路"建设给予了充分肯定，指出"共建'一带一路'成为深受欢迎的国际公共产品和国际合作平台"；二是在部署我国迈上全面建设社会主义现代化国家新征程、向第二个百年奋斗目标进军过程中的重要工作时，提出要"推动共建'一带一路'高质量发展"。两提"一带一路"，政策含义十分丰富也非常深刻。截至2023年8月24日，中国已经同152个国家和32个国际组织签署200余份共建"一带一路"合作文件，覆盖我国83%的建交国，遍布五大洲和主要国际组织，构建了广泛的朋友圈。

　　总体来看，共建"一带一路"倡议提出十年来，共建"一带一路"倡议得到了国内外的广泛关注，为推动中国对外开放提供了新动力，为构建人类命运共同体起到了桥梁和纽带作用，也为构建人类命运共同体提供了新路径。总之，共建"一带一路"倡议不仅是我国经济外交的顶层设计，还是我国扩大开放的重大战略举措，更是推动构建人类命运共同体的重要实践平台（李向阳，2021）。

---

　　① 习近平在第三次"一带一路"座谈会上强调以高标准可持续惠民生为目标 继续推动"一带一路"高质量发展［N］. 人民日报，2021 - 11 - 20.
　　② 习近平. 携手迎接挑战，合作开创未来——在博鳌亚洲论坛2022年年会开幕式上的主旨演讲［M］. 北京：人民出版社，2022：9.

二、"一带一路"的成效

根据《推动共建丝绸之路经济带和 21 世纪海上丝绸之路的愿景与行动》，共建"一带一路"倡议的合作重点为政策沟通、设施联通、贸易畅通、资金融通和民心相通五方面，我们也依此框架梳理共建"一带一路"倡议提出以来的主要成效情况。

（一）政策沟通

"一带一路"倡议所涉及的国家和地区广泛、社会文化多元、经济社会发展水平参差不齐，加之国际经济社会背景复杂深刻，因此，政策沟通成为该倡议推进的重要保障和前提基础。

1. 主要沟通平台

鉴于"政策沟通"在"一带一路"建设中的重要意义，中国与沿线经济体所建立的合作机制与合作平台主要有："一带一路"国际合作高峰论坛、上海合作组织、"中国－东盟"10＋1 机制、亚太经济合作组织、亚欧会议、亚洲合作对话、亚信会议、中阿博览会、中国－海合会战略对话、大湄公河次区域经济合作、中亚区域经济合作、中国－中东欧国家合作、中非合作论坛等。具体来看，重要的高层沟通平台主要有以下几个。

第一，亚太经合组织领导人非正式会议（APEC）。2013 年 10 月，习近平主席在印尼举办的 APEC 会议上提出了建设"21 世纪海上丝绸之路经济带"的倡议，之后几年，APEC 也成为相关经济体沟通"一带一路"倡议的高层平台。

第二，博鳌亚洲论坛。博鳌亚洲论坛定位为：增进亚洲各国之间、亚洲各国与世界其他地区之间交流与合作的论坛组织。在"一带一路"倡议提出之后，"一带一路"几乎成为该论坛的关键词与"热词"，2017 年的该论坛的主题直接是"'一带一路'：亚欧战略对接"。

第三，二十国集团财长和央行行长会议（G20 峰会）。二十国集团原本是一个国际经济合作论坛，但随着"一带一路"倡议的推进，20 国集团的大多数成员国已在不同程度上参与推进"一带一路"倡议，因此，"一带一路"倡议成为该会议上的主要议题。

第四，"一带一路"国际合作高峰论坛。在"一带一路"建设倡议提出之后，2017 年 5 月、2019 年 4 月和 2023 年 10 月，首届、第二届和第三届"一带一路"国际合作高峰论坛均在北京举办,该论坛成为总结"一带一路"倡议过去进展、规划未来方案的重要平台。

2. 专业领域对接机制的推进

"一带一路"倡议所涉及的空间范围广泛,国家之间相关标准不统一,因此,专业领域相关对接机制的建立和完善必然是"一带一路"建设中的关键。具体地说,"一带一路"倡议中在相关专业领域所建立的对接机制情况如表 1-1 所示。

表 1-1　　　　　　"一带一路"建设中专业领域的对接机制

涉及领域	联合倡议/文件	发布时间	目的
标准联通	《标准联通"一带一路"行动计划(2015—2017)》	2015 年 10 月	旨在以标准体系对接助力"一带一路"建设
	《共同推动认证认可服务"一带一路"建设的愿景与行动》	2016 年 4 月	
	《"一带一路"计量合作愿景和行动》	2017 年 4 月	
	《标准联通共建"一带一路"行动计划(2018—2020 年)》	2017 年 12 月	
	《深化互联互通合作北京倡议》	2023 年 10 月	
税收合作	《阿斯塔纳"一带一路"税收合作倡议》	2018 年 5 月	就"一带一路"建设中有关税收法治、纳税服务、能力建设和争端解决等方面取得了共识
知识产权	《加强"一带一路"国家知识产权领域合作的共同倡议》	2016 年 8 月	以知识产权方面促进沿线经济体的相关领域的发展奠定了基础
	《关于进一步推进"一带一路"国家知识产权务实合作的联合声明》	2018 年 8 月	
法治合作	《"一带一路"法治合作国际论坛共同主席声明》	2018 年 7 月	初步构建了"一带一路"法治合作伙伴网络
能源合作	《共建"一带一路"能源合作伙伴关系部长联合宣言》	2018 年 10 月	共建"一带一路"能源合作伙伴关系
农业领域	《共同推进"一带一路"建设农业合作的愿景与行动》	2017 年 5 月	创建"一带一路"陆海联动、双向开放的农业国际合作新格局

续表

涉及领域	联合倡议/文件	发布时间	目的
文化领域	《"丝路心相通"共同倡议》	2023 年 10 月	加强文化和政治关系
海洋领域	《"一带一路"建设海上合作设想》	2017 年 6 月	推动沿线经济体建立"蓝色伙伴关系"
	《"一带一路"蓝色合作倡议》	2023 年 10 月	呼吁各方采取一致行动，共同保护和可持续利用海洋，共商蓝色合作大计，共享蓝色发展成果，共建美丽蓝色家园
数字丝路	《"一带一路"数字经济国际合作倡议》	2017 年 12 月	拓展数字经济领域的合作
营商环境	《关于建立"一带一路"国际商事争端解决机制和机构的意见》	2018 年 6 月	为"一带一路"国际商事争端解决提供法律依据和保障
	《"一带一路"债务可持续性分析框架（市场融资国家适用）》	2023 年 10 月	支持更多共建"一带一路"国家共同提高债务管理水平，促进可持续融资，实现可持续、包容性增长

资料来源：根据中国一带一路网（https：//www.yidaiyilu.gov.cn/）相关资料整理所得。

从表 1-1 可以看出，尽管"一带一路"倡议所涉及的国家较多、各国之间的差异较大，中国相关部门明确认识到了这些差异对共建"一带一路"倡议可能形成的制约与可能产生的不利影响，不过，通过加强与相关国家和国际组织的沟通与协调，在诸多领域已形成共建"一带一路"的国际合作共识。

（二）设施联通

设施通常指为人员、商品、物资、能源、通信等提供沟通联络的渠道，主要包括公路、铁路、空运、水运等交通设施网络，油气电力等能源互通设施网络以及光缆、卫星等通信设施网络等，是国家间合作的基础性支撑。基础设施互联互通是"一带一路"建设的优先领域。"一带一路"倡议提出以来，中国与沿线经济体在国际合作经济走廊建设和基础设施互联互通方面取得了显著成效。

1. 国际合作经济走廊建设

在"一带一路"建设中，新亚欧大陆桥、中蒙俄、中国－中亚－西亚、中国－中南半岛、中巴和孟中印缅六大国际经济合作走廊，成为共建"一带一路"的主体框架，也为各国响应"一带一路"倡议提供了清晰导向。具体来看，各经济走廊的基本情况如表 1－2 所示。

表 1－2　　　　　　　"一带一路"建设中的六大"经济走廊"

经济走廊	线路	主要作用
新亚欧大陆桥经济走廊	由中国东部沿海向西延伸并经中国西北地区和中亚、俄罗斯抵达中东欧	以中欧班列等现代化国际物流体系为依托，有助于构建畅通高效的亚欧两大洲区域大市场
中蒙俄经济走廊	华北通道：京津冀到呼和浩特，再到蒙古国和俄罗斯 东北通道：沿着老中东铁路从大连、沈阳、长春、哈尔滨到满洲里和俄罗斯赤塔	重点在于推动形成以铁路、公路和边境口岸为主体的跨境基础设施联通网络
中国－中亚－西亚经济走廊	由中国西北地区向西经中亚至波斯湾、阿拉伯半岛和地中海沿岸，辐射中亚、西亚和北非有关国家	以能源合作为主轴，以基础设施建设、贸易和投资便利化为两翼，以核能、航天卫星、新能源三大高新领域为突破口
中国－中南半岛经济走廊	以中国西南为起点、连接中国和中南半岛各国	是中国与东盟扩大合作领域、提升合作层次的重要载体
中巴经济走廊	起点在喀什，重点在巴基斯坦瓜达尔港，全长 3000 公里	以能源、交通基础设施、产业园区合作、瓜达尔港为重点的合作布局
孟中印缅经济走廊	连接东亚、南亚、东南亚三大次区域并沟通太平洋、印度洋两大海域	带动南亚、东南亚、东亚三大经济板块联合发展

资料来源：根据中国一带一路网（https：//www.yidaiyilu.gov.cn/）相关资料整理所得。

2. 基础设施互联互通

基础设施的互联互通是共建"一带一路"的关键领域，"一带一路"倡议提出后在铁路、公路、港口、航空、能源和通讯等基础设施建设领域进展明显，具体情况如表 1－3 所示。

表 1-3　　　　　　"一带一路"倡议下基础设施建设情况

领域	主要在建项目	完成项目	签署协议
铁路	中老铁路、中泰铁路、匈塞铁路、雅万高铁等合作项目取得重大进展；泛亚铁路东线、巴基斯坦 1 号铁路干线升级改造、中吉乌铁路、中国—尼泊尔跨境铁路已完成预可行性研究	截至 2023 年 6 月底，中欧班列累计开行已超过 7.3 万列，发送货物近 700 万标准箱。超过 100 个国内出发地市通达欧洲 25 个国家 200 多个城市，在助力新冠肺炎疫情下的全球经济复苏和推动整个"一带一路"建设上起到了至关重要的作用	中国、白俄罗斯、德国、哈萨克斯坦、蒙古国、波兰、俄罗斯 7 国铁路公司签署了《关于深化中欧班列合作协议》
公路	中蒙俄、中吉乌、中俄（大连－新西伯利亚）、中越国际道路直达运输试运行活动先后成功举办	2018 年 2 月，中吉乌国际道路运输实现常态化运行；中越北仑河公路二桥建成通车	中国正式加入《国际公路运输公约》；中国与 15 个沿线经济体签署了 18 个双边国际运输便利化协定
港口	斯里兰卡汉班托塔港经济特区已完成园区产业定位、概念规划等前期工作；希腊比雷埃夫斯港建成重要中转枢纽，三期港口建设即将完工	巴基斯坦瓜达尔港开通集装箱定期班轮航线，起步区配套设施已完工，吸引 30 多家企业入园；阿联酋哈利法港二期集装箱码头已于 2018 年 12 月正式开港	中国与 47 个沿线经济体签署了 38 个双边和区域海运协定；中国宁波航运交易所不断完善"海上丝绸之路航运指数"，发布了 16 + 1 贸易指数和宁波港口指数
航空	与卢森堡、俄罗斯、亚美尼亚、印度尼西亚、柬埔寨、孟加拉国、以色列、蒙古国、马来西亚、埃及等国家扩大了航权安排	中国与沿线经济体新增国际航线 1000 余条，占新开通国际航线总量的 69.1%	中国与 126 个国家和地区签署了双边政府间航空运输协定
能源	中俄天然气管道东线于 2019 年 12 月部分实现通气，预计 2024 年全线通气	中俄原油管道、中国－中亚天然气管道保持稳定运营；中缅油气管道全线贯通	中国与沿线经济体签署了一系列合作框架协议和谅解备忘录，在电力、油气、核电、新能源、煤炭等领域开展了广泛合作
通讯	中缅、中巴、中吉、中俄跨境光缆信息通道建设取得明显进展	与吉尔吉斯斯坦、塔吉克斯坦、阿富汗签署丝路光缆合作协议，实质性启动了丝路光缆项目	中国与国际电信联盟签署《关于加强"一带一路"框架下电信和信息网络领域合作的意向书》

　　资料来源：根据共建"一带一路"倡议：进展、贡献与展望（[EB/OL]. (2019-04-22). https://www.yidaiyilu.gov.cn/zchj/qwfb/86697.htm）及相关公开资料整理所得。

研究显示，"一带一路"沿线交通网络（走廊）建设产生了降低运输成本的溢出效应，使沿线国家和地区货运时间平均减少 1.7% ~ 3.2%；此外，还将产生"交通网络效应"，促进沿线合作经济体出口增加 4.6%、FDI 增加 4.97%、实际收入增长 1.2% ~ 3.4%，全球实际收入增长 0.7% ~ 2.9%（World Bank Group，2019）。

（三）贸易畅通

"一带一路"倡议提出 10 年来，中国与沿线经济体一道在提高贸易与投资便利化水平、提升贸易规模和创新贸易方式等方面取得了重要进展。第一，在贸易与投资便利化方面，中国与沿线经济体签署 100 多项合作文件，实现了 50 多种农产品食品检疫准入；中国与哈萨克斯坦、吉尔吉斯斯坦、塔吉克斯坦等国家积极推进农产品快速通关"绿色通道"建设，农产品通关时间缩短了 90%；中国进一步放宽外资准入领域，设立了面向全球开放的 12 个自由贸易试验区，并探索建设自由贸易港，吸引沿线经济体来华投资；中国平均关税水平从加入世界贸易组织时的 15.3% 降至 2019 年的 7.5%。[①] 第二，在货物贸易方面，数据显示：2013 ~ 2020 年，中国与"一带一路"共建国家的货物贸易额从 1.04 万亿美元增至 1.35 万亿美元，占中国货物贸易总额的比重也从 2013 年的 25% 增至 2020 年的 29.1%，货物贸易额累计达 9.2 万亿美元，年增长率高于同期中国外贸年均增速。另外，海关总署发布数据显示，2023 年，我国对共建"一带一路"国家进出口 19.47 万亿元，增长 2.8%，占进出口总值的 46.6%。第三，在服务贸易方面，在货物贸易规模不断扩大的同时，中国与"一带一路"共建国家的服务贸易也稳步提升；2020 年全年，中国与沿线国家完成服务贸易进出口额 844.7 亿美元，其中，服务出口 377.3 亿美元，服务进口 467.4 亿美元。第四，在投资方面，2020 年，在全球对外直接投资同比缩水 35% 的背景下，中国境内投资者在"一带一路"沿线的 58 个国家实现直接投资 186.1 亿美元，占同期总额的 14%，较上年占比提升 0.3 个百分点。第五，在工程建设方面，2013 ~ 2020 年，中国在"一带一路"共建国家承包工程新签合同额由 715.7 亿美元增至 1414.6 亿美元，年均增长 10.2%；完成营业额由 654 亿美元增至 911.2 亿

① 共建"一带一路"倡议：进展、贡献与展望 [EB/OL]. (2019 - 04 - 22). https://www.yidaiyilu.gov.cn/zchj/qwfb/86697.htm.

美元，年均增长 4.9%。①

（四）资金融通

金融是现代经济的血液，也是助力"一带一路"推进的重要力量。"一带一路"倡议提出以来，成立了包括丝路基金、亚投行等新型金融机构，中国一些主要金融机构也积极参与到"一带一路"建设中来，还有从国家层面出台了相关制度，共同为资金融通提供保障。

1. 国际新型投融资模式的探索

2014 年 11 月 8 日，在北京举行的"加强互联互通伙伴关系"东道主伙伴对话会上，习近平主席宣布中国将出资 400 亿美元成立丝路基金，为"一带一路"共建国家基础设施、资源开发、产业合作和金融合作等与互联互通有关的项目提供投融资支持。② 2014 年 12 月 29 日，丝路基金有限责任公司注册成立。2017 年 5 月 14 日，习近平在"一带一路"国际合作高峰论坛开幕式上宣布，向丝路基金新增资金 1000 亿元人民币。③ 2018 年 7 月，丝路基金与欧洲投资基金共同投资 5 亿欧元的中欧共同投资基金开始实质性运作，有力促进了"一带一路"倡议与欧洲投资计划相对接。丝路基金对探索新型国际投融资模式具有重要作用。④

2. 多边金融协同支持"一带一路"建设机制的构建

"一带一路"倡议涉及的国家众多，因而各国协同支持"一带一路"建设也是应有之义。在"一带一路"倡议提出五年多来，多边金融协同支持"一带一路"建设的进展主要有：第一，亚投行的设立。亚投行是首个由我国倡议设立的多边金融机构，其宗旨是一个向亚洲各国家和地区政府提供资金以支持基础设施建设之区域多边开发机构；亚投行作为我国倡导成立的多边性金融机构，对探索多边金融合作支持"一带一路"建设机制的构建具有重要意义；亚投行成员数量从 2014 年成立之初的 57 个增至 2023 年底的 109 个，覆盖世界人口的 81% 和全球国内生产总值的 65%。截至 2023 年 9 月底，亚投行已批准了 235 个项目，累计批准融资总额超

---

① 《中国"一带一路"贸易投资发展报告 2021》发布：合作抗疫、逆势增长成为关键词 [EB/OL]. (2021 – 08 – 24). http：//fec. mofcom. gov. cn/article/fwydyl/zgzx/202108/20210803190898. shtml.

② 习近平. 联通引领发展　伙伴聚焦合作——在"加强互联互通伙伴关系"东道主伙伴对话会上的讲话 [N]. 人民日报，2014 – 11 – 09.

③ 习近平. 携手推进"一带一路"建设：在"一带一路"国际合作高峰论坛开幕式上的演讲 [M]. 北京：人民出版社，2017：12.

④ 中欧共同投资基金正式成立并投入实质性运作 [EB/OL]. (2018 – 07 – 16). https：//www. yidaiyilu. gov. cn/p/60248. html.

448 亿美元，带动资本近 1500 亿美元，涉及能源、交通、水务、通信、教育、公共卫生等行业领域。① 第二，相关银联体的成立。2017 年 11 月，中国 – 中东欧银联体成立；2018 年 7 月，中国 – 阿拉伯国家银行联合体成立；2018 年 9 月，中非金融合作银行联合体成立；2019 年 11 月，中日韩 – 东盟银行联合体成立，这些银联体对构建支持"一带一路"建设的多边金融合作体系具有重要意义。第三，"一带一路"建设中的融资。2017 年首届"一带一路"国际合作高峰论坛上，中国财政部与新加坡等 27 个经济体的财政部门核准了《"一带一路"融资指导原则》，在该指导原则下，这 27 个经济体将重点加大对基础设施互联互通、贸易投资、产能合作等领域的融资支持。第四，国家间的货币合作。截至 2023 年 6 月底，中国已与 20 个共建国家签署双边本币互换协议，在 17 个共建国家建立人民币清算安排，人民币跨境支付系统（CIPS）业务范围已覆盖 182 个国家和地区②，"一带一路"经贸往来更加密切，人民币国际化水平也得到不断推进，人民币国际支付、交易、投资功能不断提升。

3. 金融互联互通的深化

第三届"一带一路"国际合作高峰论坛发布的公开数据显示，截至 2023 年 6 月底，共有 13 家中资银行在 50 个共建国家设立 145 家一级机构，131 个共建国家的 1770 万家商户开通银联卡业务，74 个共建国家开通银联移动支付服务。"一带一路"创新发展中心、"一带一路"财经发展研究中心、中国 – 国际货币基金组织联合能力建设中心相继设立。中国已与 20 个共建国家签署双边本币互换协议，在 17 个共建国家建立人民币清算安排，人民币跨境支付系统的参与者数量、业务量、影响力逐步提升，有效促进了贸易投资便利化。③

（五）民心相通

"民心相通"是"一带一路"倡议推进的重要社会基础，从五年多来的建设实践来看，"一带一路"建设在教育、文化旅游、对外援助等方面取得了显著成就，进而为"民心相通"提供了有力支持。

1. 教育方面

推进"一带一路"相关国家教育的共同繁荣，既是加强各国教育合作

---

① 亚投行成员数量增至 109 个 ［EB/OL］. (2023 – 09 – 28). https://ydyl.cctv.com/2023/09/28/ARTIlAGShBJWvzkxq4myapkE230928.shtml.

②③ 中华人民共和国国务院新闻办公室. 共建"一带一路"：构建人类命运共同体的重大实践 ［M］. 北京：人民出版社，2023：32.

的需要，也是推进中国教育改革发展的需要。2016 年 7 月 13 日，中国教育部发布了《教育部关于印发〈推进共建"一带一路"教育行动〉的通知》，该通知阐述了教育使命、合作愿景、合作原则、合作重点、中国教育行动起来、共创美好明天等内容，勾勒了在教育领域推动"一带一路"共建国家民心相通的框架性思路。与此同时，中国还设立了"丝绸之路"中国政府奖学金，每年资助 1 万名共建国家新生来我国进行学习或研修，与 24 个沿线经济体和地区签署了高等教育学历学位互认协议，通过这些"请进来"的方式强化共建国家的教育沟通；另外，通过"境外办学""中外合作办学"等"走出去"的方式强化沿线经济体的教育沟通。

2. 文化旅游方面

"一带一路"倡议提出之后，主要通过以下方式来促进文化旅游：第一，官方搭建平台。"一带一路"倡议提出之后，先后举办了世界旅游发展大会、丝绸之路旅游部长会议、中国 – 南亚国家旅游部长会议、中俄蒙旅游部长会议、中国 – 东盟旅游部门高官会等，形成了覆盖多层次、多区域的"一带一路"旅游合作机制，为沿线经济体文化旅游的深入搭建了平台。第二，与"一带一路"沿线经济体共建友好城市。第三届"一带一路"国际合作高峰论坛发布的公开数据显示，截至 2023 年 6 月底，中国已与 144 个共建国家签署文化和旅游领域合作文件。中国与共建国家共同创建合作平台，成立了丝绸之路国际剧院联盟、博物馆联盟、艺术节联盟、图书馆联盟和美术馆联盟，成员单位达 562 家，其中包括 72 个共建国家的 326 个文化机构。① 第三，便利人员往来。截至 2019 年 4 月，中国与 57 个沿线经济体缔结了涵盖不同护照种类的互免签证协定，与 15 个国家达成 19 份简化签证手续的协定或安排，较好提升了沿线经济体旅游活动的开展。② 第四，举办文化活动。截至 2019 年 4 月，中国在 44 个国家设立了 46 家海外中国文化中心，其中共建国家有 32 家；在 18 个国家设立 20 家旅游办事处，其中共建国家有 8 家。丝绸之路沿线民间组织合作网络成员达到 310 家，成为推动民间友好合作的重要平台。通过以上渠道，"一带一路"沿线经济体在文化旅游方面的合作成效也比较显著，2023 年上半年出境游目的地共计接待内地（大陆）游客 4037 万人次③，

---

① 中华人民共和国国务院新闻办公室. 共建"一带一路"：构建人类命运共同体的重大实践 [M]. 北京：人民出版社，2023：36.

② 推进"一带一路"建设工作领导小组办公室. 共建"一带一路"倡议进展、贡献与展望 [M]. 北京：外文出版社，2019.

③ 李志刚. 出境游呈现有序复苏良好态势 [N]. 中国旅游报，2023 – 08 – 01.

"一带一路"旅游也成为世界旅游的新增长点。

3. 对外援助方面

"一带一路"倡议推进过程中，中国在对外援助方面所采取的主要措施有：第一，卫生健康领域。参与联合国、世界卫生组织等组织的人道主义行动，长期派遣援外医疗队赴相关国家开展医疗救助，截至 2019 年 4 月，中国在 35 个沿线经济体建立了中医药海外中心，建设了 43 个中医药国际合作基地。第二，防灾救灾领域。中国积极参与国际防灾减灾活动，派遣国家医疗队及救援队，为有关受灾国家提供紧急救灾援助，2017 ~ 2019 年，中国向沿线发展中国家提供 20 亿元人民币紧急粮食援助，向南南合作援助基金增资 10 亿美元。第三，援外文物合作保护和涉外联合考古方面，2017 ~ 2019 年，中国与 6 国开展了 8 个援外文物合作项目，与 12 国开展了 15 个联合考古项目。① 第四，2017 年 5 月，中国民间组织国际交流促进会发布了《中国社会组织推动"一带一路"民心相通行动计划（2017 – 2020）》，部署了积极推动沿线经济体经济社会发展、加强与沿线经济体人文与科学合作、致力维护沿线地区和平与安全、与沿线经济体非政府组织开展交流与合作等方面的行动计划。

总之，"一带一路"倡议提出十年多来，按照建设和平之路、繁荣之路、开放之路、绿色之路、创新之路、文明之路、廉洁之路的总体要求，中国与沿线经济体一道在政策沟通、设施联通、贸易畅通、资金融资、民心相通等方面展开了重点合作，并且在这些方面均取得了不同程度的进展。当然，"一带一路"倡议作为一个系统性工程、作为一项长期国际合作倡议，虽然经过十年多的建设但仍处于初始阶段，仍需要中国和沿线经济体一道将该倡议推向深入。

第二节　"一带一路"建设的资金支持体系

金融是宏观调控和资源配置的重要工具，也是推动社会经济发展的重要力量，因而分析和构建"一带一路"建设的金融支持体系也有着尤为重要的意义。不过，"一带一路"作为国家级顶层合作倡议，对金融支持的需求多元，还需要对金融支持"一带一路"建设的路径作总体上的设计。

---

① 共建"一带一路"倡议：进展、贡献与展望 [EB/OL]. (2019 – 04 – 22). https://www.yidaiyilu.gov.cn/zchj/qwfb/86697.htm.

一、金融支持"一带一路"建设的重要意义

"一带一路"建设的合作重点是"政策沟通、设施联通、贸易畅通、资金融通、民心相通"，并且从表面上看是以投资、贸易为主要内容，但关键因素在于金融的支持，可以说，没有金融支持的"一带一路"，难以有投资和贸易的"一带一路"，金融支持成为"一带一路"建设的关键（陈元，2017）。

（一）"一带一路"建设需要金融支持来满足资金需求

与其他"一带一路"共建国家相比较而言，中国在基础设施建设方面的比较优势明显，中国与其他"一带一路"共建国家在经济方面的互补性也比较明显，提升"一带一路"共建国家的基础设施建设水平等也是"一带一路"倡议提出的初衷之一（林毅夫，2017）。不过，基础设施建设的资金需求具有数量大、周期长、资金供给可持续等特征，这就要求需要有专门的金融支持体系来满足基础设施建设的资金需求。另外，随着"一带一路"倡议的推进，大量的中方企业将会通过参与"一带一路"建设"走出去"，然而要成功获取投资项目则需要大量的资金支持，要形成竞争优势需要更大规模的资金支持，因此，这就需要专门的金融支持来缓解企业的资金约束，推动企业的海外投资。再者，从开放视野来看，"一带一路"倡议被写入联合国决议，参与国家的数量也越来越多，虽然能够利用的"潜在"资金也越来越多，但也会因文化、社会、金融制度等方面的差异导致在金融等方面合作的难度较大，从而需要分析与研究相关差异进而更好满足"一带一路"建设中的资金需求。

（二）"一带一路"建设需要金融支持来有效规避风险

"一带一路"倡议作为"将全球治理推向纵深的世纪工程"，其推进过程中势必会遇到各种问题与困难。第一，对"一带一路"共建国家的海外投资中，存在地缘冲突风险、汇率波动带来的金融风险、文化与社会习俗差异带来的市场运营风险等，这些风险都会引发沿线经济体投资中的不确定性。第二，与国际一些顶尖公司相比较而言，中国的一些对外直接投资往往具有资金实力较弱、跨国投资运营经验有限等约束，进而导致在海外投资中并不占有显著优势（方慧、张潇叶，2024）。第三，"一带一路"

倡议参与主体多元、金融机构多元、金融制度异质、金融产品丰富、金融市场发育水平参差不齐,因而必须构建具有足够"包容性"的体系来应对这些困难与挑战。显而易见,这些问题的解决并不是一蹴而就的,仅从金融支持视角来看,金融首先要为"一带一路"倡议的推进提供最基本的资金保障,其次则是提供融资顾问、财务顾问、投融资策略、风险管理方案等综合性服务,并通过这些服务引导"一带一路"建设有条不紊地向纵深推进,稳健地实现阶段转换,循序渐进地得到拓展。

(三)"一带一路"建设需要金融支持来实现人民币国际化

在 2023 年 10 月召开的中央金融工作会议,深入分析了我国金融高质量发展所面临的形势,部署了当前和未来一段时期我国金融工作的目标和重点,其中将"服务好'走出去'和'一带一路'建设""稳慎扎实推进人民币国际化"作为未来一段时期扩大金融开放的主要措施。由此可以看出,"一带一路"倡议推进中的金融创新通过对新时期人民币的国际化产生推动作用,进而成为金融开放水平进一步扩大的重要"着力点"。在共建"一带一路"倡议推进过程中,中国先后拿出 400 亿美元和 1000 亿元人民币建设"丝路基金",牵头成立"亚投行",这些国家级的重大资金安排,凸显了中国通过"一带一路"推进人民币国际化的目标和决心。事实上,人民币"入篮"后,其作为全球储备货币的功能显现,加之"一带一路"建设中势必带来沿线经济体支付、结算等框架的逐步接轨与完善,将会推动人民币从传统的贸易结算货币向投资货币的转变,进而为扩大使用人民币奠定良好基础(刘一贺,2018)。可以看出,以"一带一路"建设为契机,通过金融支持"一带一路"建设,将有助于推动人民币在更广阔地域、更深层次领域、更高水平上实现国际化。

总体来看,金融支持不仅能够满足"一带一路"建设的资金需求,还能够为化解建设中所面临的风险提供路径,也是推动人民币国际化的现实路径。

二、金融支持"一带一路"建设的内涵与重点

金融是现代经济的核心,金融支持也是"一带一路"建设的关键。可以预见,新形势下金融支持"一带一路"建设实践中必将面临诸多新情况、新机遇,也必将面临诸多新问题、新挑战,因此需要对金融支持"一

带一路"建设的内涵进行综合梳理，也需要对金融支持"一带一路"建设的重点与前景进行整体性、系统性和前瞻性的判断。

（一）金融支持"一带一路"建设的内涵

"愿景与行动"作为未来一段时期"一带一路"建设的纲领与行动方案，其中提出了作为"一带一路"建设重要支撑的"资金融通"，并从信用体系建设、金融机构、金融市场、金融工具、金融产品等多方面提出了建设纲领。总体来看，我们认为金融支持"一带一路"建设至少具有以下四个层面的含义。

第一，从市场范围来看，支持"一带一路"建设的国内金融市场一方面要进一步加快多层次资本市场建设的步伐，另一方面则主要是依靠政策性、开发性金融等引导社会资金参与"一带一路"建设。在国际视角下，主要是从建立与完善亚洲货币的稳定体系、投融资体系和信用体系入手，建立、健全与优化亚洲国家之间区域金融的合作机制，争取形成有效的区域性金融市场。区域性金融市场建设的关键一则是建立不同国家金融市场之间的合作、沟通与资金融通的渠道与机制，再则是打通相关国家之间金融市场的分割。从长期来看，"一带一路"共建国家之间的区域性市场将为人民币国际化提供重要平台与支撑（陆长平、杨柳，2022）。

第二，从内容和工具来看，国家之间货币的互换和结算依然是目前金融支持"一带一路"建设的主要工具载体，但随着"一带一路"倡议的推进，海外投资项目的增加和相关金融机构参与深度的不断提升，银行机构、证券机构和保险机构也将参与到"一带一路"建设中来，"一带一路"建设也将从政府主导逐步转向市场主导，届时商业性股权投资基金及现代金融衍生产品也将为"一带一路"建设中的资金融通提供重要支持。有鉴于此，"一带一路"建设的金融支持体系构建中，应对金融产品与金融工具做更为长远的规划。

第三，从合作主体来看，目前支持"一带一路"建设的金融机构和金融合作主体主要是丝路基金、亚洲基础设施投资银行、金砖国家开发银行、中国－东盟银行联合体、上合组织银行联合体等，也探索支持了一些沿线经济体的政府和信用等级较高的企业及金融机构在中国境内发行人民币债券来筹集资金。可以预见，随着"一带一路"倡议的推进，中国政府及一些有实力的中方企业也将在境外以债券、股权等方式筹集资金，并将所筹集到的资金用于"一带一路"建设的相关项目上。有鉴于此，支持

"一带一路"建设的金融合作主体范围应该更为广泛。

第四,从制度规范来看,目前的主要方式是在沿线经济体不同的金融制度框架内进行资金融通的合规性监管、风险防范与预警,但随着"一带一路"倡议的推进和金融合作的深化,沿线经济体金融制度的差异势必会给资金的顺利融通造成约束,因此产生了资金融通需求与风险防范监管之间的两难冲突,这就要求在建立沿线经济体之间的金融合作机制中,要进一步加强建设沿线经济体在金融监管体系、信用管理体系、风险防范与预警体系等方面的合作机制,通过打造金融合作的利益、责任、监管共同体,推动"一带一路"建设成效惠及更多国家。

(二)金融支持"一带一路"建设的重点任务

按照 2023 年中央金融工作会议的要求,结合近年来中国经济社会发展和金融成长状况、"一带一路"共建国家的基本情况和全球经济社会格局,未来一段时期,金融支持"一带一路"建设的重点主要有以下四方面。

第一,服务实体经济。按照金融为实体经济服务的基本定位,金融支持"一带一路"建设的首要目标便是设施联通、贸易畅通及相互投资服务。"一带一路"沿线部分国家基础设施发展相对滞后,这一方面是"一带一路"倡议推进的前提,另一方面也成为"一带一路"建设的优先任务,这就需要提供资金量大、周期长的金融产品服务于设施联通。另外,金融支持要为沿线经济体间的贸易结算、汇兑风险规避和贸易信贷提供便利,进而推动贸易畅通。随着"一带一路"倡议不断向更深层次推进,沿线经济体之间的区域国际分工网络将进一步深入与密切(姚战琪、夏杰长,2018),这势必衍生出对相应金融服务的需求,因此,金融仍需要为"一带一路"共建国家间的相互投融资提供服务。

第二,平衡利益。随着"一带一路"倡议的推进和金融支持"一带一路"建设的深入,势必会在各参与方之间产生相关的利益分配问题,必须审慎对待之。另外,随着"一带一路"倡议的推进,需要在资金结算、银行网点、项目合作、人民币国际化等方面"架桥铺路"(吕越,2022),这势必会触动一些国家的既得利益,这就要求金融支持"一带一路"建设中必须处理好各参与方的金融利益关系。

第三,管控风险。金融支持"一带一路"建设是国内、国外双向互动的过程,我国金融机构和相关部门在管理金融行为和风险防控中取得了显著进步,但是随着"一带一路"倡议的推进和金融支持的进一步深入,相关金融活动和金融交易将会更加开放，金融工具和金融产品的创新将会带来更多威胁国家金融安全的因素，这就要求要在守住不发生系统性金融风险底线的同时，探索建立金融风险管控、分担和化解的机制。

第四，开展对话。"一带一路"共建国家情况各异、发展悬殊、需求多样，加之沿线融资国家对投资国的期望较高，投资国与融资国之间的发展预期和发展策略存在一定程度的错位，因而导致近年来"一带一路"倡议推进中存在意向多、承诺多但兑现慢的问题（吕越、尉亚宁，2023）。这就要求在金融支持"一带一路"建设中相关参与主体做好投融资项目的协调对接，也要做好金融支持信息的表述、宣传和政策的传播工作，进而实现对建设项目的高效金融支持。

综上，金融支持"一带一路"建设涉及金融产品、金融工具、金融市场、金融制度等诸多内容，含义十分广泛，且随着时代变迁呈现动态变化的特征。金融支持"一带一路"建设的重点与任务也十分艰巨，需要从大处着眼、小处着手，才能构建系统性的支持框架。

三、为"一带一路"提供金融支持的主要金融机构

投融资体制机制作为"一带一路"建设的重要支撑，直接关系到能否为"一带一路"建设提供高效、稳定、持续的投融资环境。实践中，通过引入多元投融资主体、多种投融资方式，有力支持了"一带一路"基础设施建设。

（一）参与"一带一路"倡议的中方金融机构

"一带一路"倡议提出以来，中国的金融机构为沿线项目提供了重要支持。为共建"一带一路"倡议提供金融支持的中方金融机构及其主要金融工具和主要支持行业如表 1-4 所示。

表 1-4　　　　参与"一带一路"倡议的中方金融机构

机构类型	机构名称	主要金融工具	主要支持行业
开发性/政策性金融机构	国家开发银行	中长期贷款、中非基金等股权投资、债券	基础设施、农业、工业
	中国进出口银行	优惠贷款、出口买方信贷、担保	基础设施和工业设备

机构类型	机构名称	主要金融工具	主要支持行业
商业银行	中国银行	公司贷款、担保	基础设施、能源
	中国农业银行	并购、贷款、出口信贷	农业、能源和电力
	中国建设银行	出口信贷、并购、债券	基础设施、交通运输、能源
	中国工商银行	贷款、并购、债券	基础设施、农业、工业
	中信银行	贷款、股权、出口信贷、债券	基础设施、能源、运输
	招商银行	担保、信贷、贷款、货币互换、债券	能源、制造、运输、健康文化和旅游产业
	上海浦东发展银行	贷款、并购、债券	电子商务、基础设施
	兴业银行	信贷、贷款	绿色发展、农业、基础设施
投资基金	丝路基金	股权、贷款	基础设施、能源、工业
国家出口信用保险公司	中国出口信用保险公司	出口信用保险、信用担保	基础设施和工业设备

资料来源：UNDP、中国国际交流中心：《融合投融资规则促进"一带一路"可持续发展："一带一路"经济发展报告》。

表1-4所示的参与"一带一路"倡议的中方金融机构，总体上可区分以下四种类型。

1. 开发性和政策性金融机构

第一，国家开发银行。国家开发银行是中国最大的对外投融资合作银行，其海外投融资大多数是基于市场化的商业行为。国开行按照商业化、市场化原则支持中国的"走出去"战略，帮助企业在海外发展，也为外国政府和公司提供资金支持。

第二，中国进出口银行。中国进出口银行是中国的国有政策银行，负责向外国政府、中国企业提供优惠贷款。毕竟民间投资者的能力往往有限，优惠贷款是大型基础设施项目的重要融资来源。进出口银行还提供以商业利率为基准的出口买方和卖方信贷、非优惠贷款和信贷额度，以及海外投资贷款和混合融资等方案。

2. 商业银行

在政策性金融和开发性金融的"铺路搭桥"和先行引导下，商业银行跟进支持"一带一路"建设水到渠成。具体地，相对于政策性金融和开发性金融而言，商业银行具有资金实力雄厚、机构分布广泛、商业化运营模式成熟等优势，但其经营更加强调资金的安全性、流动性和收益性。

第一，中国银行。为响应"一带一路"倡议，中国银行提出了"'一带一路'金融大动脉"计划。《中国银行 2023 年度社会责任报告（环境、社会、治理）》显示，截至 2023 年末，中国银行境外机构覆盖全球 64 个国家和地区，其中包括 44 个共建"一带一路"国家；在共建"一带一路"国家累计跟进项目逾 700 个，累计完成对共建"一带一路"国家授信支持约 2230 亿美元。首创"一带一路"主题债券，共募集 146 亿等值美元资金。搭建"跨境撮合"对接平台，已举办 89 场跨境撮合对接会，连续三届配合"一带一路"国际合作高峰论坛开展撮合及相关活动。首创"一带一路"国际金融交流合作研修班并已举办八期。

第二，中国工商银行。截至 2022 年末，中国工商银行累计支持"一带一路"项目超过 400 个，连续两年获颁《环球金融》"最佳一带一路银行"奖项。支持"一带一路"共建国家民生工程，支持一系列代表性清洁能源项目。持续推进"一带一路"绿色金融研究，编制完成《"一带一路"绿色金融（投资）指数报告（2023）》。创新推出了"工银全球付"，有效破解了跨清算、跨监管、跨时区、跨语言、跨币种等支付清算难题，目前已推广至部分"一带一路"沿线国家。

第三，中国农业银行。响应"一带一路"倡议，围绕中资企业"走出去"部署，打造多元化产品和服务，助力区域互联互通和重大项目落地实施，为"一带一路"建设提供有力金融支持。2022 年，境外机构覆盖全球 17 个国家和地区，其中"一带一路"共建国家 5 个，涉及"一带一路"共建国家的国际业务办理金额约 1775 亿美元，为企业与"一带一路"共建国家贸易往来办理的国际结算业务金额 1550.7 亿美元，涉及"一带一路"共建国家的企业"走出去"相关贷款、保函、境外发债等业务金额 74 亿美元。

3. 专项投资基金

投资基金是长期融资的重要组成部分，目前很多专项基金是中外金融实体合作共建的。大多数私人投资基金是开放式的，拥有多元化的金融服务，高收益率，并运用较为成熟的法律监管体系。自"一带一路"倡议提出以来，投资基金一直是"一带一路"项目的重要融资渠道，其作用还将伴随"一带一路"建设合作的深化而继续增强，如表 1-5 所示。

表 1-5　　　　　　　国际性"一带一路"专项投资基金一览

基金名称	成立时间	资金规模	主要投向
丝路基金	2014 年 12 月	400 亿美元及 1000 亿元人民币	推进与相关国家和地区的基础设施、资源开发、产能合作和金融合作等项目建设
中非发展基金	2007 年 6 月	100 亿美元	助力农业、基础设施、加工制造、产业园区和资源开发等项目
中国迪拜基金	2008 年 1 月	10 亿美元	整合各种大型基础建设和投资项目
中国-东盟投资合作基金	2010 年	100 亿美元	东盟地区的基础设施、能源和自然资源等领域，具体包括交通运输、电力、可再生资源、公共事业、电信基础设施、管道储运、公益设施、矿产、石油天然气、林木等
中国-东盟海上基金	2011 年 11 月	30 亿元人民币	推动双方在海洋科研与环保、互联互通、航行安全与搜救以及打击海上跨国犯罪等领域的合作
中国-法国中小企业基金	2012 年 9 月	一期 1.5 亿欧元	注册在法国或中国的具有全球化思维的高成长中小企业，并重点关注信息技术、环保、替代能源、生物医药及消费品等行业
联合融资基金	2013 年	70 亿美元	中国人民银行与非洲开发银行、国际金融公司和泛美开发银行等多边机构设立了多个联合融资基金
中拉产能合作投资基金	2014 年 7 月	一期 100 亿美元	通过股权、债权等方式投资于拉美地区能源资源、基础设施、农业、制造业、科技创新、信息技术、产能合作等领域
中国-欧亚经济合作基金	2014 年 9 月	50 亿美元	能源资源及其加工业、农业开发、物流、基础设施建设、新一代信息技术、制造业等欧亚地区优先发展产业
中墨投资基金	2014 年 11 月	24 亿美元	基础设施、工业、旅游和能源等领域的投资合作
"21 世纪海上丝路"产业基金	2014 年 12 月	1000 亿元人民币	在"一带一路"发展进程中寻找投资机会并提供相应的投融资服务
保险投资基金	2015 年 6 月	3000 亿元人民币	棚户区改造、城市基础设施、重大水利工程、中西部交通设施等建设以及"一带一路"和国际产能合作重大项目等

续表

基金名称	成立时间	资金规模	主要投向
中非产能合作基金	2015 年 12 月	100 亿美元	以股权、债权等多种方式，促进非洲 "三网一化" 建设和中非产能合作，覆盖制造业、高新技术、农业、能源、矿产、基础设施和金融合作等领域
中国阿联酋共同投资基金	2015 年 12 月	100 亿美元	向中国、阿联酋以及其他高增长国家和地区投资传统能源、基础设施建设、高端制造业、清洁能源及其他高增长行业
"澜湄合作" 专项基金	2016 年 3 月	3 亿美元	支持 "澜湄" 地区基础设施建设和产能合作项目，支持六国提出的中小型合作项目
"一带一路" 活动专项基金	2016 年 9 月	不详	由中国友好和平发展基金会成立，为 "一带一路" 智库合作联盟有关研究和交流研讨活动提供支持
中国 – 中东欧基金	2016 年 11 月	100 亿欧元	包括但不限于中东欧 16 国的基础设施、能源、电信、特殊制造业、农业和金融等潜力行业，重点关注能够扩大和深化中国 – 中东欧国家双边经贸投资合作、便利双边市场准入的项目
亚联投海外基金	2017 年 4 月	100 亿 ~ 150 亿美元	充分利用发达国家的技术、品牌、资源优势和沿线国家和地区的发展潜力带来的 "走出去、引进来" 的巨大机遇，构筑全球化的产业平台
中哈产能合作基金	2017 年 5 月	20 亿美元	中哈产能合作及相关领域的项目投资
中俄地区合作发展投资基金	2017 年 5 月	1000 亿元人民币	重点支持中俄地区及符合 "一带一路" 倡议的第三国及地区合作项目，包含核能发电、清洁能源、民生、基础设施、农林牧副渔、高新技术及装备制造、金融等
人民币海外基金	2017 年 5 月	3000 亿元人民币	沿线重点建设项目
广西东盟 "一带一路" 系列基金	2017 年 12 月	500 亿元人民币	广西和东盟 "一带一路" 地区的基础设施、优质产业等重点项目
"一带一路国际人才专项基金"（BRITF）	2018 年 1 月	5000 万元	国家外国专家局、中国国际人才交流基金会与钛脉商学科技（北京）有限公司共同发起

续表

基金名称	成立时间	资金规模	主要投向
中俄人民币基金	2018年6月	10亿美元	由穗甬控股有限公司、中俄基金投资咨询有限公司、黑龙江省大正集团共同发起
中欧共同投资基金	2018年7月	5亿欧元	对中欧合作具有促进作用、并且商业前景较好的中小企业，促进"一带一路"倡议与欧洲投资计划相对接，实现互利共赢
"一带一路"绿色投资基金	2019年4月	不详	以股权投资为主，吸引撬动"一带一路"沿线金融机构等国际投资人投资，重点投向环境治理、可再生能源、可持续交通、先进制造等领域

资料来源：根据中国一带一路网（https://www.yidaiyilu.gov.cn/）相关资料整理所得。

4. 出口信用保险机构

中国出口信用保险公司（以下简称"中国信保"）是中国唯一一家承担出口信用保险业务的政策性国有保险公司。来自国家的预算拨款主要用于促进对外贸易和投资的发展。截至2023年末，中国信保累计支持的国内外贸易和投资规模超过7.98万亿美元，为超过31万家企业提供了信用保险及相关服务，累计向企业支付赔款216.9亿美元。数据显示，2022年全年累计支持"一带一路"沿线国家出口和投资1.93万亿美元，增长13.7%，支付赔款4.9亿美元。中国信保提供出口信用保险和再保险、海外投资保险、国内信用保险、信用担保、应收账款管理等出口信用保险服务。其中，短期出口信用保险最为频繁，其次是境外投资担保和中长期出口信用保险业务。由于以"一带一路"项目为重点，该公司的很多保险项目集中在基础设施和能源建设上，这些项目周期长，资本规模大，所在国家的投资环境比较不稳定，来自中国保险机构的支持极为重要。

（二）海外金融机构

一些非中国金融机构正在为伙伴国家的基础设施项目提供资金。这些机构包括双边和多边发展机构以及商业银行。

1. 多边开发银行

一些多边银行向"一带一路"伙伴国家提供基础设施项目长期贷款，具体条件取决于这个国家的经济发展水平。多边开发银行包括世界银行、欧洲复兴开发银行、非洲发展银行、亚洲开发银行、欧洲投资银行、伊斯兰开发银行、金砖国家新开发银行和亚洲基础设施投资银行等。世界银行集团和亚洲开发银行是参与"一带一路"倡议最主要的传统性多边开发银行，亚洲基础设施投资银行与金砖国家新开发银行是参与倡议沿线项目融资最主要的两个新兴多边开发银行。

2. 双边发展机构

双边发展机构在共建"一带一路"国家和新兴市场国家的双边官方发展援助框架内，提供优惠贷款。例如日本的国际协力机构、德国复兴信贷银行、韩国经济发展合作基金、法国开发署等。

3. 出口融资机构和出口信用保险机构

出口融资机构和出口信用保险机构以商业或优惠的方式向"一带一路"共建国家提供贷款，具体取决于伙伴国家和项目类型（如日本国际合作银行、韩国进出口银行、美国进出口银行等）。此类贷款或担保基本为中短期类型。

4. "一带一路"伙伴国家的开发银行和公共金融机构

"一带一路"伙伴国家的开发银行和公共金融机构为基础设施项目提供长期贷款，例如，致力于基础项目融资的印度尼西亚公司 PT Sarana Multi Infrastruktur/SMI，位于印度尼西亚南苏门答腊的 Palembang – Indralaya 收费公路就是 PT – SMI 融资项目。

5. 其他机构

商业银行、基础设施基金和其他商业融资机构通过银团贷款、股权和其他金融工具为基础设施融资。例如汇丰银行、渣打银行、星展银行、华侨银行、马来西亚银行、花旗银行、美国银行等，这些机构都增加了相关投资，但他们通常不为绿地基础设施项目提供长期融资。

第三节 PPP 模式与"一带一路"倡议

在前文分析中方金融机构和海外金融机构支持"一带一路"建设的基础上，本节主要考虑到"一带一路"共建国家基础设施建设巨额的资金需求，进一步撬动社会资金参与到"一带一路"建设中来，必然是缓解资金缺口的重要途径。现实经济世界中，以公私合作、利益共享、风险共担和提高效率为主要特征与目的的政府和社会资本合作模式（Public – Private Partnership，简称 PPP 模式），通过吸引私人资本参与基础设施服务建设，既有助于缓解政府的财政压力,还有助于改善一国的基础设施水平,是吸引私人资本进入基础设施建设领域的重要融资方式(叶芳,2017)。有鉴于此,本节将在概述 PPP 模式对"一带一路"基础设施建设重要意义的基础上,侧重从定性角度阐述以 PPP 模式支持"一带一路"建设的优化路径。后续章节将详细描述"一带一路"共建国家运用 PPP 项目的具体情况。

一、PPP 模式对"一带一路"基础设施建设的重要意义

公私合作伙伴关系(PPP,又称公私合营制度)是政府与私营部门之间的长期合作安排,最常用于发展基础设施或提供公共服务,将在"一带一路"倡议项目中发挥越来越重要的补充性作用,主要体现在以下几方面。

(一)有利于缓解"一带一路"建设资金压力

"一带一路"沿线很多发展中国家的政府为大型基础设施项目提供资金的能力有限,或无力全额承担项目带来的财政压力。同时由于投资周期长、融资成本高以及短期回报率低,民间资本通常不愿意参与基础设施项目,再加上政治和商业环境的不确定性以及一些沿线国家不成熟待完善的金融市场,项目对私人投资者的吸引力进一步弱化。因此,PPP 模式便应运而生。基于 PPP 模式,在民间社会资源的强有力推动下,可以充分发挥现有的资源优势,为基础设施建设工作带来更多的可能,进一步提升项目的运行效率和民间资本的整合效率,从而在很大程度上缓解政府财政压力。

(二)有利于提高"一带一路"投融资效率

PPP 模式有望为填补资金缺口和减轻政府财政负担做出重大贡献。私营部门经验丰富,具有市场敏感性,能高效利用资源,私营部门的参与可以提高"一带一路"倡议投资的效率,并有助于管理和降低项目风险。政府可以通过与政治和法律风险相关的项目保障和政策承诺来做一些补充性工作,以解决整个项目在实施过程中私营部门所担心的可能仍然存在的问题。很多国家在一些情况下将 PPP 视为一种创新的项目融资模式。

(三)有利于降低"一带一路"建设项目风险

PPP 模式具有双向性,一方面,在 PPP 项目中的投入要小于传统方

式，公共基础设施项目建设具有投入资金量大、周期长、管理内容复杂等特点，如果仅依靠政府或投资方开展项目建设运营，可能会出现影响项目进度和效率的不利因素，难以在规定时间内让民众享受更好的社会公共服务。另一方面，PPP 模式充分彰显了市场职能的基本特色，有利于建立全新的激励机制，对制度创新发挥重要推动作用，同时资源配置也更具合理性。

二、PPP 模式支持 "一带一路" 建设的优化路径

（一）因地制宜发展 PPP 项目

公共和私营部门可以共同努力，最大限度地发挥大型基础设施在可持续发展方面的影响力。私营部门在公私合作伙伴关系中的贡献具有特殊的价值，这得益于其在专业知识、业务效率和积极性因素方面的相对优势。然而，各国使用 PPP 模式的情况差异较大，人们对 PPP 模式的定义尚未达成共识。这是因为项目设计往往要因地制宜，具体情况具体分析，考虑所在国家的发展水平、市场化比例和公司治理制度等因素。

（二）发挥各自比较优势发展 PPP 项目

为了有效衡量 PPP 项目，需要分析一系列指标，跟踪其经济效益、风险分担机制以及社会和环境的可持续性。与传统的财政预算资助相比，PPP 模式更能让资本发挥其作用，每个参与者能够集中精力，在优势领域发挥作用，提升整体效率。具体而言，政府要制定战略规划，提供公共产品和公共服务，并确保项目在社会与环境方面的可持续性，而私营部门在预算范围内能更有效地利用资源并最终交付项目成果。

（三）有效推广 "一带一路" 沿线相关 PPP 项目的有益经验

"一带一路"建设对公私合作伙伴关系项目的需求正在迅速增加，发展中国家也要改善基础设施，解决公共产品供应短缺的问题。除了运输方面有巨大的资金需求外，在能源、水利和通信行业也有发展需求，因此带来的 PPP 项目机会也很多。在未来，各国政府与民间领域联合推出的通信和能源项目预计将取得重大进展。PPP 项目还可以使伙伴国家的国内私营部门也有机会参与 "一带一路" 倡议的基础设施投资，目前已有相应的成

功案例,如中俄石油天然气管道、中缅石油天然气管道、印度尼西亚和泰国的铁路项目、莫斯科的地铁建设项目以及东欧的铁路重建项目。值得一提的是巴基斯坦的卡洛特水电项目(价值17.4亿美元)是"一带一路"建设PPP项目的另一个成功范例。根据具体情况的不同,公私合作伙伴关系可以在"一带一路"倡议的背景下发挥更重要的作用。例如,中国的国有企业可以在伙伴国家投资大规模的基础设施项目,然后在项目发展到中期阶段或是结束以后,将项目出售给中方或东道国的民间资本继续运营。此类投资形式既能降低风险,也能提高投资者意愿。

(四)有效利用我国发展PPP项目的有益经验

"一带一路"倡议的典型PPP项目涉及运输、可再生能源、电力以及石油和天然气行业,项目覆盖面很广,反映了伙伴国家的产业结构、发展重点和政策导向。影响公私伙伴关系的其他关键因素,有伙伴国家的自然资源禀赋、人口结构、法律、监管和体制框架、投资环境、金融市场、政府的政策执行能力和可信度。由于中国在这个领域提供了坚实的政策支持,吸引更多资源联合投资合作伙伴国家的基础设施,预计PPP项目的规模和范围还会继续扩大。

第二章

文 献 综 述

第一节 "一带一路"定位及其经济
效应的相关研究

一、"一带一路"定位的相关研究

"一带一路"倡议的定位直接关系到国际社会对中国动机的判断，如何定位"一带一路"倡议也成为影响其进展与成效的关键问题。根据总体不同观点，关于"一带一路"倡议定位的研究主要可区分为两类：一是"什么都要"，即把中国各领域需要解决的问题都赋予"一带一路"，包括转移过剩产能、获取资源和能源、拓展市场、解决国内发展不平衡等（Zhou & Ghiasy，2017；高小升，2019；盛斌、靳晨鑫，2019；黄宗智，2020）。二是"什么都不要"，即一些对外宣传中所说的中国发起"一带一路"没有自己的利益诉求，只是自己发展起来了，希望通过"一带一路"带动沿线国家共同致富（林毅夫，2018；李向阳，2019）。总体来看，"什么都要"的定位有"倒置因果"之嫌疑，相关目标理应是"一带一路"倡议顺利推进的结果；"什么都不要"的定位也容易引起外界的质疑，在他们看来一个正在崛起的大国付出真金白银推进一项国际化倡议而不求任何回报，其背后必然存在不便于示人的目的（李向阳，2020）。历史充分证明，获得道义制高点成为国际合作机制成功的前提条件，习近平主席也多次强调"一带一路"倡议是推动构建人类命运共同体的重要实践平台，我国官方在"一带一路"倡议提出伊始就明确了"共商共建共享"的建设原则。基于该顶层设计与明确定位，理论研究的重点工作是将基于"一带一路"实现人类命运共同体的目标分解为不同阶段、不同领域，为共建"一带一路"实践提供行动指南。

二、"一带一路"经济效应的相关研究

"一带一路"倡议的现实进展究竟有没有实现上述定位与目标呢？随着"一带一路"倡议的推进和可利用数据的增加，针对"一带一路"倡议经济效应评估的相关研究成果不断涌现，大量宏观与微观层面的实证检验均表明，"一带一路"倡议的经济影响不断显现，相关经济效应也具有显著性。比如："一带一路"倡议对共建国家能源、基础设施建设、安全等宏观层面所产生的影响（Fallon，2015；Zhao et al.，2019；Wang et al.，2022）。"一带一路"倡议对共建国家整体福利水平（Bird et al.，2019；Tambo，2019；Rodenbiker，2022）、贸易成本（François et al.，2019；Baniya et al.，2019；Gao et al.，2023）、基础设施水平（黄亮雄、钱馨蓓等，2018；张艳艳、于津平等，2018）等领域产生影响。"一带一路"倡议对公司投资水平、企业投资风险和企业融资约束等方面产生经济效应（陈胜蓝、刘晓玲，2018；孙焱林、覃飞，2018；徐思、何晓怡等，2019）。根据所关注的主体不同，可将这些研究区分为对中国、沿线经济体、全球三方面，主要代表性成果如表2-1所示。

表2-1 　　　　　　　　 "一带一路"正向经济效应的相关研究

研究主题	文献来源	研究方法	主要发现	作用机制
对中国的正向经济效应	郭爱君、朱瑜珂（2019）	PSM-DID方法	有效且持续地提升了我国沿线地区的开放型经济发展水平	通过促进生产要素有序流动、提高资源配置效率、促使市场深度融合
	吕越、陆毅等（2019）	双重差分法	显著促进了中国企业对外绿地投资的增长	五通：设施联通、政策沟通、资金融通、贸易畅通、民心相通
	杜巨澜、张一飞（Julan Du & Yifei Zhang，2018）	双重差分法	显著促进了我国企业的海外并购	国有企业在基础设施领域的投资占据主导地位，非国有企业在非基础设施领域占据主导地位

续表

研究主题	文献来源	研究方法	主要发现	作用机制
对中国的正向经济效应	王桂军、卢潇潇（2019）	双重差分法	显著促进中国以全要素生产率提高为表征的企业升级	通过研发创新助推中国企业升级，且呈现 "国进民进" 的特征
	王桂军、张辉（2020）	PSM – DID 方法	显著提高了投资非沿线发达国家的中国企业全要素生产率	以提高企业的技术创新为实现路径
	李延喜、何超（2020）	基础回归、双重差分法	对 "一带一路" 国家直接投资可以通过多种逆向创新溢出渠道促进中国企业创新	外围技术剥离渠道的影响程度最大，研发成本分摊渠道次之，研发成果反馈渠道的影响程度最小
	戴翔、杨双至（2020）	双重差分法	显著促进了中国对沿线参与国的出口增长，具有显著的 "稳外贸" 作用	海上丝绸之路沿线国家要显著强于陆上丝绸之路沿线国家；对与中国接壤的沿线国家要显著强于非接壤的沿线国家
	曹伟、冯颖姣（2020）	复杂网络模型	"一带一路" 倡议提出后，人民币在 "一带一路" 区域的地位有所提升	与地理位置相关：在中西亚地区最为强劲、在南亚和中东欧地区较薄弱
	戴翔、王如雪（2020）	中介效应模型	"一带一路" 倡议促进了我国的对外直接投资	五通：政策沟通、设施联通、贸易畅通、资金融通、民心相通
	刘振、黄丹华（2021）	基础回归	企业参与 "一带一路" 跨国经营，显著促进了企业的技术创新	企业创新资金获取、企业人才获取
	傅京燕、程芳芳（2021）	倾向得分匹配双重差分法	"一带一路" 倡议促进了地区产业结构升级	贸易畅通和设施联通
	蔡宏波、逄慧颖、雷聪（2021）	加权极值优化算法	"一带一路" 倡议明显改变了我国民族地区的贸易发展态势及其在全国的贸易地位	使民族地区从后方走向前沿、充分挖掘了民族地区的要素禀赋潜力及其货源型产品进出口能力

续表

研究主题	文献来源	研究方法	主要发现	作用机制
对中国的正向经济效应	强国令、徐会杰（2021）	双重差分法	"一带一路"倡议影响企业的投资水平	公司战略在"一带一路"倡议对企业投资的影响过程中起着中介作用，该倡议的提出，改善了资本市场环境，激励企业实施更加积极的战略，进而增加企业的投资
	罗知、李琪辉（2023）	定量定性分析	"一带一路"倡议有利于促进中国经济高质量发展、缓解供需结构性矛盾、缩小区域差距	推动中西部内陆地区发展，实现区域平衡
对沿线经济体的正向经济效应	张原（2018）	GMM、门槛回归	"一带一路"倡议推动沿线发展中国家减贫	援助和投资并举的方式
	协天紫光、薛飞（2019）	Hansen 非线性门槛模型	中国 OFDI 显著促进了"一带一路"沿线绿色全要素生产率的增长	存在经济规模和人力资本的门槛效应
	陈智华、梁海剑（2020）	预警模型、PSM – DID	显著降低沿线国家的债务违约风险，并未显著增加这些国家的债务负担	分析债务国的违约意愿、抗外部冲击性、债务偿还优惠条件以及经济发展情况
	项松林（2020）	双重差分法	促进了沿线经济体出口增长的集约边际和扩展边际	更有利于沿线经济体出口增长的集约边际而非扩展边际
	陈雅、许统生（2020）	面板数据回归	沿线国家的国际贸易对该国股票市场国际一体化水平的影响	取决于信贷支持是偏向于外向型还是偏向于非外向型经济部门
	牛华、毕汝月（2020）	面板数据回归	中国企业 OFDI 对沿线国家包容性增长具有正向影响	国有企业、跨国并购及对沿线国家交通运输行业投资更为显著地促进了沿线国家经济包容性增长

续表

研究主题	文献来源	研究方法	主要发现	作用机制
对沿线经济体的正向经济效应	戴翔、宋婕（2021）	双重差分模型	"一带一路"倡议显著促进了沿线参与国全球价值链分工地位的提升	政策沟通、设施联通、贸易畅通、资金融通的作用显著，但民心相通的作用尚未显现
	曹翔、李慎婷（2021）	倾向得分匹配双重差分法	"一带一路"倡议显著推动了沿线国家的经济增长	"一带一路"倡议通过促进共建国家，消费、基础设施建设和就业推动了共建国家的经济增长，中国在"一带一路"倡议中通过投资和净进口显著推动了共建国家的经济增长
	杨权、汪青（2021）	倾向得分匹配和双重差分法	"一带一路"倡议有助于沿线国家外部财富的升值	通过提升沿线国家权益资产规模和优化结构，改善了其外部头寸中的估值效应
	公丕萍、姜超（2021）	固定效应面板模型和中介效应模型	"一带一路"倡议显著促进了沿线国家的经济增长	"一带一路"倡议主要通过推动中国与沿线国家之间的贸易增长，对沿线国家内部的货物资源流动、人口就业率、就业结构等产生积极影响，进而促进沿线国家的 GDP 增长
	李延喜、任艺（2021）	基础回归、中介效应模型	"一带一路"倡议下中国的 OFDI 显著提升了沿线国家的社会福利水平	主要通过经济增长实现，但沿线国家的制度质量影响了总体效果
	姜峰、蓝庆新、张辉（2021）	固定效应模型	"一带一路"下中国出口贸易增加能显著推动参与国的技术升级	加快劳动力资源向技术水平较高的企业转移，压缩技术水平较低企业的生存空间，倒逼"一带一路"参与国技术升级
	协天紫光、樊秀峰（2021）	Ordered Probit 模型	中国对沿线国家的对外直接投资可以显著提高东道国居民幸福感	宏观层面：绿色发展；微观层面：个人增收

续表

研究主题	文献来源	研究方法	主要发现	作用机制
对全球的正向经济效应	卡尔斯滕·茂、罗莎莉·修伦（Karsten Mau & Rosalie Seuren，2023）	固定效应模型	中欧、东欧和东南欧地区专门从事与"铁路产业"相关的经济活动能从"一带一路"倡议下市场准入范围的扩大和出口机会的增加中获益良多	市场准入范围的扩大和出口机会的增加
	坦博等（Tambo et al.，2019）	文献综述法	"一带一路"倡议具有多维正向经济效应	"一带一路"倡议通过促进卫生、技术和信息利用，便利贸易，降低生产成本，提高能源安全，促进卫生服务与健康领域发展等方面对全球经济产生正向影响
	鲁塔等（Ruta et al.，2019）	地理信息系统分析	使全球装运时间平均减少幅度在1.2% ~ 2.5%之间，总贸易成本的下降幅度在1.1% ~ 2.2%之间	"一带一路"倡议下交通基础设施投资与建设项目
	巴尼娅等（Baniya et al.，2019）	引力模型	显著降低贸易成本2.8% ~ 4.4%、增加贸易总额2.5% ~ 4.1%	基础设施建设创造新的陆地和海洋连接；减少边境延误的政策
	李兵、颜晓晨（2018）	引力模型	恐怖袭击显著降低了"一带一路"沿线国家的出口和进口；相对其他国家而言，恐怖袭击对中国与"一带一路"沿线国家之间的贸易的负面影响较小	中国经贸人员"冒险精神"和我国互不干涉内政"外交政策"的作用
	索伊雷斯等（Soyres et al.，2019）	结构一般均衡模型	使沿线经济体GDP增长，使非沿线经济体GDP增长2.61%	"一带一路"倡议下交通基础设施投资
	马艳、李俊（2020）	动态数值模拟	"一带一路"倡议对缩小国际不平等性具有显著正向作用效果	"一带一路"倡议具有技术和制度双重维度的逆不平等性

续表

研究主题	文献来源	研究方法	主要发现	作用机制
对全球的正向经济效应	高蒙等（Meng Gao et al.，2023）	结构引力模型	"一带一路"倡议增加了中国和"一带一路"成员国的贸易和福利。但同时部分国家也会受到中国贸易供需冲击的影响	"一带一路"倡议通过降低贸易成本对共建国产生影响

资料来源：根据相关文献整理所得。

除表 2-1 中支持"一带一路"倡议具有显著正向经济效应的相关研究之外，仍有一些研究大肆渲染"一带一路"倡议的负面效应，归纳起来主要有以下观点：第一，一些研究视"一带一路"倡议为中国转移国内问题的平台，是"马歇尔计划"的中国翻版（Overholt，2015）。第二，一些研究基于对个别项目的分析，放大"一带一路"倡议对当地生态、资源等方面的影响，直接将"一带一路"倡议类比为中国所实施的"新殖民主义"（Akhtaruzzaman，2017；Etzioni，2020）。第三，一些研究认为中国向沿线国家的大规模基础设施建设投资和高额贷款，意在使东道国无力偿还并导致投资项目终止时迫使其让渡项目控制权乃至主权以获得债务减免，实质上是故意制造"债务陷阱"（Cheng，2016；Hurley & Morris，2019）。

上述大量发现正向经济效应的研究，支持了共建"一带一路"倡议是构建人类命运共同体实践平台的基本定位，也提出了推动"一带一路"倡议可持续发展、高质量发展的重大现实必要性。当然，若对相关渲染负面效应的论调不给出及时、有效地回击，可能导致中国"走出去"企业的投资项目出现波折，可能助长沿线经济体"搭便车"与"等靠要"的心态，以及沿线经济体提出更多不符合国际经济合作原则的要求，最终可能影响"一带一路"倡议的进展（肖钢，2019；李向阳，2019；金刚、沈坤荣，2019；仇娟东、黄海楠，2021）。

第二节 金融支持"一带一路"建设的相关研究

一、金融支持总体思路的相关研究

"一带一路"倡议主要以投资与贸易为主要内容，但没有金融支持的

"一带一路"也就没有投资与贸易的"一带一路",有力的金融支持体系对共建"一带一路"倡议的高质量发展尤为重要。在资金需求方面,世界银行、麦肯锡全球研究院、美国布鲁金斯研究会以及中国社会科学院、国务院发展研究中心、中国人民银行等机构均测算过"一带一路"及相关领域的资金需求,尽管各机构在测算口径、测算方法、起止时间等方面存在一定差异,但均一致反映出"一带一路"建设的巨额资金需求,那么有效的资金供给体系建设便显得十分重要(张丽平、蓝庆新,2016;周小川,2017;徐奇渊,2018;肖钢,2019;黄宗智,2020)。

就资金供给而言,相关研究重点梳理了金融支持"一带一路"建设的总体思路。王剑(2015)认为,金融应该为"一带一路"建设提供保障,并且支持"一带一路"建设的金融支持体系应沿着"政策性金融→开发性金融→商业性金融"的路径演进。王石琨(2015)认为,应构建依次为"政策性金融→多边性金融→大型商业银行→社会资本"的"立体金融服务体系"来支持"一带一路"建设。仇娟东(2019)认为,"一带一路"倡议的动力机制应当实现从"政府推动"向"市场主动"的转换,而"一带一路"倡议的金融支持体系也应沿着"政策性金融→多边性金融→商业性资金→社会性资金"的路径演进。

综上,"一带一路"建设面临严峻资金瓶颈成为基本共识,而探究资金供给渠道的相关研究均落脚到了"社会资本",那么本项目所关注的PPP模式显然符合"一带一路"倡议下资金供给体系的演进趋势。事实上,"一带一路"倡议下的基础设施建设必然是一个大规模的资金动员过程,尤其在"一带一路"进入高质量发展阶段以及"可持续性"成为关键问题的背景下,仅靠中国资金显然远远不够,也不符合共商共建共享的建设原则(肖钢,2019);"授人以鱼,不如授人以渔",仅靠沿线经济体的财政资金不仅在数量上不够,调动沿线经济体商业化和市场化的效果会大打折扣,也容易引发"债务陷阱"等质疑,应撬动中资国有企业之外更多的中资民营企业尤其是东道国企业和第三方国家的政府、金融机构和企业共同行动,推动建立长期、稳定、可持续、风险可控的融资体系。

二、"一带一路"倡议与 PPP 模式的相关研究

对于"一带一路"建设中的巨额资金需求,习近平主席在首届

(2017 年)"一带一路"国际合作高峰论坛的主旨演讲中明确提出：在"一带一路"建设中要创新投资和融资模式，推广政府和社会资本合作。王树文（2016）认为，解决"一带一路"建设中巨大资金缺口的最佳路径便是将大量的社会资本吸纳进来并开展 PPP 模式，这样便可利用社会资本专业的管理经营能力来高效开展基础设施建设项目。钱志清（2019）指出，基础设施联通是"一带一路"倡议下"五通"的关键环节，而 PPP 模式恰恰关注基础设施建设与公共服务提供领域，是解决基础设施建设资金瓶颈的重要渠道；同时，以 PPP 模式支持"一带一路"倡议下的基础设施建设，实质上是以"国际语言"推动国际项目，具有比较容易找到合作基础等诸多优势。肖钢（2019）认为，"一带一路"沿线基础设施建设面临资金需求巨大、资金供给不足和沿线国家整体风险水平高等问题，在投融资新体系建设中要大力推广 PPP 模式以提高经济效率和时间效率。还有研究梳理出了"一带一路"倡议下 PPP 模式可能面临的政治风险、低效率风险、违背公益性风险等多元化风险（胡忆楠、丁一兵，2019；冉奥博、刘守森，2020）。

除上述定性研究之外，一些研究运用计量经济方法分析了"一带一路"建设中运用 PPP 模式的相关问题。罗煜、王芳（2017）基于 2002～2013 年 46 个共建国家 2485 个 PPP 项目的实证检验发现，多边金融对撬动社会资本具有显著正向作用，过往 PPP 项目经验对项目成效有显著正向影响。时秀梅、孙梁（2017）基于"一带一路"共建国家 194 个 PPP 项目的实证检验发现，政治法律环境、基础设施情况、宏观经济环境、金融市场发展、专业人才与私人部门参与数额显著正相关。邓忠奇、陈甬军（2018）基于"一带一路"共建国家电力行业的 PPP 项目数据，检验了"融资约束效应""知识转移效应"对私人部门参与 PPP 项目的影响。此外，还有研究基于沿线经济体 3000 余个 PPP 项目的大样本数据，实证检验了政府级别、多边金融支持对撬动社会资本参与的总体效应与中间机制（仇娟东、黄海楠，2020；2021）。

总体来看，上述研究肯定了 PPP 模式在"一带一路"建设中具有重要作用与意义，也勾勒出了沿线国家运用 PPP 模式的环境，但受概念界定、可使用数据等限制，这些研究主要使用案例分析和定性描述方法，结合沿线 PPP 项目层面大样本数据所开展的实证研究较少，对 PPP 项目中作为社会资本对手方的政府以及政府引导措施的总体效应及作用机制的实证检验不足。

三、PPP 项目中社会资本吸纳效应影响因素的相关研究

鉴于以"一带一路"共建国家为研究区域并聚焦 PPP 项目中社会资本吸纳效应的研究较少,此处拟放开"一带一路"共建国家的区域限制,按照社会资本参与、项目落地、项目成效的"历时态"演进,梳理 PPP 项目中社会资本吸纳效应影响因素的相关研究,具体如表 2-2 所示。

表 2-2 　　　PPP 项目中社会资本吸纳效应影响因素的相关研究

研究主题	文献来源	研究区域	研究方法	所关注的影响因素
社会资本参与	哈马米等 (Hammami et al., 2011)	中低收入国家	负多项式回归、有序 Probit 模型	解释变量:政府债务、政治环境、宏观经济、市场环境、制度质量、法治水平、项目经验等
	安娜·伊莎贝尔·洛佩斯和塔尼亚·泰西拉·卡埃塔诺 (Ana Isabel Lopes & Tânia Teixeira Caetano, 2015)	葡萄牙	二元逻辑回归模型	核心解释变量:项目规模、杠杆率、风险状况、社会资本方主营业务;控制变量:所属行业、年份
	郑子龙 (2017)	108 个发展中国家	面板二值选择模型、面板门限模型	核心解释变量:政府治理(政治稳定性、法治水平、政府效率、民主程度);控制变量:宏观经济、金融发展等
	钟德美和大卫·亨瑟 (Demi Chung & David Hensher, 2018)	澳大利亚	面板回归模型	核心解释变量:收益权分配、项目持续期;控制变量:社会人口特征、风险偏好、营商环境
	穆罕默德·比格乌坦等 (Mhamed Biygautane et al., 2019)	沙特阿拉伯	访谈法、问卷调查法	可能因素:政府支持、政府治理体系、法律和监管框架、技术与管理能力、宗教与社会文化
	肖曾琪和林筱莉 (Zengqi Xiao & Jasmine Siu Lee Lam, 2019)	中低收入国家	多组结构方程模型	核心解释变量:风险分配;控制变量:宏观经济金融、政府治理、营商环境

续表

研究主题	文献来源	研究区域	研究方法	所关注的影响因素
社会资本参与	沈言言、刘小川（2019）	中低收入国家	Logit 模型、中介效应模型	核心解释变量：政府担保；控制变量：项目属性、经济金融环境、政府治理
	仇娟东、黄海楠（2020）	"一带一路"共建国家	面板数据回归、中介效应模型	核心解释变量：政府级别；控制变量：项目属性、经济金融环境、制度质量
	仇娟东、黄海楠（2021）	"一带一路"共建国家	倾向得分匹配、中介效应模型	核心解释变量：多边金融机构参与；控制变量：项目属性、宏观经济金融、政府治理
	尤达库尔（Yurdakul，2022）	137 个中低收入国家	中介效应模型、结构方程模型	核心解释变量：财政状况；控制变量：项目属性、政府治理水平、宏观经济金融环境、制度质量
项目落地	弗霍斯特·科恩（Koen Verhoest et al.，2015）	20 个欧洲经济体	文献综述法、聚类分析法	核心因素：政府支持；作用机制：政策和政治承诺、法律和监管框架、政府支持安排等，影响政府支持，进而影响项目落地
	包许航、叶蜀君（2018）	中国	博弈模型、问卷调查法	核心因素：开发性金融介入；作用机制：开发性金融通过改变政府部门与社会资本在风险分配博弈的强弱势差异，影响 PPP 项目落地率
	吴义东、陈卓（2019）	中国	GLS 和 Tobit 回归模型	核心解释变量：地方政府公信力；控制变量：反职务犯罪力度、人口规模、经济水平、金融水平
	龚强、张一林等（2019）	中国	时序博弈模型	核心因素：地方政府行为；作用机制：政府通过合理界定自身权力边界，减少政策的"时间不一致性"，才能提高社会资本的进入激励

续表

研究主题	文献来源	研究区域	研究方法	所关注的影响因素
项目落地	马恩涛、李鑫（2019）	中国	层次分析法、回归模型	解释变量：经济因素、制度因素、社会因素和项目属性因素
	王岭、闫东艺（2019）	中国	Tobit 模型	解释变量：财政负担、所属区域、经济水平、与专业化咨询机构的距离
	谈婕、郁建兴（2019）	中国	Kaplan-Meier 估计、Cox 比例风险模型	核心因素：地方政府的能力、领导者的特征、项目属性；关键结论：政府财政能力和组织能力对落地速度有正向影响；市长的学历和任期与 PPP 落地快慢正相关，市长的年龄与落地快慢负相关；传统基础设施类较其他项目落地速度更快
	沈俊鑫、顾昊磊（2020）	中国	定性比较分析法（QCA）	解释变量：项目期限、项目总投资、政府清廉程度、财政压力、关系承诺、契约精神、金融支持
项目成效	黄邦刚等（Bon-Gang Hwang et al.，2013）	新加坡	问卷调查法	核心因素：风险分配；关键结论：8 项风险最好分配给公共部门，19 项风险可分配给私营部门，11 个风险优先由双方分担，4 个风险的分配取决于项目情况
	邹伟武等（Weiwu Zou et al.，2014）	中国香港	问卷调查法、访谈法	核心因素：公私双方的关系管理；作用机制：高级管理人员的承诺、建设目标、部门协作、多学科团队等，影响公私双方的关系管理进而影响项目成效
	张延龙（Yanlong Zhang，2014）	中国	随机效应有序 logistic 模型	核心解释变量：城市特征、空间压力、制度力量；控制变量：固定资产投资、人口、对外直接投资

研究主题	文献来源	研究区域	研究方法	所关注的影响因素
项目成效	钟德美和大卫·亨瑟（Demi Chung & David Hensher，2015）	澳大利亚	多元回归模型	核心因素：价值创造、信任、控制；关键结论：外部利益相关者的信任、社会积极性、公共组织内部的协调框架共同影响了 PPP 项目的成效
	福蒂斯·帕尼迪等（Photis M. Panayides et al.，2015）	中低收入国家	logit 模型	核心因素：制度质量；关键结论：监管质量、市场开放性、创业便利性和合同执行状况，共同影响项目的成效
	张尚等（Shang Zhang et al.，2016）	—	文献综述法（685 篇学术论文）	核心结论：项目属性、风险管理、经济金融环境、法律和采购、政府治理与引导、项目运营管理等六方面因素影响 PPP 项目成效
	罗煜、王芳（2017）	"一带一路"共建国家	Probit 模型	核心解释变量：制度质量、国际金融机构参与；作用机制：制度质量→私人部门风险分担→项目成效；国际金融机构参与→私人部门风险分担→项目成效
	凤亚红、李娜（2017）	中国	案例分析法	区域层面：制度环境与体制、金融体系、政府信用；企业层面：合作企业的财务、技术、管理能力、信用；项目层面：PPP 模式的适用性、投融资结构、风险分担和收益共享机制
	巴曙松、朱伟豪（2018）	中国	多元回归模型	核心解释变量：项目质量；作用机制：PPP 项目质量→融资约束→杠杆转移→项目成效

研究主题	文献来源	研究区域	研究方法	所关注的影响因素
项目成效	哈特曼·保罗（Paul Hartman et al.，2020）	美国	定性多案例分析法	核心因素：PPP 项目合同期限；作用机制：通过影响公私双方对合作动机的感知、对信任的感知、对合作结果的感知进而影响项目成效
	豪尔赫·弗莱塔－阿斯因和费尔南多·穆尼奥斯（Jorge Fleta-Asín & Fernando Munoz，2020）	59 个发展中国家	多元回归模型	核心解释变量：私人部门的风险承担、经济环境、制度质量

资料来源：根据相关文献整理所得。

上述研究提出了项目属性、经济金融环境、制度质量和外力带动等因素可能影响 PPP 项目中的社会资本吸纳效应，为本项目实证检验中控制变量的设计提供了有益借鉴，其主要有以下拓展之处：第一，PPP 项目要历经发起、落地、建设、移交、收益等多个阶段，但上述研究仅关注了 PPP 项目的单一阶段，即所进行的"共时代"研究居多；对 PPP 项目多阶段、全过程的关注较少，即"历时态"研究不足。第二，由于制度、经济发展水平等差异，适用于西方发达国家的逻辑未必适合沿线国家，上述研究鲜见专门基于"一带一路"沿线 PPP 项目层面大样本数据的研究。第三，受可使用数据等限制，相关研究对 PPP 项目中政府引导及异质性政府引导的关注不足，对 PPP 项目中政府引导总体效应和作用机制未作严格的理论阐释与"中介效应"检验。

第三节 PPP 模式与"一带一路"的相关研究

一、政府引导必要性的相关研究

钟德美和大卫·亨瑟（2018）指出，政府部门一般是 PPP 项目的发起者，但为了吸引私人部门的投资，可能在发布项目招标公告时隐瞒有关项目的不利消息，而私人部门在决定是否参与项目之前不得不花费大量成本去搜寻信息；另外，龚强、张一林等（2019）认为，基础设施建设项目的周期长、不确定因素多，并且难以用政府与私人双方均无争议且事后第三方（如法院等）易于验证的语言形成完全合约，因而私人部门进入后可能面临政府出于提高公共福利等目标"敲竹杠"的问题；再者，"一带一路"共建国家主要是发展中经济体和新兴经济体，PPP 模式对其尚属于新鲜事物，没有运营和成功的经验可以借鉴，由此便造成政府部门与私人部门之间严重的信息不对称（罗煜、王芳，2017）。正是由于准确预计 PPP 项目收益困难，加之不完全合约和高企的信息搜寻成本等多方面约束性因素，无疑会深刻影响到私人部门参与 PPP 项目的积极性。为了突破约束性因素并撬动私人部门的参与，有学者提出 PPP 项目中政府部门对私人部门所面临的环境条件、投资回报和特许经营等方面的风险给予保证性承诺，能够提高影响私人部门参与 PPP 项目的积极性（Irwin，2007）。维博沃·安德烈亚斯等（Andreas Wibowo et al.，2012）的研究发现，政府引导通过影响 PPP 项目的风险进而影响私人部门的参与；宋金波等（Jinbo Song et al.，2018）指出，政府引导成为基础设施建设 PPP 项目中政府部门常用的吸引私人部门参与的方式；沈言言、刘小川（2019）认为，政府担保作为"认证机制"可以证明 PPP 项目的质量和价值，总体上有助于提高私人部门参与的积极性；仇娟东、黄海楠（2020）发现，沿线 PPP 项目对社会资本的吸纳效应符合"差序信任"原则，即越高级别政府所发起的 PPP 项目越能吸引私人部门参与。

二、政府引导作用机制的相关研究

政府部门既是 PPP 项目的重要参与方，也是私人部门交易的"对手方"，政府引导必然是通过具体中间机制影响到私人部门的"主观能动性"，进而推动私人部门参与 PPP 项目。相关研究所集中关注的政府引导影响社会资本吸纳效应的可能逻辑主要有：

第一，债务融资获得。福蒂斯·帕尼迪斯等（2015）的研究认为，获得政府引导的 PPP 项目在与多边金融机构等资金供给主体的洽谈中更具优势，更容易获得多边金融机构以贷款、担保、补助等为直接形式的金融支持；更重要的是，多边金融机构为 PPP 项目提供金融支持有助于撬动其他资金提供者以辛迪加贷款、共同融资等方式参与基础设施建设项目，有助于加强被投资国与区域及国际金融市场的联系进而开拓更为广阔的债务融资渠道。

第二，股权融资获得。刘婷婷等（Tingting Liu et al.，2016）认为，有政府引导的 PPP 项目，更容易吸引多边金融机构所进行的股权投资（Equity）和准股权投资（Quasi-equity），并且这些多边金融机构的参与还可通过开发盈利性项目、设计合适的金融产品、提高项目所在国的技术水平和金融市场水平等途径增加具体 PPP 项目的权益资本，进而为私人部门等以股权投资的方式参与 PPP 项目提供便利。穆罕默德·比格乌坦等（2019）的研究指出，获得政府引导的 PPP 项目往往具有更广泛的资源动员能力和更广阔的市场，有利于选择更具 PPP 项目投资经验和经营能力的社会资本方，能够更好将有限的资金投资于更具发展前景的项目上、有利于资金更合理的配置，这也将通过"示范效应"与"溢出效应"带动其他资金供给主体和私人部门以股权投资形式参与 PPP 项目。

第三，风险承担。刘婷婷等（2016）认为，获得政府引导的 PPP 项目，在微观层面可以提供高标准的项目设计、高透明度的运营监督、专业化的管理咨询等服务，在宏观层面推动发展中国家形成良好的投资氛围，而微观和宏观层面的共同作用则均有助于缓解和规避 PPP 项目中私人部门可能面临的风险，从总体上能够促进私人部门选择更高风险水平的投资方式；张禄、石磊（2017）认为，基础设施建设领域往往需要较长时间才能产生利润流入，而获得政府引导的 PPP 项目往往会提供形式多样的保证金制度，这些也均成为降低 PPP 项目融资风险的有效途径，私人部门基于对该机制的认可进而愿意选择更高风险水平的合作方式。

三、异质性政府引导及其作用的相关研究

IMF（2014）认为政府引导有着丰富的内涵，狭义上是指政府对微观个体的补贴、保险与救助，广义上则囊括了产业政策和审慎工具在内的各种政府干预手段，显然该界定的外延更为广阔。世界银行 PPI 数据库中则仔细区分了中低收入国家 PPP 项目中以政府补贴为主要形式的直接支持，还有以债务担保、收益担保、利率担保、汇率担保、税收减免等为主要形式的非直接支持，并且区分了能源、信息与通信技术、交通、给排水、市政垃圾处理等不同领域。相关研究也进一步研究了 PPP 项目中异质性政府引导的影响。

第一，异质性引导形式。何塞·曼努埃尔·瓦萨洛和安东尼奥·桑切斯·索利诺（José Mannel Vassallo and Antonio Sánchez Soliño，2006）分析了智利 38 项交通基础设施领域 PPP 项目中的政府引导情况，发现政府最低收入担保效果明显，也没有加重财政负担。冯卓等（Zhou Feng et al.，2015）就交通基础设施领域不同政府引导方式的理论研究表明，政府的最低交通量担保可能提高通行费并降低道路质量，而价格补偿担保可以降低通行费并提高道路质量和通行能力。卡博纳·纳努齐亚等（Nunzia Carbonara et al.，2014）认为，政府引导方式多样，要对私人部门参与和 PPP 项目成效产生影响的关键是确定好项目存续期内政府与私人部门之间的风险分配方式。

第二，异质性政府级别。相关研究认为，由于低级别政府更接近基础设施的使用者，具有更低代理成本、更多本地信息、更好明晰问责与监督等优势，低级别政府及其支持更具吸引力（Bel & Fageda，2009；Langørgen，2012；Kappeler A. & Solé-Ollé，2013；Halse，2016）。与此相反，部分研究认为，低级别政府可能面临资金不足、更高概率的"精英俘获"、地方选举政治阻碍等约束，更高级别政府及其支持更具优势（Herrera & Post，2014；Sanogo，2019）。

第三，异质性介入时期。龚强、张一林（2019）认为，由于 PPP 合约的不完全属性，私人部门难以在"事前"避免政府部门在"事后"施加的公共品负担，因而政府引导的介入时期可能影响私人部门的参与。张禄、石磊等（2017）基于 PPP 项目的时间序列，研究了政府引导介入时期差异通过影响银行贷款策略进而影响私人部门参与的理论机制。

第四，异质性引导强度。吴孝灵、周晶等（2013）认为，过高强度的政府引导容易导致政府失效，过低强度的政府引导会导致市场失灵，因而政府部门面临两难选择。PPP 项目中的政府引导方式多样，过多的政府引导可能加重财政负担，过少的政府引导则降低了参与该项目的投资者的信心（Wang & Cui，2018）。

第五，异质性外界环境。罗伯特·奥塞－凯伊和陈炳泉（Robert Osei－Kyei and Albert P. C. Chan，2015）对 1990～2013 年文献的梳理表明，政府引导影响私人部门参与和 PPP 项目成效还取决于风险分配情况、私人财团支持、政治支持、社区支持和透明采购等因素。郑子龙（2017）的实证检验发现，政府引导与私人部门参与 PPP 项目的积极性之间并非是简单的线性关系，而是会随着宏观经济、历史投资额等因素而出现动态调整。

第六，异质性政治制度。肖曾琪和林筱莉（2020）的实证检验发现，政府引导通过商业友好性和不受政府干预两个中介变量进而影响私人部门的风险承担与项目参与意愿。尤哈娜·古尔扎姆（Yohanna M. L. Gultom, 2021）的研究发现，异质性政治制度对私人部门参与和项目成效有显著影响。

第四节 文献述评

综上，相关研究在"一带一路"倡议及其金融支持体系、PPP模式与"一带一路"倡议、PPP项目中的政府引导等方面进行了大量探索，这些为本项目奠定了良好的文献资料基础。总体来看，这些研究主要存在以下有待拓展之处。

第一，政策层面和学界总体上认为"一带一路"倡议有着重要的国际与国内意义，但仍有部分文献提出了共建"一带一路"倡议是"债务陷阱""中国版马歇尔计划"等质疑，而目前回击这些质疑的文献主要停留在定性描述、案例分析等层面，相对缺乏深入的理论阐释、规范的实证检验和严谨的因果关系识别。鉴于此，有必要结合国际权威大型数据库所提供的沿线PPP项目层面大样本数据，运用因果分析等微观计量经济分析方法，给出观点正确、数据可靠、方法科学、论证有力的回应。

第二，对于"一带一路"建设中的资金瓶颈，政界与学界提出了以PPP模式支持"一带一路"建设的现实必要性与可行性，但相对缺乏对发起阶段的"引资难"、落地阶段的"落地难"和收益阶段的"成功难"等关键问题的关注。事实上，PPP项目要历经发起、落地、建设、移交、收益等多个阶段，但相关研究主要关注了单一阶段，对多阶段、全过程的关注较少，即以"共时代"研究居多、"历时态"研究不足。鉴于此，十分有必要比较和精准定位沿线PPP项目"历时态"进展中的影响因素，进而为可持续资金供给渠道建设提供有针对性的建议。

第三，政策沟通是共建"一带一路"倡议的重要工作机制与关键保障，该政策沟通与PPP项目中的政府引导之间有着明显的"通道"与关联，但相关研究总体上对PPP项目中作为社会资本对手方的政府以及政府引导措施的关注不足。另外，少数关注PPP项目中政府引导的研究，从不同角度提出了政府引导影响社会资本吸纳效应的中间机制，但缺乏建立完整的逻辑框架来整理各可能中间机制之间的关系，致使PPP项目中政府引导影响社会资本的机理一直处于"黑箱"之中。有鉴于此，有必要通过理论与实证相结合的方式来探明 PPP 项目中政府引导影响社会资本吸纳效应的总体效应、中间机制及异质性。

第四，受体制和制度等方面差异的影响，适用于西方发达国家的逻辑未必适用于"一带一路"共建国家，鲜有研究结合"一带一路"共建国家 PPP 项目层面的数据实证检验影响社会资本吸纳效应的因素。另外，中国有大量企业正在"一带一路"框架下积极"走出去"，但中国国内开展 PPP 模式的时间还不长、经验还比较有限，那么探明沿线 PPP 项目中政府引导在"历时态"的总体效应与中间机制，成为中国"走出去"企业"趋利避害"的重要现实需求，也是我国及相关国家优化扶持政策、完善政策扶持体系、为"走出去"企业全过程保驾护航的需要。

第三章

共建"一带一路"倡议研究进展与前沿分析

共建"一带一路"倡议是在世界经济复苏乏力、全球发展事业遭遇波折的背景下，以习近平总书记为核心的党中央针对国际公共产品提供不足的世界形势，为在新的历史条件下实行全方位对外开放所做出的重要决策，也是为破解人类发展难题贡献的"中国方案"。大道不孤、德必有邻，该倡议在2013年一经提出就深受世界各国和地区的关注，截至2023年底，中国已同152个国家和32个国际组织签署200余份共建"一带一路"倡议合作文件。党的二十大报告中明确指出，"共建'一带一路'成为深受欢迎的国际公共产品和国际合作平台""推动共建'一带一路'高质量发展"。随着共建"一带一路"倡议在实践过程中不断取得新进展，国内学术界围绕共建"一带一路"倡议进行了多维度、多学科、多层次的深入研究，并产出了一系列高质量研究成果。

在传统的研究模式中，研究人员通过搜集相关文献资料进行归纳演绎，以获得该学术领域的研究情况，虽然此类研究能表达出作者独到的见解，但研究成果往往缺少客观性描述。有鉴于此，该部分拟使用国际普遍使用的科学计量分析和可视化软件，以CiteSpace为代表的科学计量新型研究范式能够有效避免主观偏好引起的误差。在知识图谱化分析的同时借助文本细读的方法对结果予以补充说明，能保证分析结果的客观性和普适性。

在研究工具方面，该部分基于科学计量的方法，借助知识图谱分析学术文献客观科学地反映共建"一带一路"倡议整体进展状况。依托CiteSpace可视化工具与CNKI数据库，对"一带一路"倡议的相关研究概况、研究热点、研究主要内容与研究前沿趋势进行系统性分析。在数据来源方面，锁定于1997年由南京大学中国社会科学研究评价中心开发研制的

"中文社会科学引文索引"（Chinese Social Sciences Citation Index）数据库，为了确保研究结果的可信性与权威性，所选取的期刊文献需满足获得国家自然科学基金或国家社会科学基金项目支持为条件加以约束。本章对发文量、作者及机构合作、研究热点内容、发展阶段、前沿趋势五个维度进行定量化分析，与已有的文献资料相比，本章可能的边际贡献主要体现在以下三个方面：一是对核心作者、机构进行客观性梳理，绘制合作网络图谱，有力佐证了未来提高合作研究密度、构建科学对话体系的必要性。二是共建"一带一路"倡议处于高质量发展的关键时期，剖析相关研究的动态进程与前沿趋势，为共建"一带一路"倡议发展趋势作出展望。三是 2023 年为共建"一带一路"倡议提出 10 周年之际，探明其研究特征及脉络发展，将为共建"一带一路"倡议高质量发展提供更多切实可行的参考信息和重要启示。

第一节　研究设计

一、数据来源及处理

为获得高质量数据和图谱化分析结果，本研究数据选定中国知网（CNKI）数据库，筛选步骤分为两个：步骤 1，以"一带一路"作为主题词，采用中文社会科学引文索引（CSSCI）来源期刊文章作为研究对象，年限区间选择为 2013～2022 年。步骤 2，以获得"国家社会科学基金""国家自然科学基金"项目资助作进一步筛查。经人为剔除年鉴、会议、报纸以及研究主题不符合等无关无效文献后，最终筛选得到 2453 篇有效文献。锁定 CSSCI 来源期刊及获国家科学基金资助是为了能够精准掌握高水平论文的研究动态。所选取期刊文献最终以 Refworks 格式导出，重新命名为 CiteSpace 可识别的文件名，并对所获得数据进行格式处理，最后采用可视化软件进行图谱网络分析。

二、研究工具与方法

（一）软件简介

图谱化分析能够更直观地反映出共建"一带一路"倡议研究进展的总

体情况，本章借助 CiteSpace 软件对共建"一带一路"倡议研究成果进行可视化操作，进而呈现出近八年共建"一带一路"倡议高水平研究动态及热点。CiteSpace 是 Citation Space 的简称，可翻译为"引文空间"。美国德雷塞尔大学信息科学与技术学院华人学者陈超美博士与大连理工大学 WISE 实验室联合开发的 CiteSpace 软件系统，是建立在以科学计量、数据可视化背景下，应用 Java 语言发展起来的一款信息可视化软件。主要是借助可视化的方法来呈现出科学知识的结构、规律以及分布情况，其主要功能是绘制科学和技术领域发展的知识图谱，包括作者、机构、国家的合作分析，关键词的共现分析，文献共被引分析，聚类分析等，直观地展示科学知识领域的信息全景，从全面到切入点识别某一科学研究领域中的关键文献、热点研究和前沿趋势。

（二）操作流程

第一，确定主题词和专业术语，在一个特定的研究范围内，尽可能地识别出一组充足的专业术语，以确保分析结果涵盖该研究领域所有的研究内容。第二，数据采集，利用主题词和专业术语从一个甚至多个数据库中进行文献搜集。文献数据包括作者、机构、发表日期等。数据库主要包括英文数据库：Web of Science 数据，Scopus 数据，PubMed 数据；德品特专利数据；中文数据库：CSSCI 数据（中文社会科学引文索引）；CSCD 数据（中国科学引文数据库）；CNKI 数据（中国知网）；以及其他数据库来源，如 RCI；KCI 等。第三，数据导入处理，需先命名为 CiteSpace 可识别的文件名（示例：download1_500；download501_1000；download……）。第四，调谐数据，此步骤要求软件使用者对时区进行分割和阈值选择，以确定单个时间切片的长度和图谱网络节点显示的阈值。第五，对数据显示进行调整，获得知识图谱网络，直观展现出共建"一带一路"倡议研究情况。

（三）参数设置

软件版本为：CiteSpace，v. 6. 1. R3；在预处理的基础上，参数设置情况如下：考虑到获得国家基金项目资助的 CSSCI 来源期刊首次出现于 2015 年，故时区范围选择为 2015～2022 年，时间切片选取为 1 年。以"作者""机构""关键词"为节点；进行作者及机构分布共现、关键词共现网络、关键词聚类、突现和时间线演变分析操作，探寻共建"一带一路"倡议领域研究的发展新趋势和新动态。标签使用过程中，聚类算法选择 LLR 算法。

第二节   共建"一带一路"倡议研究的基本特征

一、年度发文趋势

期刊文献的年度发文数量能够直观呈现出某个时间段研究领域的发展态势，可作为该领域研究进展的重要分析指标。首先，纳入本章最终分析的文献数量为 2543 篇，有关共建"一带一路"倡议的 CSSCI 来源且获国家基金资助项目的文献最早见于 2015 年，自此，共建"一带一路"倡议研究文献数量呈爆发态势增长，但 2017 年、2018 年仅分别比上一年增长49%、25%，由此可见学术界对此研究并未出现盲目跟风现象。其次，2018 年达到"高产年份"，此后发文量逐渐趋于稳定状态，开始由数量上的增长转向广度和深度上的延伸。除经济学相关研究人员之外，如教育学、管理学、国际问题研究等领域学者也陆续参与进来，丰富了共建"一带一路"倡议相关研究内容。如对国别和区域的人才培养研究、中央企业履行社会责任的研究、地缘经济因素对贸易出口产生的影响等。这表明我国学者在共建"一带一路"倡议研究领域呈现出快速发展和多学科融合的特征。2015～2022 年共建"一带一路"倡议文献发文量分布详见图 3-1。

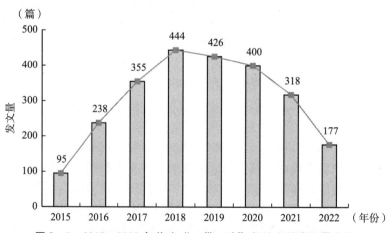

图 3-1   2015～2022 年共建"一带一路"倡议文献发文量分析

二、作者共现分析

剖析核心作者合作情况能揭示研究人员间的交流程度。利用 CiteSpace 整理作者发文量（见表 3 - 1），并将发文量排名较高的作者之间的相互合作关系进行可视化分析（见图 3 - 2），作者之间连线愈粗，则表明其合作程度愈高。

表 3 - 1 共建"一带一路"倡议领域文献发文量前 17 位的作者

序号	作者	发文量（篇）	序号	作者	发文量（篇）
1	蓝庆新	11	10	胡键	6
2	陈继勇	10	11	吴福象	6
3	于津平	10	12	郑志来	6
4	余晓钟	9	13	吕江	6
5	刘进	8	14	曹伟	6
6	张辉	7	15	刘清杰	6
7	刘倩	7	16	刘洪铎	6
8	刘敏	6	17	冯宗宪	6
9	刘友金	6			

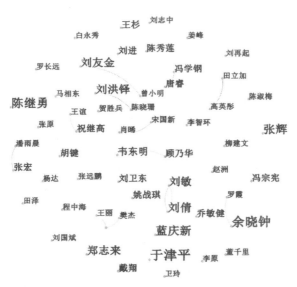

图 3 - 2 共建"一带一路"倡议文献作者合作网络

图 3-2 展示了作者合作的共现分析，作者节点之间生成 111 条连线，网络密度仅为 0.0018。首先，从文献作者合作网络图谱可以看出作者间联系较为分散，表现出"大分散"的特点。其次，由分析结果可知，以蓝庆新、陈继勇、于津平、余晓钟、刘进、张辉、刘倩等为代表的学者发文量较多，发文量在 6~11 篇之间的作者均属于该研究领域的核心力量。合作关系紧密的有刘清杰、刘倩、刘敏团队，韩永辉、黄亮雄团队，刘志忠、崔日明团队，呈现出"小集中"的特点。由此可见，在共建"一带一路"倡议高水平研究领域中，关注焦点不尽相同的学者们各自形成了多个合作团体，共同继承和发展了共建"一带一路"倡议的研究内涵与研究外延。虽然相关研究形成了以蓝庆新、陈继勇等为代表的研究团队，但核心作者尚未形成较强的中心显著作用，学者之间也并未显示出强烈的相关关系，因此总的合作广泛程度仍较低，还没有形成广泛密切的合作态势。未来应当加强学者之间合作研究，促进资源优势互补，共建科学话语体系。

三、主要机构分析

分析主要机构合作情况，一方面有利于掌握了解共建"一带一路"倡议研究领域机构论文合作情况，另一方面也能为加强共建"一带一路"倡议交流合作提供一定的参考。通过运用知识图谱共现分析研究共建"一带一路"倡议的主要机构，得到如图 3-3 所示的结果。从宏观上分析可以看出，与其他机构合作频次较高的机构多为大学下属的相关领域研究单位。微观层面分析表明，西安交通大学经济与金融学院和西北大学经济管理学院在共建"一带一路"倡议研究上表现较为突出，且两机构之间有密切合作；此外，复旦大学经济学院、武汉大学经济与管理学院、中国社会科学院亚太与全球战略研究院、对外经济贸易大学国际经济研究院、对外经济贸易大学国际贸易学院、暨南大学产业经济研究院、暨南大学经济学院、北京大学经济学院之间均有着偶然的合作，新疆大学经济与管理学院、中国科学院大学资源与环境学院以及中国科学院地理科学与资源研究所之间也存有一些合作。

总的情况来看，研究机构合作网络密度较为分散，合作关系多集中在研究院内或高校内部师生间，也由此表明研究机构间合作交流较少，联系强度较弱，合作交流尚不够充分且合作模式较为单一，未来有待进一步强化机构间学术交流与合作渠道，多鼓励跨机构跨地区展开合作交流，以期提高科研能力，这对于高质量共建"一带一路"倡议学术理论研究具有重要现实意义。

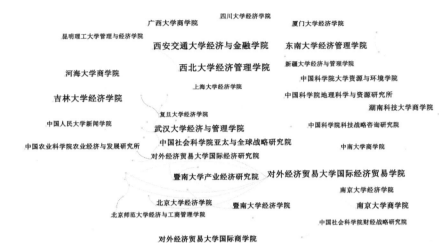

图3-3 共建"一带一路"倡议的主要研究机构

从对产出数量、作者合作以及机构合作的评估来看,结果表明:第一,随着我国出台系列政策文件,共建"一带一路"倡议研究数量呈现出不断攀升态势,2018年后由广度转向深度发展、呈现出更加多元化的趋势。第二,自共建"一带一路"倡议提出以来,虽然我国学者始终保持着极高的热情,但作者间缺乏信息交流与共享,随着研究深度加深,现存的合作模式有待作进一步改进,可将此作为共建"一带一路"倡议高质量发展的重要切入点。第三,从作者所在机构单位的分析统计结果可知,部分机构合作交流密切,在共建"一带一路"倡议研究领域具有较高的影响力。

第三节 共建"一带一路"倡议研究的热点内容

对共建"一带一路"倡议研究热点内容的挖掘一直是国内学术界关注的重要内容之一。通过关键词共现、关键词聚类的方法,以图谱化的形式直观展现出共建"一带一路"倡议的研究热点内容,便于对该研究领域的分析。

一、关键词共现分析

关键词共现是同一关键词出现于多篇文献的次数,是对文献研究核心内容的强调与突出，能反映出该研究领域内的重点与热点情况。以"Key-word"为节点，具有较高热度的研究内容往往以高频次的关键词展现，故将文献关键词阈值设定为 13，并运行 CiteSpace。关键词共现网络见图 3 - 4。关键词共现网络分析结果显示，共有节点数目 378 个，连线 682 条，密度为 0.0096。最后对共建"一带一路"倡议研究领域文献关键词词频进行统计，排名前 28 位的关键词见表 3 - 2。

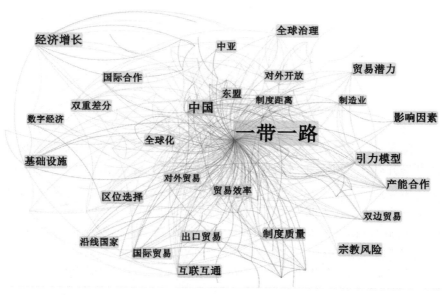

图 3 - 4 共建"一带一路"倡议领域文献关键词共现网络

表 3 - 2 共建"一带一路"倡议研究领域文献排名前 28 位的关键词

序号	频次	年份	关键词	序号	频次	年份	关键词
1	564	2015	一带一路	7	22	2018	影响因素
2	50	2015	中国	8	22	2016	产能合作
3	32	2016	经济增长	9	22	2015	互联互通
4	26	2016	引力模型	10	21	2018	区位选择
5	24	2017	贸易潜力	11	21	2016	基础设施
6	23	2017	宗教风险	12	20	2016	制度质量

续表

序号	频次	年份	关键词	序号	频次	年份	关键词
13	20	2015	全球治理	21	15	2017	贸易效率
14	18	2017	国际合作	22	15	2016	双边贸易
15	18	2016	东盟	23	15	2016	国际贸易
16	18	2015	中亚	24	15	2016	沿线国家
17	17	2018	双重差分	25	14	2020	数字经济
18	17	2017	出口贸易	26	14	2015	制造业
19	17	2015	全球化	27	13	2017	制度距离
20	15	2017	对外开放	28	13	2016	对外贸易

二、关键词聚类分析

关键词聚类分析，能够清楚地划分关键词群组。以关键词共现网络为基础，使用 LLR 算法对文献关键词进行聚类分析，显示聚类 ID#0 ~ #8 的聚类标签，可视化结果见图 3 - 5，聚类模块信息见表 3 - 3。关键词聚类模块化值（Modularity Q 值）= 0.5479 > 0.3，表明聚类效果较好；平均轮廓值（Mean Silhouette S 值）= 0.8892 > 0.5，表明同质性较高。由此判断聚类结果均有效且图谱绘制效果令人信服。

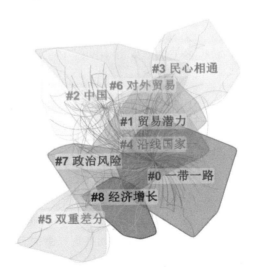

图 3 - 5 共建"一带一路"倡议研究领域文献关键词聚类网络展示

表 3 - 3　　　　　共建"一带一路"倡议研究领域文献关键词聚类

序号	数量	中心性	年份	名称
0	70	0.877	2017	"一带一路"；文献计量；知识特征；知识结构；国际合作｜"一带一路"；研究热点；语言研究；CiteSpace；孔子学院
1	38	0.836	2017	"一带一路"；贸易成本；三元边际；平均出口持续时间；实践路径｜贸易潜力；引力模型；中国新疆；哈萨克斯坦；农产品贸易
2	38	0.877	2017	"一带一路"；中印关系；周边战略；认知与反应；进口替代｜"一带一路"；区域合作；广东东盟；进口替代；出口贸易潜力
3	24	0.925	2018	"一带一路"；中国方案；能源政策；文化意蕴；国家话语｜民心相通；"一带一路"倡议；境外办学；老挝苏州大学；"一带一路"建设
4	23	0.8	2018	"一带一路"；双边贸易；设施联通；区域一体化；边界效应｜"一带一路"倡议；投资仲裁；双边投资协定；认知评析；国家风险
5	19	0.869	2018	"一带一路"倡议；双重差分；产业政策；企业经营绩效；倾向得分匹配｜制度环境；绿地投资；金融发展；贸易政策；区域政策
6	19	0.866	2019	"一带一路"；对外贸易；贸易畅通；"一带一路"建设；外汇储备｜绿色发展；生态文明；绿色"一带一路"；双向投资；"一带一路"
7	19	0.946	2018	"一带一路"；投资风险；经济风险；金融风险；经济社会学｜政治风险；产权性质；对外投资；"一带一路"倡议；股票市场反应
8	16	0.976	2018	"一带一路"；中介效应；产业结构升级；进口贸易；状态空间模型｜经济增长；时空格局；风险结构；公私合营；动态因子分析法

三、热点内容小结

深入挖掘 CiteSpace 文献计量工具对已有研究文献的可视化分析结果，并集中围绕共建"一带一路"倡议关键词共现、聚类分析，最后结合对共建"一带一路"倡议相关最新研究进展情况进行文本细读，可将共建"一带一路"倡议研究的主要内容大致概括为以下四个方面。

(一) 共建"一带一路"倡议与区域发展

共建"一带一路"倡议是习近平主席面向各国人民追求和平与发展的共同梦想所提出的合作倡议，是为完善全球治理贡献的中国方案和中国智慧。探寻共建"一带一路"倡议的合作研究，必然绕不开#3 民心相通#4 沿线国家等聚类，以及"国际合作"（18 次）"全球化"（17 次）"沿线国家"（15 次）等关键词的解读。围绕这些聚类和关键词可以从三个视角对共建"一带一路"倡议的合作研究展开分析。第一，从国内层面来看，共建"一带一路"倡议将不断扩大需求进而促进"双循环"畅通发展，并为新发展格局奠定基础。四大区域战略（粤港澳大湾区、长三角一体化、长三角经济带战略、京津冀协同发展）与共建"一带一路"倡议共同落脚于国内外贯通的大空间结构①，统筹发展提升国内国际互联互通水平②，将对我国区域未来发展具有深远的影响。第二，从沿线经济体层面来看，钮松（2022）从地理位置着手，基于绿色、数字、航空、健康、人文五个方面分析中国与中东国家在共建"一带一路"倡议框架下的合作，并指出中国在某些具体领域重点发力，有助于深化与中东国家的合作③。罗知、王新雅等（2022）通过梳理我国与沿线经济体相关合作文件之间的差异，进一步增进对共建"一带一路"倡议的理解，在新的全球化时代下，对构建新型国际关系有着重要参考意义④。区浩驰、郭凯迪等（2022）从两个宏观维度将 112 个沿线国家分成四类，并结合沿线国家自身可持续发展特点，提出一系列合作建议⑤。第三，从国际层面来看，共建"一带一路"倡议与联合国对接，一方面能够获得政治支持拓展多边合作渠道并提升自身影响力，另一方面也有助于消解国际上的不良质疑⑥。高质量推动共建"一带一路"倡议理论的走深走实，将是中国特色实践转

① 赵伟. 国家战略、"一带一路"倡议与西部选择 [J]. 现代经济探讨, 2022 (7): 1 - 9.
② 高国力, 黄征学, 张燕. 促进"一带一路"与三大区域发展战略对接 [J]. 宏观经济管理, 2018 (8): 15 - 18.
③ 钮松. "一带一路"框架下中国与中东国家合作的进程与前景 [J]. 当代世界, 2022 (11): 64 - 68.
④ 罗知, 王新雅, 向婷, 等. 基于文本分析视角的"一带一路"倡议合作模式研究 [J]. 经济学报, 2022, 9 (4): 144 - 166.
⑤ 区浩驰, 郭凯迪, 王灿. "一带一路"沿线国家可持续发展综合评价及中国合作建议 [J]. 中国人口·资源与环境, 2022, 32 (6): 175 - 184.
⑥ 刘乐. 联合国与"一带一路"建设 [J]. 国际论坛, 2021, 23 (4): 27 - 48 + 156 - 157.

化成世界普遍共识的重要道路①，还会有助于构建具有中国特色的多文明国际合作理论②，提高国际社会组织的支持度和参与度③。正是基于参与国的诉求考虑，在充分尊重沿线各经济体制度情况与风俗的前提之下，共建"一带一路"倡议得以实现了双赢、多赢的跨国合作，为沿线人民带来了丰硕收获。

（二）共建"一带一路"倡议的经济效应

共建"一带一路"倡议提出十年以来，由中国牵头的基础设施建设惠及沿线经济体，这是构建人类命运共同体伟大且生动的实践。相关学者在评估共建"一带一路"倡议的经济效应时，多以定量研究为主，所使用的研究方法主要有"双重差分""倾向得分匹配""状态空间模型""合成控制法"等。根据所评价的区域不同，相关研究主要分为三方面。第一，东道主国家对我国经济拉动效应方面，汪炜、乔桂明等（2022）基于国家风险的角度，以主成分分析、系统广义矩阵估计法（GMM）实证检验了共建"一带一路"倡议沿线东道主国家投资风险的降低，有益于促进直接投资对中国经济增长效应的正向效果④。刘秉镰、秦文晋等（2022）运用合成控制法，从沿线国家和地区整个层面和国内省份单个层面两个视域着手，定量识别了"丝绸之路经济带"倡议所产生的经济效应⑤。第二，中国经济增长外溢效应方面，以社会网络分析法作为主要方法，对中国经济增长外溢效应进行量化研究，证明了中国经济增长对沿线国家经济所产生的外溢效应呈现出不断上升的趋势⑥；通过运用多期双重差分模型，并借助中介效应模型分析发现，共建"一带一路"倡议对沿线国家经济增长的质量和效率均有着明显的促进作用⑦。第三，共建"一带一路"倡议对全

---

① 孙吉胜."一带一路"与国际合作理论创新：文化、理念与实践 [J]. 国际问题研究，2020（3）：1–20，137.

② 施卫萍，王会花. 国际合作理论的中国创新：多文明国际合作理论 [J]. 社会主义研究，2022（4）：157–164.

③ 姜颖，梁桂阁."一带一路"国际合作研究态势——基于 2013–2021 年 WOS 数据的文献计量分析 [J]. 北京交通大学学报（社会科学版），2022，21（4）：150–158.

④ 汪炜，乔桂明，胡骋来."一带一路"沿线国家直接投资对中国经济的拉动效应——基于东道国国家风险视角 [J]. 财经问题研究，2022（11）：77–88.

⑤ 刘秉镰，秦文晋."丝绸之路经济带"倡议的经济效应与开放效应研究 [J]. 兰州大学学报（社会科学版），2020，48（5）：9–19.

⑥ 王潇潇，陈淑梅. 中国经济增长的外溢效应研究 [J]. 亚太经济，2019（2）：15–22+149.

⑦ 戴翔，王如雪. 中国"一带一路"倡议的沿线国家经济增长效应：质还是量 [J]. 国际贸易问题，2022（5）：21–37.

球经济发展的影响。许培源、姚尧等（2021）借助 GTAP 模型模拟预测"一带一路"各经济走廊项目的经济效应，得出共建"一带一路"倡议的提出有助于世界总体福利的显著提升这一重要结论①。共建"一带一路"倡议为沿线经济体经济发展提供了便利，国际竞争力也得以提高，为全球经济发展增添了活力。

（三）共建"一带一路"倡议的风险分析

在人类命运共同体与新冷战思维、全球化与去全球化的博弈背景下，共建"一带一路"倡议的推进过程中的相关风险也备受学者关注，他们主要从政治风险、经济金融风险、社会文化风险、投资项目（社会风险）等视域进行分析评价。第一，在政治风险层面，有学者认为，沿线国家的政治风险主要是由国内政治局面不稳定、政府腐败效率低下所造成，在共建"一带一路"倡议中应当做好风险防范②。第二，在经济金融风险层面，有学者总结中亚国家外部经济风险对共建"一带一路"倡议的影响，针对性提出规避经济风险转移与转嫁的对策和建议③。也有学者基于 TENET 网络方法分析沿线国家股票市场，得出中国主要接收外界金融风险，风险溢出方面起到了自动稳定器的作用④。第三，从社会文化风险角度出发，郑筱筠（2019）指出宗教因素对共建"一带一路"倡议的重要性，处理好宗教问题可避免危机、冲突矛盾的产生⑤。第四，在投资项目风险探究方面，有学者证实了共建"一带一路"倡议能够降低沿线国家的整体投资风险，说明共建"一带一路"倡议符合发展需要⑥。也有学者认为，东道主国家的经济规模和劳动力成本依旧为对外投资影响的首要因素，中国要树立好大国形象，借助共建"一带一路"倡议更好地实现沿

①　许培源，姚尧．"一带一路"交通基础设施联通的经济效应［J］．东南学术，2021（2）：111-123.
②　刘海猛，胡森林，方恺，等．"一带一路"沿线国家政治-经济-社会风险综合评估及防控［J］．地理研究，2019，38（12）：2966-2984.
③　童伟，张居营．中亚国家经济风险对"一带一路"建设的影响［J］．东北亚论坛，2020，29（5）：100-115，128.
④　赵万里，范英，姬强，等．"一带一路"国家金融风险溢出研究——基于 TENET 网络方法［J］．系统工程理论与实践，2022，42（1）：24-36.
⑤　郑筱筠．"一带一路"沿线国家民族宗教热点问题研究［J］．思想战线，2019，45（6）：9-19.
⑥　唐晓彬，王亚男，张岩．"一带一路"沿线国家投资风险测度研究［J］．数量经济技术经济研究，2020，37（8）：140-158.

线国家的发展①。评估共建"一带一路"倡议沿线经济体的风险分析，是当今中国国际问题研究要务之一，这将为中国企业走出去提供重要参考依据。

（四）共建"一带一路"倡议的完善路径

围绕#0 一带一路、#2 中国等聚类和"一带一路"（564 次）"中国"（50 次）"互联互通"（22 次）"国家话语"等关键词，形成了共建"一带一路"倡议合作机制建立与完善路径选择。一是中国是共建"一带一路"倡议的发起者，承担打造世界经济发展新增长引擎和创造现代化新形态的任务②，需增强"领头雁"的作用③，发挥中国大国优势，为实现共建"一带一路"倡议高质量发展奠定坚实根基。二是明确"五通"机制是共建"一带一路"倡议的主要内容，也是关键支撑。高层筹划推进"政策沟通"是共建"一带一路"倡议的重要保障；"设施联通"拉近沿线国家经济社会快速发展，是共建"一带一路"倡议优先领域；共建"一带一路"倡议便利贸易投资、深化贸易合作，"贸易畅通"是共建"一带一路"倡议的主要内容；多边的金融合作机制、稳定的融资体系助力共建"一带一路"倡议行稳致远；坚实的人文交流合作为共建"一带一路"倡议注入深层动力，是其关键基础④。三是要增强国际话语权。当前外部世界发展环境强权政治暗流涌动，全球经济增长速度下降，尤其是近年来受新冠疫情影响，以美国为首的西方国家始终对共建"一带一路"倡议的成效予以抹黑和攻击，是共建"一带一路"倡议推进过程中不可避免的外部挑战，破解这一问题关键在于加强话语体系建设，利用国际话语向国际社会传达中国致力于造福沿线各国人民的美好心愿⑤；国际话语体系的增强，能有效减少负面认知，为共建"一带一路"倡议乘长风破万里浪保驾护航。

---

① 陈炜煜，顾煜.我国对"一带一路"沿线国家直接投资风险分析 [J].中国流通经济，2020，34 (10)：48 – 57.

② 任保平.共同现代化：推进共建"一带一路"高质量发展的核心逻辑 [J].山东大学学报（哲学社会科学版），2022 (4)：69 – 78.

③ 周华蓉，刘友金，贺胜兵."新雁行模式"理论与"一带一路"产业发展 [J].财经研究，2022，48 (8)：78 – 93.

④ 吕越，马明会，李杨.共建"一带一路"取得的重大成就与经验 [J].管理世界，2022，38 (10)：44 – 55 + 95 + 56.

⑤ 宋伟，贾惠涵.高质量共建"一带一路"的成就、挑战与对策建议 [J].河南社会科学，2022，30 (1)：89 – 98.

第四节 共建“一带一路”倡议研究的发展脉络

一、时间线视图

结合共建“一带一路”倡议发展背景，绘制关键词时区图谱。关键词时间线视图横轴表示关键词的出现年份，纵向表示关键词聚类。进一步展示了各聚类的出现、结束和时间发展趋势，体现出某一聚类的重要程度及分布时间跨度。在关键词共现基础之上，获得时间线视图分析，见图3-6。

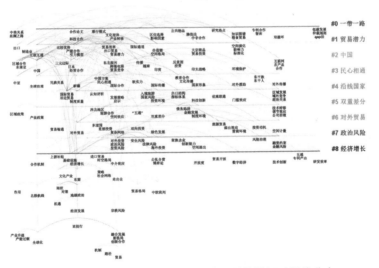

图3-6 共建“一带一路”倡议研究领域文献关键词时间线分布

纵向来看，关键词聚类的主题#0 一带一路、#3 民心相通、#4 沿线国家、#5 双重差分、#6 对外贸易、#8 经济增长均出现较早、热度较高，勾画出共建“一带一路”倡议的大致框架。横向来看，相关主题词数量随时间推移呈现剧烈增长态势，2018年以后数量方面逐渐趋于稳定，但研究主题词涉及更为广泛，延伸至“公共物品”“价值链”“复杂网络”“国际合作”等方面，具有多样性的特点。此后，共建“一带一路”倡议研究内容更为丰富。综合关键词时区图谱可获知，近年来共建"一带一路"这一深受欢迎的国际公共产品和国际合作平台，致力于同沿线经济体加深往来合作、带动沿线经济体经济增长，成为共建人类命运共同体的生动实践。

二、阶段划分

基于 2015～2022 年关键词时间线分布，结合年度发文趋势与共建"一带一路"倡议历史进程，可以获知共建"一带一路"倡议研究在不同阶段内容的演进趋势。经历了从理念传播转化为行动落实、从经济合作方案到广受欢迎的全球公共产品的巨大转变，共建"一带一路"倡议开始迈向高质量发展阶段①，相关研究也不断发展并且深入到多学科交叉领域研究中②。本章将从共建"一带一路"倡议的奠基阶段、发展阶段、稳定阶段和拓展阶段四个阶段展开深入分析。

（一）奠基阶段（2013～2015 年）

该阶段面临着"逆全球化"的严峻局势，共建"一带一路"倡议的提出正是源自党中央对世界形势的准确判断③。在萌芽期阶段，其显著特点是研究主题规模范围较小，主要集中于经济贸易合作领域研究④，这与共建"一带一路"倡议是当代以习近平同志为核心的党中央对古代丝绸之路的改造与发展密切相关，借助鲜明的历史印记赋予共建"一带一路"倡议新的活力⑤，向世界传播中国经济发展的经验与方案，助力于更多的经济体实现经济繁荣，造福全世界人民。

2013 年 9 月和 10 月，习近平分别在哈萨克斯坦与印度尼西亚作了《弘扬人民友谊　共创美好未来》和《携手建设中国—东盟命运共同体》的重要演讲，先后提出"丝绸之路经济带"和"二十一世纪海上丝绸之路"重大倡议，这标志着国家顶层合作倡议——共建"一带一路"倡议

---

① 吴浩，欧阳骞．高质量共建"一带一路"的理念与路径探析——基于全球治理视角［J］．江西社会科学，2022，42（7）：197－205.

② 刘卫东，宋周莺，刘志高，等．"一带一路"建设研究进展［J］．地理学报，2018，73（4）：620－636.

③ 杜焕芳，郭诗雅，中国人民大学"一带一路"法律研究中心．全球化困境的跨越与中国"一带一路"倡议［J］．四川大学学报（哲学社会科学版），2022（5）：5－16.

④ 祁瑞华，付豪．"一带一路"智库报告主题挖掘与演化研究［J］．智库理论与实践，2022，7（5）：11－19.

⑤ 陈伟光．共建"一带一路"：一个基于制度分析的理论框架［J］．当代亚太，2021（2）：23－47＋157－158.

的正式出现。该倡议一经提出就受到世界各国的高度关注。2014 年 11 月中央财经领导小组第八次会议上,习近平总书记集中阐述了推进"一带一路"建设的重大意义与工作要求,指出丝绸之路经济带和二十一世纪海上丝绸之路倡议提供了一个包容性巨大的发展平台。同年 11 月在北京举办的"加强互联互通伙伴关系"东道主伙伴对话会上,习近平在《联通引领发展,伙伴聚焦合作》中指出,"一带一路"和互联互通是相融相近、相辅相成的,未来政策沟通、设施联通、贸易畅通、资金融通、民心相通五大领域应当齐头并进。2015 年 3 月,国家发展改革委、外交部、商务部联合发布首份关于"一带一路"的政府白皮书——《推动共建丝绸之路经济带和 21 世纪海上丝绸之路的愿景与行动》,旨在进一步发展"一带一路"倡议的理论,并肩负有"积极探索全球治理新模式"的使命,"一带一路"国际合作平台以更加清晰的轮廓呈现在世界面前。

(二)发展阶段(2015~2018 年)

这一阶段呈现出的研究热点十分丰富,通过梳理文献关键词时间线可知,该时间段主要关键词包括:"全球治理""合作机制""地缘政治""中国方案""贸易畅通""对外贸易""直接投资""出口贸易""产业转移"等。这表明该时期学术研究主要聚焦于政治领域和经济领域研究。经济领域研究更多倾向于风险研究,并同政治合作相结合,有利于加强沿线国家对华向心力[①]。因此可以明确在这一阶段共建"一带一路"倡议主要任务为扩展至国际合作范畴,致力于加强与沿线经济体建设广泛且友好的合作关系之中。

2015 年 6 月,法国成为首个与我国建立第三方市场合作机制的国家;同年 7 月,上海合作组织表态支持"一带一路"倡议,意味着"一带一路"倡议获得政府间合作组织的首次支持;同年 12 月,亚洲基础设施投资银行的成立,标志着首个由中国发起的多边金融机构正式设立,这将对全球经济治理体系改革完善具有重大意义。2016 年 6 月,中国、俄罗斯与蒙古国三国共同签署了《建设中、蒙、俄经济走廊规划纲要》,深化了三方友好务实互利的经贸关系;同年 9 月,中国政府与联合国开发计划署签署《中华人民共和国与联合国开发计划署关于共同推进丝绸之路经济带和 21 世纪海上丝绸之路建设的谅解备忘录》,随着这一谅解备忘录的正式签

---

① 钟准. 安全竞争强度、政党政治与中小国家的大国合作战略 [J]. 外交评论(外交学院学报),2022,39(3):48 - 69,5 - 6.

订，也代表着国际组织参与"一带一路"建设迈出了重要的一步；同年
11 月，联合国大会首次在决议中写入中国政府提出的"一带一路"倡议，
该决议获得 193 个会员国的一致认可，深深地体现了国际社会对共建"一
带一路"倡议的广泛认同。2017 年 3 月，"中国一带一路网"正式上线运
行，再度表明中国共建"一带一路"倡议的诚意与信心。同年 5 月，以
"加强国际合作，共建'一带一路'，实现共赢发展"为主题的首届"一
带一路"国际合作高峰论坛在北京成功召开，再次明确了中国的态度是开
放和包容的，这使得共建"一带一路"倡议的国际影响力和感召力得到进
一步的提升；同年 10 月，中国共产党第十九次全国代表大会通过了《中
国共产党章程（修正案）》，推进共建"一带一路"倡议被郑重写入党章。
这体现了中国共产党高度重视共建"一带一路"倡议的建设工作。2018
年 8 月，习近平在推进"一带一路"建设工作 5 周年座谈会上指出，共建
"一带一路"完成了总体布局，绘就了一幅"大写意"，今后要聚焦重点、
精雕细琢，共同绘制好精谨细腻的"工笔画"。①

（三）稳定阶段（2018～2020 年）

从关键词时间线分布可知，与前期研究阶段不同，该阶段研究领域逐
步趋向稳定，相关研究主题进一步丰富，标志着共建"一带一路"倡议研
究框架转向纵深发展。最为显著的是，这一阶段开始在绿色发展、科技创
新等维度拓展，共建"一带一路"倡议绿色发展将助力沿线国家产业结构
绿色转型，既有益于沿线经济体人民，也将会减少中国对外贸易的环境成
本②。这一系列新的合作成果，均体现出了对推进"一带一路"建设工作
5 周年座谈会的继承和延续。

自 2013 年提出到 2018 年的五年间，共建"一带一路"倡议已经绘就
了宏观框架的整体布局，随后逐渐瞄向高质量发展进程。2018 年 12 月，
庆祝改革开放四十周年大会上，习近平总书记再次强调要以共建"一带一
路"倡议为重点，同各方一道打造国际合作新平台，为世界各国共同繁荣
发展增添新动力。2019 年 4 月第二届"一带一路"国际合作高峰论坛在
北京顺利召开，擘画了共建"一带一路"倡议新图卷，扩大了共建"一

---

① 习近平：推动共建"一带一路"走深走实造福人民［EB/OL］. 中国共青团网. https://
qnzz. youth. cn/zhuanti/shzyll/fzyjs/201809/t20180918_11731753. htm.
② 王连芬，梁筠怡，陈湘杰，等. 国际贸易中"一带一路"国家需求对中国的经济环境影
响［J］. 系统工程理论与实践，2023，43（5）：1249－1266.

带一路”倡议合作共识所产生的影响力。2020年10月，党的第十九届五中全会指出共建“一带一路”取得丰硕成果，同时做出了新的重要工作部署，要继续推动共建“一带一路”倡议高质量发展，积极参与全球治理体系深化改革。

（四）拓展阶段（2020～2023年）

在2020年至今的演化阶段中，出现数字经济、双循环等新的研究主题并赢得了广泛关注：构建数字经济合作新格局①，赋能共建“一带一路”倡议高质量发展且逐步增强数字经济发挥的作用②；双循环进一步促进同区域和国际的合作，为共建“一带一路”倡议发展增添了新活力③，与此同时，共建“一带一路”倡议的特点优势也能够引领“双循环”新发展格局④⑤，这充分体现出共建“一带一路”倡议覆盖的领域越来越广。由此可见共建“一带一路”倡议发展蹄疾步稳、成效显著。

“十四五”时期是推动“一带一路”高质量发展的关键时期。面向“十四五”乃至更长时期的战略布局是一项非常艰巨繁重的任务。《中华人民共和国国民经济和社会发展第十四个五年规划和2035年远景目标纲要》对共建“一带一路”倡议做出全面工作部署。推进基础设施互联互通，有助于推动世界经济格局的和平发展⑥，深化国际贸易投资合作与人文合作。促进共建“一带一路”倡议同地区与国际的对接，加强非官方组织往来，将为共建“一带一路”倡议行稳致远提供强有力支撑。2021年11月党的十九届六中全会审议通过的《中共中央关于党的百年奋斗重大成就和历史经验的决议》再度指出，要扎实推动共建“一带一路”高质量发展，使共建“一带一路”成为当今世界深受欢迎的国际公共产品和国际合作平台。2022年10月，党的第二十次全国代表大会报告指出，共建

① 王媛媛.中国与“一带一路”沿线国家数字经济合作研究［J］.东岳论丛，2022，43（11）：165－172.
② 刘莉君，张静静，曾一恬.数字经济推动共建“一带一路”高质量发展的效应研究［J］.中南大学学报（社会科学版），2022，28（5）：122－135.
③ 钱学锋，向波.“双循环”新发展格局与创新［J］.北京工商大学学报（社会科学版），2022，37（6）：101－110.
④ 陈健.“一带一路”引领“双循环”新发展格局的优势与实践路径［J］.西南民族大学学报（人文社会科学版），2021，42（2）：112－119.
⑤ 蒲清平，杨聪林.构建“双循环”新发展格局的现实逻辑、实施路径与时代价值［J］.重庆大学学报（社会科学版），2020，26（6）：24－34.
⑥ 胡文秀，任思洁.更好推动“一带一路”交通走廊建设发展［J］.宏观经济管理，2022（12）：68－74.

"一带一路"成为深受欢迎的国际公共产品和国际合作平台，未来要继续推动共建"一带一路"高质量发展。

第五节 共建"一带一路"倡议研究的趋势

一、关键词突现

关键词突现的检测分析，可以反映出某一时期内研究主题的发展变化情况，有助于洞悉前沿动态。根据突现词的热度变化可以较为准确判断该研究领域的前沿和趋向。该部分基于 2015～2022 年共建"一带一路"倡议研究文献数据做出关键词突现分析。在关键词共现的基础上调整 γ = 0.8。图 3-7 中展示了排名前 18 位的突现关键词。粗线段代表着其对应的突现关键词在相应的年份出现发文量激增的情况，其长度表示该突现关键词的热度持续时间情况。由图可知，共建"一带一路"倡议研究中，文献关键词突现强度较高且持续时间较长的关键词包括"数字经济（digital economy）""营商环境（business environment）""制度环境（environment system）""复杂网络（complex network）""溢出效应（spillover effect）""中介效应（mediation effect）""投资效率（investment efficiency）"等，其中"数字经济（digital economy）"的突现强度达到 5.31，表明是近年来研究共建"一带一路"倡议的一个显著热点，这为我国学者把握共建"一带一路"倡议研究发展方向起到了重要的作用。此外，值得注意的是，上述突现的关键词极有可能作为热点持续存在。

二、前沿趋向

伴随着共建"一带一路"倡议引致中国经济在国际上的影响力不断上升，进展情况得到了越来越多学者的密切关注，研究热点内容也不断涌现。但是，相关研究热点内容究竟为"柳暗花明"，抑或是"昙花一现"，就需要结合共建"一带一路"倡议发展内外部环境加以具体分析。本书基于共建"一带一路"倡议现阶段研究的关键词突现图谱，将共建"一带一路"倡议研究的前沿趋向概括为以下四个方面。

Keywords	Year	Strength	Begin	End	2015 – 2022
数字经济	2015	**5.31**	2020	2022	
印度	2015	**3.69**	2018	2019	
营商环境	2015	**2.99**	2020	2022	
沿线国家	2015	**2.83**	2016	2017	
民族地区	2015	**2.81**	2016	2017	
金融发展	2015	**2.68**	2019	2020	
制度环境	2015	**2.6**	2019	2022	
区域合作	2015	**2.36**	2015	2016	
复杂网络	2015	**2.19**	2020	2022	
北极航线	2015	**2.14**	2015	2016	
区域经济	2015	**2.14**	2015	2016	
溢出效应	2015	**2.13**	2020	2022	
日本	2015	**2.03**	2016	2018	
中介效应	2015	**2.03**	2020	2022	
越南	2015	**2.01**	2018	2019	
投资效率	2015	**1.92**	2020	2022	
中非合作	2015	**1.91**	2019	2020	
贸易潜力	2015	**1.77**	2018	2019	

图 3-7 共建"一带一路"倡议研究领域文献关键词突现分析

(一)共建"一带一路"倡议与数字经济融合发展新模式

近年来,数字经济成为推动共建"一带一路"倡议高质量发展的重要组成部分,并对沿线国家的创新绩效产生显著效果[1],经验数据也表明了共建"一带一路"倡议能够有效推动数字经济发展进而对高质量发展产生正效应[2]。共建国家大多属于发展中国家且长期受到西方国家的数字霸权,其都希冀加快建立自己的数字经济产业,破解西方大国实施的数字霸权并能够从合作中不断获益。基于此种背景,数字经济与共建"一带一路"倡

---

① 李晓钟,毛芳婷. 数字经济对"一带一路"沿线国家创新绩效的影响研究 [J]. 中国软科学,2023(1):40–50.

② 伦晓波,刘颜. 沿着数字"一带一路"实现高质量发展 [J]. 上海财经大学学报,2023,25(1):64–78.

议融合发展的合作模式愈加凸显。然而，复杂的地缘政治环境、各国发展水平不同、相关政策不完善且有差异等，均形成了数字经济发展的阻碍，使得数字经济促进共建"一带一路"倡议发展取得的成绩仍未达到应有预期效果。2021 年底，习近平总书记在主持中共中央政治局集体学习时也强调，"发展数字经济是把握新一轮科技革命和产业变革新机遇的战略选择"①。同年国务院印发的《"十四五"数字经济发展规划》，是我国数字经济领域的首部国家级规划，有效拓展了数字经济国际合作，为共建"一带一路"倡议实现高质量发展注入新的动力。

（二）共建"一带一路"倡议与发展环境的研究

因共建"一带一路"倡议沿线国家的国情和制度不同，各个国家和地区面对中国提出倡议的响应强度和积极性也不同，中国作为共建"一带一路"倡议的提出国与核心国，更需要强化统筹协调能力和注重区域国别间差异，做到"因国施策"。此外，受国情和制度不同的影响，开展合作贸易所处的营商环境、制度环境等也不尽相同，由此判断，各国和地区政府工作效率、国内政权稳定程度、法律规范程度、文化信仰的不一致，将会直接影响到中国与沿线国家的长期合作与交流。共建"一带一路"倡议致力于打造我国与沿线经济体的"命运共同体"、全球共同发展繁荣新局面，基于这一理念，我国在规划实施上保持宏观整体性的同时，也应谋划与各经济体的往来政策，提高政策沟通能力，从而促进稳定发展环境的营造。稳定的制度环境是共建"一带一路"倡议高质量发展的重要基础，共建"一带一路"倡议的健康发展，也有利于创造更好的外部发展环境，因此加强与沿线经济体的政策沟通仍是最为紧迫的任务之一②。

（三）共建"一带一路"倡议与投资效率的研究

共建"一带一路"倡议有效提升了我国企业"走出去"的热情，促进了我国与沿线经济体的经贸合作往来。积极研究投资效率问题，能够为我国与沿线经济体人民创造高品质生活。我国企业与沿线经济体合作的项目具有资金高、回报周期长、风险不确定性等特点，这些均可能造成项目

---

① 习近平在中共中央政治局第三十四次集体学习时强调　把握数字经济发展趋势和规律推动我国数字经济健康发展 [EB/OL].（2021 - 10 - 19）. http：//www.xinhuanet.com/politics/leaders/2021 - 10/19/c_1127973979.htm？ articleId = 475955.

② 张相伟，龙小宁."一带一路"倡议下境外经贸合作区和对外直接投资 [J].山东大学学报（哲学社会科学版），2022（4）：79 - 92.

投资效率低下的问题；且当前的共建"一带一路"倡议中投资研究多偏向于从东道主国家以及缓解产能过剩的角度出发展开分析，投资问题的研究较少，具有一定的局限性。未来在围绕共建"一带一路"倡议中投资效率提升规划中，应多角度探究效率提升问题，从国家制度、数字赋能、市场机制等多方面综合考虑。一是继续加强对东道主国家腐败控制能力、政府工作效率、法律制度完善情况的研究，为共建"一带一路"倡议提供更多可靠的理论支撑和实际经验。二是结合数字技术进一步优化资源配置问题，整合经验数据缓解产能过剩问题，推动经济贸易合作高质量发展。三是在积极有为政府作用的基础上，切实发挥市场在资源配置中的决定性作用，合理利用市场自身的调节能力，由此助力投资效率的提高。另外，当前我国与沿线经济体的贸易规模和结构在不断扩大，加深对投资效率的研究，可为共建"一带一路"倡议未来相关政策的安排部署提供更多经验证据。

（四）共建"一带一路"倡议与经济地理的研究

共建"一带一路"倡议提出以来，在国内、沿线经济体以及国际等领域均受到广泛关注且收获良好的实践效果①，丰硕的成果也进一步推动我国全面对外开放格局的形成，更为重要的是，促进各国达成了更为广泛的国际共识。作为一项影响极为深刻的国家间合作计划，其远远超越了传统的区域制约。广交世界，互利天下，共建"一带一路"倡议不仅面向发达、发展中国家，也向域内、域外的国家敞开大门。一是重塑中国经济地理方面，共建"一带一路"倡议有助于缩小地区发展差距，对促进中西部对外开放、助力全国统一大市场的建设具有深远意义。二是在重塑区域经济地理方面，中国与沿线国家深入、多元化的开展合作往来，对实现区域一体化发展产生重要影响。三是在世界经济地理方面，共建"一带一路"倡议推动了全球基础设施现代化建设，提高了世界经济密度，对推动全球化进程有着深刻影响。

---

① 蒲小平."一带一路"十年建设的成就及时代内涵［J］.国际论坛，2023，25（3）：37－51，156－157.

第四章

"一带一路"沿线 PPP 项目
及其宏观环境描述

本书的主旨之一,是探究如何以 PPP 模式为共建"一带一路"倡议提供资金支持。因此,在开展具体理论与实证分析之前,本书首先基于相关大型数据库的基本数据,主要运用统计分析方法,来描述"一带一路"沿线 PPP 项目的基本情况,并进一步描述"一带一路"沿线国家的宏观经济金融环境和制度质量情况,以期廓清"一带一路"及其 PPP 项目的基本情况。具体来说,本章首先结合世界银行 PPI 数据库,描述"一带一路"沿线 PPP 项目的整体特征与属性事实;其次,结合世界银行 WDI 数据库,对"一带一路"沿线国家经济金融环境的发展状况进行统计描述;最后,结合世界银行 WGI 数据库,对"一带一路"沿线国家制度环境进行统计描述。

第一节 "一带一路"沿线 PPP 项目的基本情况描述

一、数据来源说明与沿线经济体的界定

(一) 数据来源

本节所使用的"一带一路"沿线国家 PPP 项目数据来源于由世界银行主导建立并发布的"私人部门参与基础设施项目数据库"(Private Participation in Infrastructure Project Database,简称为"PPI 数据库")。该数据

库收录了1990~2021年全球130多个中低收入国家的PPP项目信息（截至2023年6月23日），重点介绍了用于吸引PPP项目私人部门投资的合同安排、资金来源和去处以及主要投资者等项目信息，涵盖了交通、能源、通讯、城市供水、城市污水以及固体废弃物处理等领域。本节主要采用财务结算年份为1996~2020年的PPP项目作为样本区间（以便和本章的第二节与第三节的样本区间相统一）。

（二）沿线国家的界定

本章参考2015年3月国家发展改革委、外交部、商务部联合发布的《推动共建丝绸之路经济带和21世纪海上丝绸之路的愿景与行动》勾勒的"一带一路"的五大方向，使用商务部、海关总署公布的五大方向的64个国家作为统计范畴。同时，由于64个国家中有国家未开展PPP项目或PPI数据库所覆盖的经济体比较有限，通过将PPI数据库与64个国家进行匹配，最终确定其中的40个国家作为本节的样本国家（见表4-1）。

表4-1　　　　　　　"一带一路"沿线40个国家的基本情况

国家	地区	收入水平	国家	地区	收入水平
柬埔寨	东亚和太平洋地区	低	哈萨克斯坦	欧洲和中亚地区	中高
缅甸	东亚和太平洋地区	低	北马其顿	欧洲和中亚地区	中高
蒙古国	东亚和太平洋地区	中低	黑山	欧洲和中亚地区	中高
印度尼西亚	东亚和太平洋地区	中低	俄罗斯	欧洲和中亚地区	中高
老挝	东亚和太平洋地区	中低	塞尔维亚	欧洲和中亚地区	中高
菲律宾	东亚和太平洋地区	中低	土耳其	欧洲和中亚地区	中高
越南	东亚和太平洋地区	中低	格鲁吉亚	欧洲和中亚地区	中高
马来西亚	东亚和太平洋地区	中高	叙利亚	中东和北非地区	低
泰国	东亚和太平洋地区	中高	也门	中东和北非地区	低
塔吉克斯坦	欧洲和中亚地区	低	埃及	中东和北非地区	中低
摩尔多瓦	欧洲和中亚地区	中低	伊朗	中东和北非地区	中高
乌克兰	欧洲和中亚地区	中低	伊拉克	中东和北非地区	中高
乌兹别克斯坦	欧洲和中亚地区	中低	约旦	中东和北非地区	中高
吉尔吉斯斯坦	欧洲和中亚地区	中低	黎巴嫩	中东和北非地区	中高

续表

国家	地区	收入水平	国家	地区	收入水平
阿塞拜疆	欧洲和中亚地区	中高	阿富汗	南亚地区	低
阿尔巴尼亚	欧洲和中亚地区	中高	尼泊尔	南亚地区	低
亚美尼亚	欧洲和中亚地区	中高	孟加拉国	南亚地区	中低
白俄罗斯	欧洲和中亚地区	中高	巴基斯坦	南亚地区	中低
波黑	欧洲和中亚地区	中高	马尔代夫	南亚地区	中高
保加利亚	欧洲和中亚地区	中高	斯里兰卡	南亚地区	中高

注：世界银行 PPI 数据库将地区划分为 EAP、ECA、MENA、SAR。其中，EAP 是指东亚和太平洋地区，ECA 是指欧洲和中亚地区，MENA 是指中东和北非地区，SAR 是指南亚地区。表 4－1 中的地区完全参照上述方式进行划分。

资料来源：世界银行 PPI 数据库。

二、PPP 项目属性指标说明

世界银行 PPI 数据库的统计数据包含 50 多个项目属性要素的信息。其中，PPP 项目关键属性要素包括：项目东道国、财务结算年份、项目状态、项目类别、项目合约期限、项目投资额、项目融资方式、项目所属领域、私人部门收益来源方式、政府担保和多边金融机构支持等。本节将对以上项目属性要素进行详细阐释，以方便读者理解本书后文的研究内容。

（一）项目东道国（Country）

PPP 项目所在地即为项目东道国（或地区）。世界银行 PPI 数据库的项目数据共覆盖了 130 多个国家/地区（大多为中等或低收入国家/地区），由于该数据库覆盖范围有限，在前文提及的 64 个经济体中覆盖了 42 个。

（二）财务结算日期（Financial Closure Year/Month）

PPI 数据库中的财务结算日期包括财务结算年份（Financial Closure Year）和财务结算月份（Financial Closure Month）。一般来说，该日期为私人部门同意投资资金或提供服务并同政府部门签署具有法律约束力协议的日期。该日期的确定意味着 PPP 项目融资事项的完成，是项目启动的标志。财务结算日期的确定因私人部门参与项目的类型不同而有所差异，PPI 数据库对此作出了以下详细规定。

一是对于管理和租赁合同类项目（Management and lease contract），财务结算日期必须是与承担服务或运营的私人部门签订授权管理或租赁服务的合同日期。

二是对于棕地类项目（Brownfield project），[①] 在签订特许权协议时即确定为财务结算日期，同时也是接管运营的日期。

三是对于绿地类项目（Greenfield project）[②]，确定为财务结算日期的情况有以下 3 种：（1）存在具有法律效力的持股人或债权人承诺为项目的全部成本提供资金的日期；（2）已满足供资条件，并筹集到第一笔资金的日期；（3）若以上情况均不适用，则以项目施工日作为财务结算日期。

四是对于私有化类项目（Divestiture），私人部门签订具有法律效力的股份收购合同的日期则为财务结算日期。

（三）项目状态（Project Status）

所谓项目状态是指项目当前现状。世界银行 PPI 数据库中收录的 PPP 项目并非全是成功完结的项目，该数据库对项目状态的界定主要分为以下 4 类。

一是活跃（Active）。"活跃"意味着该项目处于正在运营或者正在建造的状态，项目尚未真正完结。

二是已完结（Concluded）。"已完结"代表该项目成功结束，可能目前处于投入使用状态。

三是已取消（Cancelled）。"已取消"意味着该项目由于各种原因无法持续进行而被迫永久终止。

四是存在困难（Distressed）。"存在困难"意味着该项目当前推进存在困难而被迫暂停或仍在缓慢进行，后期可能继续推进或永久终止，该类项目未来不确定性较大。

（四）项目类别（Type/Sub-type）

世界银行 PPI 数据库根据项目运作模式将 PPP 项目区分为 4 个大类（Type of PPI），在此基础上又划分了 12 个子类别（Sub-type of PPI）。具体划分如下。

一是管理和租赁合同项目（Management and lease contract）。私人部门

---

① 棕地项目则是指在以前用于工业生产的土地上建设的项目。
② 绿地项目是指在未开发的土地上建设的项目。

在一定期限内拥有公共资产的管理权，而所有权和投资决策权归政府部门所有。该大类包含两个子类别：（1）管理合同类（Management contract）。管理合同类项目是将公共类项目的管理责任转移至私人部门，通常期限为3至5年。该类 PPP 项目通过确定绩效目标和财务预算以提高项目运作效率，并以"基本费用＋绩效"的方式向私人部门支付项目管理费用。（2）租赁合同类（Lease contract）。租赁合同类项目是指运营商负责项目本身的运营和维护，而不再进行其他投融资类安排。

二是绿地项目（Greenfield project）。绿地类项目是指私人部门在项目合同规定的期限内建造和运营新设施。私人部门承担大部分财务和运营风险，并在项目周期内收回投资资金，该大类包含5个子类别。（1）建造、租赁和转让（BLT）。私人部门自行承担风险建造新的设施并将该设施的所有权转让给政府，然后再向政府部门租赁该设施以进行运营（风险自担），最后在特许经营期结束时获得该设施的全部所有权。（2）建造、运营和转让（BOT）。私人部门自担风险建造新设施，自担风险拥有和运营该设施，然后在合同期结束时将该设施所有权转让给政府。（3）建造、拥有和运营（BOO）。私人部门自担风险建造新设施，然后自行承担风险拥有和运营该设施。（4）商业化（Merchant）。私人部门在政府不提供担保的市场环境中，自行建造新设施，并自行承担项目的建设、运营和市场风险。（5）租借（Rental）。私人部门通过租借方式运营新设施，风险自担。

三是棕地项目（Brownfield project）。棕地项目与绿地项目类似，二者的不同之处在于棕地项目的私人部门并不建造新资产或新设施，而是接管现有资产或设施，通常在现有基础上对其进行改造或拓展。棕地项目的私人部门往往先接管现有资产或设施的运营，然后再进行资本投资。与绿地项目一样，棕地项目中的私人部门通常在合约期内承担运营责任并收回投资资金，之后该项目可能会重新归还给政府部门。PPI 数据库根据以下子类别对棕地项目进行分类。（1）修复、运营和转让（ROT）。私人部门修复现有设施，然后在合同期内自行承担运营和维护设施的风险，在合约期满后转让给政府部门。（2）修复、租赁和转让（RLT）。私人部门自行承担风险修复现有设施，从政府部门处租赁到该设施，然后在合同期内自担风险运营和维护设施。（3）建造、修复、运营和转让（BROT）。私人部门为现有设施建设附加设施或完成部分建成的设施并修复现有资产和设施，然后在合同期内自行承担运营和维护设施的风险，合约期满后归还给政府部门。

四是私有化项目（Divestitures）。私人部门通过资产出售、公开发行或大规模私有化计划收购国有企业（项目）的股权。与特许经营项目相同，私有化项目赋予私人部门运营、维护和投资的全部责任。PPI 数据库将私有化项目分为以下两类。（1）完全私有化（Full）。政府将国有企业（项目）的全部股权转让给私人部门（运营商、机构投资者等）。（2）部分私有化（Partial）。政府部门分批将国有企业（项目）的部分股权转让给私人部门（运营商、机构投资者等）。

（五）合约期限（Contract Period）

项目合约期限是指公私部门签订的协议条款的时间长度（以年为单位）。

（六）项目投资额（Investment）

PPP 项目投资额由实物资产投资（Investment in physical assets）和向政府支付的特许权费（Fees to the government）两部分组成，两部分的单位均是"百万美元"，本书所使用的数据均采用 PPI 数据库中的"美元不变价"。其中，实物资产投资额是指私人部门承诺的在合同期内用于投资项目设施的金额。特许权费是指私人部门为获得项目的开发经营权而向政府部门支付的费用或者为获得国有企业（项目）所支付的私有化费用。

（七）项目融资方式（Financing）

PPI 数据库记录了 PPP 项目的融资方式，包括债务融资（debt）和权益融资（equity）。其中，债务融资来源于商业银行、多边金融机构、双边机构、基金类机构（例如养老基金或私募类基金等）以及政府部门等；权益融资主要针对私人部门和政府部门进行股权融资。

（八）行业领域（Primary Sector）

PPI 数据库统计的 PPP 项目主要涉及能源、交通运输、供水与污水处理、通讯和城市垃圾处理5个行业。在此基础上，又细分了12个子行业：垃圾收集与运输、垃圾处理、电力、天然气、电信、机场、港口、铁路、公路、供水、污水处理和公共事业。

（九）私人部门收益来源（Revenue Source）

世界银行 PPI 数据库将 PPP 项目私人部门主要收益来源区分为年金支付、采购协议、批发市场打包销售、使用者付费和其他等。

（十）政府支持（Government Support）

PPI 数据库中区分了 PPP 项目的政府直接支持与间接支持。其具体区分如下。

一是直接支持（Direct government support）。政府直接支持是指通过使用政府债（或国债）以支付项目的现金或实物成本。其支付形式较为灵活，支付方式又分为一次性付清、固定年金支付和可变年金支付。政府直接支持又可分为以下两类：（1）资本补贴（Capital subsidy）。这些是项目资本投资的现金补贴，即支付项目建设期内实物资产的成本。（2）收入补贴（Revenue subsidy）。通过对私人部门的收入予以补贴以帮助其在项目运营期内收回投资资金。

二是间接支持（Indirect government support）。政府间接支持是指通过政府或有债务或者政府政策以支持项目投资。政府的间接支持分为：（1）支付担保（Payment guarantee）。当项目采购方（通常为国有企业）无法履行购买义务时，政府将履行购买项目基础设施或服务的义务。支付担保最常见的例子是政府为国有企业与私人部门之间的采购协议［例如购电协议（PPA）、购水协议（WPA）］提供担保。（2）债务担保（Debt guarantee）。政府为私人部门在 PPP 项目中的债务提供担保，当私人部门出现项目债务违约时政府保证偿还债权人。（3）收入担保（Revenue guarantee）。对于以用户付费方式回笼资金的项目，政府通常为私人部门设定了最低收入标准。当用户出现购买不足时，政府将对私人部门的损失给予补偿。该担保形式常见于政府为私人部门设定最低交通量或收入的公路项目。（4）汇率担保（Exchange rate guarantee）。政府保护私人部门免受项目所在地货币汇率波动的影响。例如，当地货币贬值超 20% 时，政府将补偿私人部门的债权性投资损失。（5）成本担保（Construction cost guarantee）。在项目建设阶段，政府保护私人部门免受潜在成本超支而产生损失。（6）利率担保（Interest rate guarantee）。政府保护私人部门免受当地利率波动的影响，这与汇率担保的概念基本相同。（7）关税税率保证（Tariff rate guarantee）。政府保证 PPP 项目私人部门享受最低关税水平。(8) 税收减免/政府信贷 (Tax deduction/Government credit)。政府提供税收优惠或政府信贷以鼓励特定行业或部门 (通常是可再生能源) 的基础设施建设。

(十一) 多边金融机构支持 (Multilateral Support)

PPI 数据库从多边金融机构是否支持、支持金额和支持类型 3 个维度记录了多边金融机构对具体 PPP 项目的支持情况。其中多边金融机构的支持类型又包括以下七个方面。

一是股权投资 (Equity)。一些多边机构被允许对具体的 PPP 项目进行股权投资，例如国际金融公司 (International Finance Corporation, IFC) 和亚洲开发银行 (Asian Development Bank, ADB)。

二是担保支持 (Guarantees)。担保支持包括政治风险担保和部分信用担保。多边金融机构通过认沽期权和买断融资等方式以担保更长期的信贷或者提供流动性保障，最终将项目中期融资转化为长期融资。

三是贷款支持 (Loan)。多边金融机构通过使用自有资金直接向具体项目发放贷款。

四是准股权投资 (Quasi-equity)。多边金融机构同 PPP 项目发起方达成协议，在未来一定时期和条件下，其债务可转换为股权投资的一种投资方式。准股权投资方式包括"可转债"和"优先股"等，它填补了债权和股权之间的缺口。

五是风险管理 (Risk management)。多边金融机构通过风险管理产品或衍生品以使 PPP 项目公司对冲汇率风险、利率风险以及商品价格风险。这些产品包括汇率和利率掉期、期权和远期合约以及衍生品。

六是辛迪加 (Syndication)。多边金融机构利用其他投资者的资源为具体的 PPP 项目安排融资，但多边机构始终是记录贷款人。

七是其他 (Others)。各国 PPP 项目受到多边金融机构支持的方式较为多样，不限于上述已列明的支持方式。

三、沿线国家 PPP 项目基本情况描述

(一) 项目分布概况

项目分布概况围绕时间、空间和行业三个维度进行介绍，本部分主要

包括沿线 PPP 项目的时间分布、国家分布、地区分布以及行业分布。

1. 时间分布情况描述

公私合作模式（Public-Private Partnership，PPP）起源于 20 世纪 80 年代，在推动基础设施建设方面发挥了重要作用。但在部分欠发达国家或地区，PPP 模式仍为新鲜事物，其项目经验基础相对薄弱，而"一带一路"沿线国家大多为中等收入国家和低收入国家，所以从时间维度研究沿线国家 PPP 项目的历史建设情况极为必要。本书结合世界银行 PPI 数据库统计了 1996～2020 年 42 个沿线国家和 87 个非沿线国家的 PPP 项目投资数量和金额情况，来把握"一带一路"沿线 PPP 项目的"历时态"分布概况。

如图 4-1 和图 4-2 所示，沿线国家 PPP 项目数量和金额在时间轴上呈"右偏"特征，而非沿线国家呈"左偏"特征，这说明沿线国家的 PPP 模式起步相对较晚但建设空间较大，而非沿线国家基础设施建设则趋于饱和。尽管沿线国家的 PPP 项目起步较晚、可能存在项目经验不成熟的情况，但是其"右偏"特征说明沿线各国在基础设施建设方面当前需求较大且 PPP 模式在支持"一带一路"基础设施建设方面具有很好的潜力，这为本书的研究奠定了现实基础。

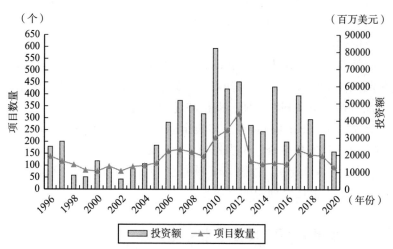

图 4-1　1996～2020 年沿线国家 PPP 项目数量及投资额

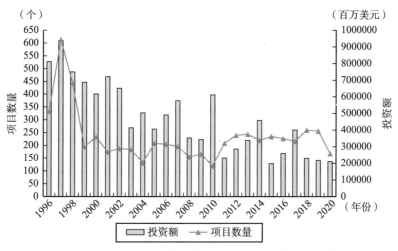

图 4 - 2　1996～2020 年非沿线国家 PPP 项目数量及投资额

2. 地区分布情况描述

在按国家分类统计的基础上，本书结合世界银行 PPI 数据库的区域划分，分别统计了东亚和太平洋地区（EAP）、欧洲和中亚地区（ECA）、中东和北非地区（MENA）以及南亚地区（SAR）的沿线 PPP 项目数量。如图 4 - 3 所示，沿线 PPP 项目主要分布在南亚地区（1498 个 PPP 项目），其次是欧洲和中亚地区（973 个 PPP 项目），中东和北非地区的 PPP 项目数量最少（仅有 148 个 PPP 项目），其分布原因与国别分布类似，主要受区域经济发展水平的影响。

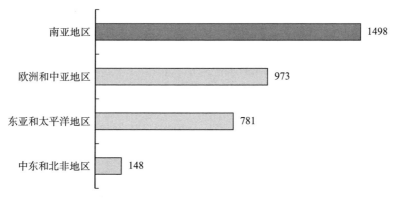

图 4 - 3　1996～2020 年沿线 PPP 项目数量地区分布排名（单位：个）

3. 行业分布情况描述

如前文所述，PPI 数据库区分了能源、交通运输、供水与污水处理、通信和城市垃圾处理等 5 个行业，又细分了垃圾收集与运输、垃圾处理、电力、天然气、电信、机场、港口、铁路、公路、供水、污水处理和公共事业等 12 个子行业。本书结合以上行业对沿线 PPP 项目做了行业分布统计（图 4-4）和子行业分布统计（图 4-5），在 3400 个 PPP 项目中，能源行业的项目数量最多（2105 个），其次是交通行业（856 个），而城市废弃物处理行业项目数量最少（119 个）。从子行业分布来看，沿线国家中的 PPP 项目主要集中于电力领域（2016 个），其次是公路领域（574 个），垃圾收集与运输领域的 PPP 项目相对较少（仅有 32 个）。综上，对于"一带一路"沿线国家，PPP 项目的行业领域对能源行业更为偏好，而在能源子行业中，PPP 项目又主要集中在电力行业。

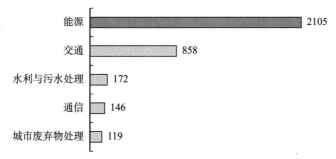

图 4-4　1996~2020 年沿线 PPP 项目数量行业分布概况（单位：个）

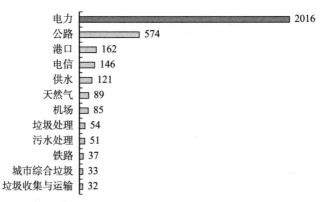

图 4-5　1996~2020 年沿线 PPP 项目数量子行业分布概况（单位：个）

(二) 项目属性情况描述

综合数据信息的可获得性和本书的研究内容,项目属性概况部分将从项目状态、项目发起政府级别、多边金融机构支持、私人部门收益来源和风险偏好等 5 个维度对沿线 PPP 项目的属性特征概况进行介绍。

1. 项目状态情况描述

PPI 数据库将 PPP 项目状态区分为"活跃、已完结、已取消、存在困难",我们按照上述项目状态区分方法对 3400 个沿线 PPP 项目进行了描述性统计。如图 4 - 6 所示,当前沿线 PPP 项目中,处于"活跃"状态的占比为 95.68% (3253 个),处于"已完结"状态的占比为 1.21% (41 个),处于"存在困难"状态的占比为 0.47% (16 个),处于"已取消"状态的占比为 2.65% (90 个)。可见,"一带一路"沿线 PPP 项目的失败率相对较低 (仅为 2.65%,我们仅将处于"已取消"状态的项目定义为"失败"),从侧面说明了 PPP 模式在基础设施建设方面能够较好地支持"一带一路"倡议的推进。

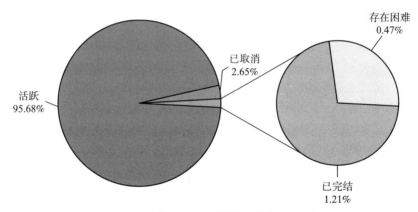

图 4 - 6 沿线 PPP 项目的当前状态概况

2. 发起政府级别情况描述

在信息经济学视阈下,政府部门在吸引私人部门投资时存在一个"信息传递"的过程,而不同政府级别的信用差异会影响"信息传递"的效果,进而影响私人部门的参与数量和投资金额 (即 PPP 项目的成效)。基于此,本章对 3400 个沿线 PPP 项目按其政府发起级别进行了统计。由于 PPI 数据库中个别项目存在信息缺失，所以 3400 个项目中仅有 2808 个项目有明确的发起政府级别信息记录。如图 4 - 7 所示，在 "一带一路" 沿线的 2808 个 PPP 项目中，69.66% 的项目由联邦或中央政府发起（1956 个），22.01% 的项目由州政府或省政府发起，而仅有 8.33% 的项目由地方政府发起。可见，"一带一路" 沿线的 PPP 项目主要是由高级别政府发起的，这说明私人部门对发起政府级别遵循 "差序信任" 原则。

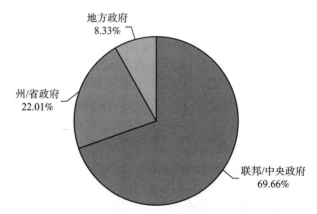

图 4 - 7　沿线 PPP 项目发起政府级别概况

3. 多边金融机构支持情况描述

根据罗煜等（2017）的观点，多边金融机构通过集聚其成员国资金形成多边力量（例如辛迪加），从而利用其多边影响力督促项目东道国保障 PPP 项目的顺利推进。此外，他们认为，在有多边金融机构参与的 PPP 项目中，私人部门的风险投资偏好更为激进，进而会影响 PPP 项目成效。为此，本书对 PPI 数据库中的 3400 个 PPP 项目按是否受到多边金融机构进行了分组统计。如图 4 - 8 所示，仅有 16.18% 的沿线项目（550 个）受到了多边金融机构的支持，有 83.82% 的 PPP 项目（2850 个）并未受到多边金融机构的支持，这可能是因为多边金融机构对于筛选投资项目的标准较为严格，而 "一带一路" 沿线国家多为经济欠发达国家，其发起的 PPP 项目投资风险相对较大。

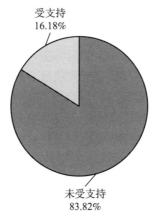

图 4 - 8 沿线 PPP 项目多边金融机构支持概况

4. 私人部门收益来源情况描述

如前文所述，PPI 数据库将 PPP 项目私人部门的收益来源方式划分为年金支付、采购协议、批发市场打包销售、使用者付费和其他 5 个类别。基于上述划分方式，本书统计了"一带一路"沿线国家 PPP 项目私人部门收益来源方式的结构情况。如图 4 - 9 所示，在"一带一路"沿线国家的 3397 个 PPP 项目①中，私人部门收益来源方式被应用最为广泛的是"采购协议"，约占总体的 39.33%（1336 个）；应用最少的方式是"销往批发市场"，约占总体的 4.47%（152 个）。

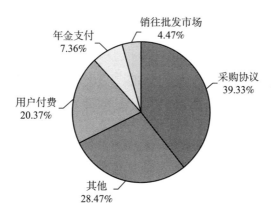

图 4 - 9 沿线 PPP 项目私人部门收益来源方式概况

---

① 沿线 PPP 项目总数仍为 3400 个，但有 3 个项目的私人部门收益来源信息未被 PPI 数据库记录，所以最终剩余 3397 个项目。

5. 项目风险偏好情况描述

参考罗煜等（2017）的做法，本书在后续的实证研究中，将 PPI 数据库中记录的项目合约类别按照私人部门承担风险的程度进行赋值排序。其中，我们将管理和租赁合同项目、绿地项目、棕地项目、私有化项目 4 个大类依次赋值 1—4，将管理合约、租赁合约、ROT、RLT、BROT、BLT、BOT、BOO、商业化、租借、部分私有化和完全私有化 12 个小类依次赋值 1—12，取值越高代表项目风险越大，并以 12 个小类为主要研究对象。如图 4 – 10 所示，项目合约类型采用比较广泛的为 BOO、BOT、BROT，分别占总体的 25.01%（1134 个）、12.86%（669 个）和 9.48%（545 个），而其他类别比重相对较少。而 BOO、BOT、BROT 这 3 个类别基本处于上述风险水平中的中间水平，这表明"一带一路"沿线 PPP 项目私人部门投资者的风险偏好主要倾向于中等水平。

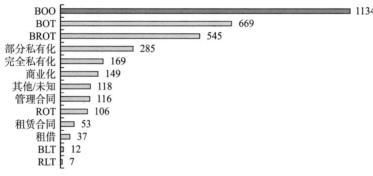

图 4 – 10　沿线 PPP 项目风险偏好概况（单位：个）

第二节　"一带一路"沿线国家经济金融环境综合评价

一、数据来源说明及样本经济体的界定

（一）数据来源说明

本节所使用的"一带一路"沿线国家经济金融环境数据来源于由世界银行主导建立并发布的"世界发展指标数据库"（World Development Indicators,以下简称"WDI 数据库")。WDI 数据库汇总了有关全球发展和消除贫困的相关统计数据。它包含了 1400 个全球发展的时间序列统计指标,以及从 1960 年至 2020 年世界各国的年度社会发展数据。数据包括了社会、经济、财政、自然资源和环境等各方面的指数。

(二)样本经济体的界定

如前文所述,本节仍然以"一带一路"沿线 64 个国家作为研究对象。由于 WDI 数据库并未完全收录这 64 个国家/地区的数据,因此,通过将 WDI 数据库与上述 64 个国家进行匹配后筛选出 63 个国家,又因为部分国家个别指标数据残缺过多,经剔除后最终确定了其中的 33 个国家(见表 4 - 2)作为本节的研究对象。

表 4 - 2　　　　"一带一路"倡议沿线 33 个样本国家基本情况

国家	地区	收入水平	国家	地区	收入水平
柬埔寨	东亚和太平洋地区	低	保加利亚	欧洲和中亚地区	中高
蒙古国	东亚和太平洋地区	中低	格鲁吉亚	欧洲和中亚地区	中高
印度尼西亚	东亚和太平洋地区	中低	哈萨克斯坦	欧洲和中亚地区	中高
老挝	东亚和太平洋地区	中低	北马其顿	欧洲和中亚地区	中高
菲律宾	东亚和太平洋地区	中低	罗马尼亚	欧洲和中亚地区	中高
越南	东亚和太平洋地区	中低	俄罗斯	欧洲和中亚地区	中高
泰国	东亚和太平洋地区	中高	塞尔维亚	欧洲和中亚地区	中高
塔吉克斯坦	欧洲和中亚地区	低	土耳其	欧洲和中亚地区	中高
摩尔多瓦	欧洲和中亚地区	中低	埃及	中东和北非地区	中低
乌克兰	欧洲和中亚地区	中低	伊朗	中东和北非地区	中高
乌兹别克斯坦	欧洲和中亚地区	中低	约旦	中东和北非地区	中高
吉尔吉斯斯坦	欧洲和中亚地区	中低	黎巴嫩	中东和北非地区	中高
阿塞拜疆	欧洲和中亚地区	中高	尼泊尔	南亚地区	低
阿尔巴尼亚	欧洲和中亚地区	中高	孟加拉国	南亚地区	中低
亚美尼亚	欧洲和中亚地区	中高	巴基斯坦	南亚地区	中低
白俄罗斯	欧洲和中亚地区	中高	斯里兰卡	南亚地区	中高
波黑	欧洲和中亚地区	中高	—	—	—

注:本表中的地区划分方式参考前文提到的世界银行 PPI 数据库的划分方式。

二、指标选择

WDI 数据库共收录了 1400 个全球发展指标的时间序列数据，为衡量"一带一路"沿线国家的经济环境状况，本节选取了人均 GDP、GDP 增长率、国内总储蓄（占 GDP 的百分比）、通货膨胀率、外债存量（占 GNI 的百分比）5 个指标，其具体含义如下。

第一，人均 GDP。人均 GDP 是指一个国家或地区的生产总值与人口之比，是了解和把握一个国家或地区的宏观经济运行状况的重要指标。

第二，GDP 增长率。GDP 增长率是宏观经济的四个重要观测指标之一，它反映了一个国家或地区的经济增长速度。世界银行 WDI 数据库基于 2010 年不变价美元计算得出实际 GDP 年增长率。

第三，国内总储蓄（占 GDP 的百分比）。国内总储蓄指可支配总收入用于最终消费后的余额，反映了一个国家在一段时间的可支配收入用于消费的情况。在 WDI 数据库中，该指标采用"国内总储蓄/GDP"这一相对指标表示国内总储蓄的情况。

第四，通货膨胀率。通货膨胀率是指一般物价总水平在一定时期内（通常为 1 年）的上涨率，它可以反映整个经济体的价格变动率。世界银行 WDI 数据库衡量年通货膨胀率时采用了 GDP 平减指数。

第五，外债存量（占 GNI 的百分比）。外债存量是指一个国家或地区过去历年累积的对外债务，是一个存量概念。在世界银行 WDI 数据库中，采用外债存量/GNI 这一相对指标表示，反映一国或地区公共债务水平。

三、综合评价

本节采用熵权法评价"一带一路"沿线国家的经济金融环境。具体的，是将经济金融环境作为一级指标，将人均 GDP、GDP 增长率、国内总储蓄（占 GDP 的百分比）、通货膨胀率、外债存量（占 GNI 的百分比）5 个指标作为二级指标，采用熵权法确定指标权重后，再结合加权求和法得出各国的总体得分，以评价各国经济金融环境的整体情况。

（一）数据处理

1. 数据剔除与插补

首先，由于 WDI 数据库中的部分沿线国家数据缺失严重，尤其是

"外债存量（占 GNI 的百分比）"和"国内总储蓄（占 GDP 的百分比）"这两个指标数据缺失较多，所以将数据缺失严重的国家剔除后最终剩下 35 个国家。其次，最终确定的这 35 个国家中的个别指标在某些年份仍然存在数据缺失情况，因此本节对这部分缺失数据采用了临近插补法：当某个指标在个别年份出现数据缺失时，则选择其最临近年份的指标数据进行插补。最后，如前文所述，本章的样本研究区间为 1996～2020 年，而 2008 年金融危机发生后全球各国经济发展发生较大变动，所以本节将 2009 年作为金融危机后的典型代表年份。最终，本节对 1996 年、2009 年和 2020 年沿线 35 个国家的三年面板数据进行统计分析，以期能够较为全面地反映沿线国家的经济金融环境基本状况。

2. 确定权重

在经济金融环境综合评价过程中，为反映出各指标的重要程度，需要对各指标权重进行计算，因此本节采用熵权法以确定各指标权重。其中，熵权法的原理是根据指标变异性的大小来确定权重。一般来说，某个指标的信息熵越大，说明数据越混乱，携带的信息量也越少，在评价中所产生的作用也越弱，其权重也就越小。相反，若某个指标的信息熵越小，其权重也就越大。我们假设经济金融环境的数据中有 m 个指标和 n 个样本国家。用矩阵的形式表示为 $Z_{ij}(i=1, 2, \cdots, m; j=1, 2, \cdots, n)$，其中各评价指标矩阵表示为：

$$Z_{ij} = \begin{bmatrix} x_{11} & \cdots & x_{1n} \\ \vdots & \ddots & \vdots \\ x_{m1} & \cdots & x_{mn} \end{bmatrix} \tag{4.1}$$

首先，对上述各指标数据进行归一化处理。由于经济金融环境评价体系中包含多个指标变量，且各项指标变量的单位和指标性质（绝对值和相对值）并不一致，为了消除各指标间的量纲差异，这里我们将指标数据进行了最大最小归一化处理，生成标准化的无量纲指标。其中，最大最小归一化的计算公式为：

$$X_{ij} = \frac{x_{ij} - \min\{x_{i1}, x_{i2}, \cdots, x_{in}\}}{\max\{x_{i1}, x_{i2}, \cdots, x_{in}\} - \min\{x_{i1}, x_{i2}, \cdots, x_{in}\}} \tag{4.2}$$

其次，确定各个评价指标的信息熵。其中计算公式为：

$$E_i = -\frac{1}{\ln n} \sum_{j=1}^{N} p_{ij} \ln p_{ij} \tag{4.3}$$

式中，p_{ij} 为第 n 个国家的第 m 个指标的样本值占该指标的比重（若

$p_{ij}=0$，则定义 $\lim\limits_{p_{ij}\to0}p_{ij}\ln p_{ij}=0$）：

$$p_{ij} = X_{ij}\Big/\sum_{i=1}^{n}X_{ij} \tag{4.4}$$

最后，确定各指标权重。计算公式为：

$$W_i = c_i\Big/\sum_{i=1}^{m}c_i \tag{4.5}$$

其中，c_i 为差异系数，计算公式为：$c_i=1-E_i$。差异系数越大，表明其携带的信息量越大，则该指标的作用就越强。

（二）经济金融环境综合评价

综合得分应等于各指标数据乘权重后进行累加求和。"一带一路"沿线各国经济金融环境的综合得分计算公式如下：

$$U_j = \sum_{i=1}^{m}W_iX_{ij} \tag{4.6}$$

式中，U_j 是"一带一路"沿线各国经济金融环境的综合得分，W_i 为第 m 个指标的权重值，X_{ij} 为第 n 个国家的第 m 个指标的统计数据值。代入具体数据计算可得 1996 年、2009 年和 2020 年沿线各国经济金融环境的综合得分（见表 4-3）。

表 4-3　　"一带一路"沿线 33 国经济金融环境的综合得分

国家	地区	收入水平	1996 年	2009 年	2020 年	趋势
塔吉克斯坦	欧洲和中亚地区	低	0.4938	0.2235	0.1845	−
吉尔吉斯斯坦	欧洲和中亚地区	中低	0.2173	0.3585	0.2151	−
摩尔多瓦	欧洲和中亚地区	中低	0.2072	0.2823	0.2215	+
乌克兰	欧洲和中亚地区	中低	0.1799	0.3891	0.2395	+
乌兹别克斯坦	欧洲和中亚地区	中低	0.1778	0.3883	0.3035	+
北马其顿	欧洲和中亚地区	中高	0.2496	0.4429	0.3219	+
罗马尼亚	欧洲和中亚地区	中高	0.3313	0.6816	0.4776	+
俄罗斯	欧洲和中亚地区	中高	0.3575	0.6419	0.4408	+
塞尔维亚	欧洲和中亚地区	中高	0.3140	0.5356	0.3600	+

续表

国家	地区	收入水平	1996 年	2009 年	2020 年	趋势
土耳其	欧洲和中亚地区	中高	0.4745	0.6504	0.5803	+
阿尔巴尼亚	欧洲和中亚地区	中高	0.1548	0.3971	0.2567	+
亚美尼亚	欧洲和中亚地区	中高	0.1415	0.3106	0.2812	+
阿塞拜疆	欧洲和中亚地区	中高	0.1163	0.5142	0.2688	+
保加利亚	欧洲和中亚地区	中高	0.4645	0.6921	0.4036	–
波黑	欧洲和中亚地区	中高	0.2367	0.4314	0.2894	+
白俄罗斯	欧洲和中亚地区	中高	0.1916	0.5473	0.4134	+
格鲁吉亚	欧洲和中亚地区	中高	0.1984	0.3734	0.3243	+
哈萨克斯坦	欧洲和中亚地区	中高	0.2647	0.8726	0.5590	+
尼泊尔	南亚地区	低	0.1830	0.2630	0.1385	–
巴基斯坦	南亚地区	中低	0.1969	0.3048	0.1951	–
孟加拉国	南亚地区	中低	0.1476	0.2782	0.2088	+
斯里兰卡	南亚地区	中高	0.2532	0.4074	0.2921	+
埃及	中东和北非地区	中低	0.2446	0.3857	0.2546	+
伊朗	中东和北非地区	中高	0.2817	0.5012	0.4374	+
约旦	中东和北非地区	中高	0.4294	0.5192	0.2351	–
黎巴嫩	中东和北非地区	中高	0.3932	0.8866	0.6024	+
柬埔寨	东亚和太平洋地区	低	0.1646	0.2592	0.2172	+
蒙古国	东亚和太平洋地区	中低	0.2111	0.4324	0.4720	+
印度尼西亚	东亚和太平洋地区	中低	0.2839	0.4176	0.2805	–
老挝	东亚和太平洋地区	中低	0.3468	0.4703	0.2845	–
菲律宾	东亚和太平洋地区	中低	0.2267	0.3314	0.1915	–
越南	东亚和太平洋地区	中低	0.3264	0.3440	0.2556	–
泰国	东亚和太平洋地区	中高	0.3736	0.4886	0.3358	–

注："趋势"是指 2020 年综合得分相较于 1996 年的变化情况，"+"即为"正增长"，"–"即为"负增长"，下同。

根据上述评价结果,我们发现"一带一路"沿线各国经济金融环境在1996~2020年间排名变动较大,但综合得分结果与各国实际收入水平较为一致,因此,使用"熵权法"对"一带一路"沿线各国经济金融环境进行综合评价是相对有效的。

四、结果说明

综上,"一带一路"沿线国家的经济金融环境基本概况如下:

第一,从横向来看,"一带一路"沿线国家经济金融环境质量相差悬殊,经济金融环境综合得分最高的国家大概是得分最低的国家的 3 至 6 倍。而东道国经济金融环境越好、对外开放程度越高则越有利于项目投资(Xiao & Lam,2019),因此,私人部门投资方对沿线 PPP 项目投资时也应注重考察东道国的经济金融环境,避免盲目投资。

第二,从纵向来看,"一带一路"沿线国家 2020 年的经济金融环境综合得分相较于 1996 年大部分国家是"正增长",仅有少数国家出现了"负增长"。此外,1996~2020 年沿线各国经济金融环境综合得分排名变动较大,其中变动比较明显的是塔吉克斯坦,塔吉克斯坦从 1996 年的综合得分排名第一降落至 2009 年的倒数第二和 2020 年的倒数第一。这看似出乎意料,实则主要是由苏联解体、内战等历史原因和塔吉克斯坦的地理位置、支柱性产业等现实原因造成的(张真真,2017)。所以,私人部门在进行 PPP 项目投资考察时,要以"历时态"视角结合多重因素对东道国的经济金融环境进行综合研判,不仅要关注过去和当下,还要预判未来发展趋势。

第三,从收入水平来看,"一带一路"沿线经济金融环境综合得分较高的国家主要为中高等收入国家,而低收入国家经济金融环境综合得分普遍较低,这一结果与经济发展的基本逻辑相适应。例如,黎巴嫩作为中等偏上收入国家,其经济金融环境综合得分排名在 1996 年、2009 年、2020 年均稳居前五,且 2009 年和 2020 年在 35 个样本国家中稳居第一,这主要得益于黎巴嫩地理位置优越以及第三产业发展势头良好,所以私人部门在评估投资项目东道国的经济金融环境时也可以同时参考该国收入水平指标。

第三节 "一带一路"沿线国家制度
环境综合评价

一、数据来源说明及样本国家的界定

(一)数据来源说明

正如前文所述,塔吉克斯坦独立后的经济发展深受其政治环境、社会稳定性等制度性因素的影响,所以制度环境(政局稳定性、行政效率、法治水平、反腐程度等因素)会对私人部门参与 PPP 项目投资的积极性产生影响(Panayides et al.,2015;郑子龙,2017;Biygautane et al.,2019;罗胜、王煜昊,2021)。一般而言,东道国制度环境评分越高,则 PPP 项目私人部门投资意愿越强烈;反之,PPP 项目私人部门投资意愿越低迷。本节所使用的"一带一路"沿线国家制度环境数据来源于由世界银行主导建立并发布的"全球治理指标数据库"(Worldwide Governance Indicators,简称"WGI 数据库")。世界银行 WGI 数据库报告了 1996～2020 年[①]全球200 多个国家和地区的综合治理指标与具体治理指标,涵盖了这些国家和地区制度环境的六个维度,这些数据来自众多调查机构、智囊团、非政府组织、国际组织和私营部门公司,总结了对应国家的大多数企业、公民和专家等受访者对治理质量的看法。

(二)样本经济体的界定

与前文保持一致,本节仍然以"一带一路"沿线的 64 个国家作为研究对象,通过将 WGI 数据库与上述 64 个国家进行匹配后筛选出 61 个国家,这 61 个国家将作为本节的研究对象(见表 4-4)。

---

① 由于 WDI 数据库仅统计了 1996～2020 年的数据,所以本章第一节和第二节的研究样本均以该区间为基准。

表 4 - 4   "一带一路"沿线 61 个国家的地区分布

地区	国家
东亚和太平洋地区 （11 个国家）	文莱、印度尼西亚、柬埔寨、老挝、缅甸、蒙古国、马来西亚、菲律宾、新加坡、泰国、越南
南亚地区 （6 个国家）	阿富汗、孟加拉国、斯里兰卡、马尔代夫、尼泊尔、巴基斯坦
欧洲和中亚地区 （29 个国家）	阿尔巴尼亚、亚美尼亚、阿塞拜疆、保加利亚、波黑、白俄罗斯、捷克、爱沙尼亚、格鲁吉亚、希腊、克罗地亚、匈牙利、哈萨克斯坦、吉尔吉斯斯坦、拉脱维亚、摩尔多瓦、北马其顿、黑山、波兰、罗马尼亚、俄罗斯、斯洛伐克、斯洛文尼亚、塔吉克斯坦、土库曼斯坦、土耳其、乌克兰、乌兹别克斯坦、塞尔维亚
中东和北非地区 （15 个国家）	阿联酋、巴林、塞浦路斯、埃及、伊朗、伊拉克、以色列、约旦、科威特、黎巴嫩、阿曼、卡塔尔、沙特阿拉伯、叙利亚、也门

二、指标含义说明

全球治理指标（WGI）项目报告了 1996～2020 年期间 200 多个国家和地区的治理指标，涉及治理的六个维度：民众话语权与选举权（Voice and Accountability）、监管质量（Regulatory Quality）、政局稳定性（Political Stability and Absence of Violence/Terrorism）、法治水平（Rule of Law）、政府效能（Government Effectiveness）、反腐力度（Control of Corruption）。上述指标的具体含义如下。

第一，民众话语权与选举权。民众话语权与选举权反映了一国公民言论表达的自由度以及对政府公职人员选举权的大小。

第二，监管质量。监管质量反映了一国政府对促进私人部门发展的政策和法规的制定、执行、监管和完善能力。

第三，政局稳定性。政局稳定性反映了一国政局不稳定性或出于政治动机发生暴力的可能性。

第四，法治水平。法治水平反映了一国各主体对法律法规等社会规则的遵守与违规执行情况。

第五，政府效能。政府效能反映一国政府部门的公共服务质量、公务员质量以及其政策的可信度。

第六，反腐力度。反腐力度反映了一国政府对其公职人员的腐败控制能力。

三、综合评价

由于 WDI 数据库是面板数据，为方便研究，本节选择使用 1996 年、2009 年和 2020 年的国家层面数据组成三年面板数据进行制度环境的综合评价。

表 4-5 为经熵权法计算后所得到的沿线 61 个国家制度环境综合得分，计算过程同本章第二节，在此不再赘述。

表4-5　　　"一带一路"沿线61个国家制度环境综合得分

国家	1996年	2009年	2020年	国家	1996年	2009年	2020年
阿富汗	0.1034	0.2725	0.4965	拉脱维亚	2.3184	2.5978	2.9343
阿尔巴尼亚	1.3000	1.7841	1.9735	摩尔多瓦	1.7946	1.5085	1.7936
阿联酋	2.3103	2.4610	2.5840	马尔代夫	2.1117	1.6431	1.8651
亚美尼亚	1.5168	1.6681	2.0437	北马其顿	1.4941	1.9331	2.1086
阿塞拜疆	0.7839	1.1525	1.2227	缅甸	0.4007	0.2491	1.1448
孟加拉国	1.2498	1.1187	1.2637	蒙古国	2.1197	1.7216	2.1055
保加利亚	1.8407	2.1900	2.2176	黑山	1.8441	2.0986	2.1697
巴林	2.0643	2.1186	1.8577	马来西亚	2.3556	2.1637	2.4488
波黑	1.4883	1.6149	1.6314	尼泊尔	1.6769	1.1430	1.6426
白俄罗斯	1.3601	1.1298	1.2906	阿曼	2.1928	2.1984	2.0981
文莱	2.5555	2.6851	2.7383	巴基斯坦	1.1481	0.8925	1.1724
塞浦路斯	3.0006	3.0509	2.7596	菲律宾	1.8414	1.4681	1.7816
捷克	2.8523	2.8492	3.0257	波兰	2.7505	2.7101	2.7179
埃及	1.5620	1.4857	1.1768	卡塔尔	1.9317	2.7288	2.4234
爱沙尼亚	2.6888	3.0191	3.4021	罗马尼亚	1.9382	2.0719	2.3956
格鲁吉亚	0.8732	1.8759	2.4713	俄罗斯	1.2545	1.1984	1.3571
希腊	2.6663	2.4515	2.5295	沙特阿拉伯	1.5684	1.5955	1.7695
克罗地亚	1.6433	2.3458	2.5140	新加坡	3.4070	3.4797	3.5803
匈牙利	2.8245	2.6978	2.5351	斯洛伐克	2.4119	2.6971	2.7624
印度尼西亚	1.2585	1.5052	1.9577	斯洛文尼亚	3.0848	3.0357	3.0123

续表

国家	1996 年	2009 年	2020 年	国家	1996 年	2009 年	2020 年
伊朗	1.1657	0.8507	0.8181	叙利亚	1.0849	1.0438	0.1124
伊拉克	0.1340	0.6079	0.6147	泰国	2.1144	1.6829	1.7948
以色列	2.7712	2.5551	2.7050	塔吉克斯坦	0.3890	0.8057	0.8991
约旦	1.9493	1.9515	1.9632	土库曼斯坦	0.8442	0.5970	0.6052
哈萨克斯坦	1.0700	1.4702	1.6661	土耳其	1.7244	1.9611	1.5883
吉尔吉斯斯坦	1.3181	0.9952	1.3929	乌克兰	1.3119	1.3843	1.5976
柬埔寨	1.0918	1.0727	1.1866	乌兹别克斯坦	0.6809	0.6954	1.0841
科威特	2.2215	2.1669	2.0277	越南	1.4479	1.4266	1.6573
老挝	1.1842	0.9105	1.1997	也门	1.0920	0.7604	0.1572
黎巴嫩	1.5252	1.3261	1.1254	塞尔维亚	0.8596	1.8289	1.9506
斯里兰卡	1.7001	1.5553	1.9644	—	—	—	—

四、结果说明

从"一带一路"沿线国家的制度环境的综合评价结果可得到如下结论。

第一，如表 4-5 所示，通过上述计算结果可以看出"一带一路"沿线各国制度环境综合得分的数值差距较大。以 2020 年为例，新加坡制度环境综合得分最高（为 3.5803），而叙利亚制度环境综合得分仅为 0.1124，二者相差近 32 倍，这说明"一带一路"沿线国家制度环境复杂多样、国家间制度环境差异大，同时这也从数据层面验证了私人部门考察 PPP 项目东道国制度环境的必要性，以避免盲目投资造成损失。

第二，尽管各国制度环境综合得分数值差距较大，但从纵向时间跨度来看，部分国家制度环境综合得分相对稳定在某一区间内，例如新加坡 1996 年、2009 年和 2020 年在沿线 61 国中制度环境综合得分排名均居于首位，斯洛文尼亚、捷克等国家排名在 1996 年、2009 年、2020 年也稳居前五。而与此同时，阿富汗、伊拉克等国家由于长期受局部战争影响，其制度环境综合得分排名长期居于低位。

第三，部分国家制度环境综合得分变动较大，例如格鲁吉亚制度环综合得分排名从 1996 年的第 55 位上升至 2009 年的第 27 位，而在 2020 年其制度环境综合得分排名则升至第 16 位，这说明"一带一路"沿线部分国家在不断努力地改善制度环境，私人部门也可根据该趋势对东道国发起的项目进行投资抉择。

第五章

PPP 项目发起政府级别对私人
部门投资额的影响

第一节 引言及文献综述

一、研究背景

自 2013 年"一带一路"倡议被提出以来，交通、能源、通信等领域基础设施的互联互通一直是优先领域。2019 年 4 月，推进"一带一路"建设工作领导小组进一步强调，基础设施互联互通仍是未来一段时期共建"一带一路"倡议的关键领域和核心内容①。不过，"一带一路"沿线主要是发展中或新兴经济体，其有限的内部金融资源和市场经济发育程度显然难以满足大规模基础设施建设的资金需求（肖钢，2019）。因此，创新融资渠道、引入新型投资主体，不能不是推进"一带一路"倡议行稳致远的当务之急。另外，截至 2023 年底，已有 152 个国家和 32 个国际组织与中国签署合作文件，共建"一带一路"倡议成为 APEC 会议、G20 峰会、博鳌亚洲论坛等国际合作平台的重要议题甚至主旨，以及三届"一带一路"国际合作高峰论坛吸引全球关注，这些都说明高级别政府间政策沟通为"一带一路"建设所提供了重要保障。不过，在政策沟通取得显著进展的

① 共建"一带一路"倡议：进展、贡献与展望 [EB/OL]. (2019 - 04 - 22). https：//www. yidaiyilu. gov. cn/zchj/qwfb/86697. htm.

同时，部分国家出于政治因素的考虑、部分国家出于对中国产生更大依赖的担心，导致我国"走出去"企业所开展的部分投融资项目出现了波折，也有研究质疑"一带一路"倡议的经济属性，甚至不乏中国故意制造"债务陷阱"等观点（Overholt，2015；Cheng，2016）。

在 2017 年第一届"一带一路"国际合作高峰论坛召开之际，印度智库 Brahma Chellaney（2017）发表了题为《中国的"债务陷阱"外交》（China's Debt – Trap Diplomacy）的智库报告，指出中国向沿线国家提供大量基础设施和基础设施贷款，旨在通过"债务外交"以换取与有领土争议的国家谈判上的优势，甚至构陷相关国家的主权。自此之后，"债务陷阱论"迅速传遍西方的媒体、学界和政界。事实上，2019 年 3 月 8 日，在第十三届全国人大二次会议记者会上，中国国务委员兼外交部长王毅直接回应，"一带一路"不是债务的"陷阱"，而是惠民的"馅饼"。2023 年 6 月，时任中国人民银行行长、博鳌亚洲论坛副理事长周小川指出，"债务陷阱"之说对"一带一路"及其投融资的影响不可忽视，他从项目财务结构等方面详细说明了所谓"债务陷阱"的成因。但是 2023 年 7 月，在中国举办第三届"一带一路"国际合作高峰论坛之际，美联社发表了《中国贷款将世界最穷国家推向崩溃边缘》一文，提出"一带一路"倡议让沿线国家不得不陷入"债务陷阱"的谬论。

正是基于上述现实背景，本研究关注目前广泛使用的缓解财政压力、解决基础设施融资难题和提升公共服务领域效率的"政府与社会资本合作"模式（Public – Private Partnership，PPP）（贾康，2017），聚焦"一带一路"沿线 PPP 项目发起政府级别对私人部门投资额的影响，考虑到"一带一路"基础设施建设等领域所需资金量巨大，若能够撬动中国之外更多第三方国家的资金参与"一带一路"建设，并探明具体作用机制，显然有助于有针对性地回应这些质疑。

二、文献综述

现有文献所关注的影响 PPP 项目中私人部门投资额的因素有：第一，PPP 项目属性。相关研究发现，PPP 项目的风险结构、项目周期、投资金额、私人投资者的数量等，均可能影响私人部门参与 PPP 项目的积极性与成效（Lopes & Caetano，2015；Chung & Hensher，2018）。第二，制度质量。相关研究通过实证检验发现，包括政治稳定性、法治水平、政府效率甚至宗教文化等制度质量因素，对私人部门的参与有着显著影响（Penaeids & Parola，2015；郑子龙，2017；Biygautane & Neesham，2019）。第三，宏观经济。相关研究认为，高开放程度、广阔的市场规模和稳定的宏观经济等，有利于吸引私人部门参与 PPP 项目（Hammami & Ruhashyankiko，2011；Xiao & Lam，2019）。第四，政府担保。相关研究发现，政府担保通过影响 PPP 项目的风险、私人部门债务融资获得等中间机制进而影响私人部门的参与（Wibowo & Kochendoerfer，2012；沈言言、刘小川，2019）。第五，多边金融机构。相关研究认为，多边金融机构通过影响 PPP 项目的风险，进而促进私人部门的参与（Galilea & Medda，2010；罗煜、王芳，2017；叶芳，2017）。总体来看，这些研究揭示了影响私人部门参与 PPP 项目的重要因素，也为本节实证检验中控制变量的设计提供了有益借鉴，但明显缺乏对 PPP 项目发起政府级别的关注，更缺乏对该因素作用机制的探究，这也为本书的边际贡献留下了空间。

由于基础设施主要由政府提供，相关研究在财政分权和公共物品供给视角下，探讨了政府级别对基础设施建设项目中私人部门投资的影响。根据总体观点的不同，可将这些研究划分为低级别政府偏好和高级别政府偏好两类。就低级别政府偏好而言，安德烈亚斯·卡普勒和蒂莫·瓦莉拉（Andreas Kappeler & Timo Välilä，2008）认为，出于税收竞争的目的，更低级别的政府更愿意发起基础设施建设项目，并且限制经济上生产力低下的投资（如娱乐设施）。杰玛·贝尔和泽维尔·法吉达（Germá Bel & Xavier Fageda，2009）认为，更低级别的政府更接近基础设施的使用者，因而能够发起更好契合使用者偏好的基础设施建设项目。奥顿·朗格根（Audun Langørgen，2012）认为，低级别政府在基础设施建设和公共服务提供中，具有更多本地信息、更低代理成本和更易获得标尺竞争激励等优势。安德烈亚斯·卡普勒等（2013）的研究发现，低级别的政府能够更好明晰基础设施建设项目中的问责与监督，因而 1990~2009 年 10 个欧盟成员国 70% 以上的基础设施建设项目均由地方政府发起。还有研究认为，出于政府之间劳动力及资本竞争，抑或出于选票压力，更低级别的政府可以更好迎合当地的偏好而提供基础设施建设项目（Faguet，2010；Halse，2016）。就高级别政府偏好而言，查尔斯·赫尔滕和罗伯特·施瓦布（Charles R. Hulten & Robert M. Schwab，1997）认为，高级别政府在"溢出效应"和"规模经济"明显的基础设施建设项目中具有更为明显的优势。丹尼尔·特里斯曼（Daniel Treisman，2000）认为，地方政府之间降低税率等竞争方式可能导致基础设施建设资金的不足，因而更高级别政府发起基础设施建设项目更具优势。让·保罗·高缇耶（Faguet Jean-Paul，2014）认为，更低级别政府会面临更高概率的"精英俘获"和腐败问题，并可能影响基础设施建设项目的进展。维罗妮卡·海莱娜和艾莉森（Veronica Herrera & Alison E. Post，2014）发现，民众参与和地方选举政治常常阻碍基础设施建设中私人部门的成本回收措施，因而高级别政府部门发起基础设施建设项目更具优势。昂博霍·萨诺戈（Tiangboho Sanogo，2019）对比了制度异质性对基础设施建设和减贫的影响，发现在制度差异较大的地区，低级别政府所提供的基础设施建设面临更多的非效率问题，而高级别政府可利用的资源更多、效率也更高。

　　总体来看，就低级别政府偏好的相关研究而言，尽管所关注的具体因素与机制有一定差异，但总体上认为低级别政府更贴近基础设施的使用者，并因此具有相应的优势和吸引力，本章将该作用机制定义为"贴近市场"。就高级别政府偏好的研究而言，正如我国广为流传的"中央是恩人、省里是亲人、县里是好人、乡里是恶人、村里是仇人"等乡音民谣所反映的向上集中式信任结构一般（陈丽君、朱蕾蕊，2018），这些研究认为应给予高级别政府更高水平的信任，本章将该作用机制定义为"差序信任"。一般而言，"一带一路"沿线国家有其特殊的制度文化等背景，适用于西方发达国家的逻辑在沿线国家不一定有效，那么"一带一路"沿线国家更高级别政府还是更低级别政府所发起的 PPP 项目更能吸引私人部门的投资？也就是说，"一带一路"沿线国家 PPP 项目中究竟是"贴近市场"还是"差序信任"在起作用？"一带一路"沿线国家 PPP 项目发起政府级别影响私人部门投资额的中间机制如何？结合"一带一路"沿线国家 PPP 项目层面的微观数据，通过规范的理论阐释和实证检验解答这些问题具有以下理论与现实意义：第一，在理论层面，有助于弥补目前研究中对 PPP 项目发起政府级别关注的不足，有助于打开政府级别影响 PPP 项目中私人部门投资额作用机制的"黑箱"。第二，在现实层面，有助于为撬动私人部门参与"一带一路"沿线国家的 PPP 项目提供现实依据；有助于为中国"走出去"企业的"选址"和"趋利避害"提供有益借鉴；有助于回应对"一带一路"框架下高级别政府间沟通的质疑，佐证中国所牵头的高级别政府间政策沟通在"一带一路"建设中的重要作用。

第二节　特征性事实及研究假说

一、特征性事实

根据世界银行私人部门参与基础设施建设（PPI）数据库的相关数据，图 5-1 报告了 1998～2018 年 120 个中低收入国家（包括 45 个"一带一路"沿线国家和 75 个非"一带一路"国家），PPP 项目的投资额（2017 年实际值）和 PPP 项目数量情况。可以看出，以 2013 年"一带一路"倡议的提出为时间节点，在 2014 年之后非沿线国家 PPP 项目投资额和数量均呈现下降态势的情形下，沿线国家的这两个指标均呈上升态势。那么这是否意味着"一带一路"倡议带动了沿线国家 PPP 项目的发展呢？数据表明，"一带一路"倡议提出之前五年（2009～2013 年），沿线国家 PPP 项目投资额和数量分别为 3167 亿美元和 1290 项；"一带一路"倡议提出之后五年（2014～2018 年），沿线国家 PPP 项目投资额和数量分别为 2978 亿美元和 1156 项。① 该时序上的对比清晰表明，本书无法得出"一带一路"倡议带动沿线国家 PPP 项目数量和投资额"双增长"的结论，而如何撬动私人部门参与 PPP 项目成为"一带一路"倡议推进中的关键问题，这也成为本章的立论起点。

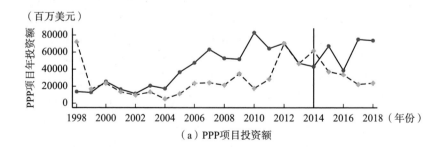

（a）PPP项目投资额

---

① 根据世界银行私人部门参与基础设施建设（PPI）数据库整理。

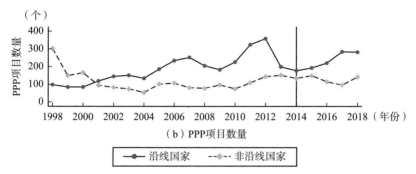

（b）PPP项目数量

沿线国家　　非沿线国家

图 5 - 1　"一带一路"沿线与非沿线国家 PPP 项目投资额与数量

与图 5 - 1 相类似，本书进一步结合世界银行 PPI 数据库的相关数据，绘制了 1998～2018 年"一带一路"沿线国家中央/联邦、州/省、地方三级政府所发起 PPP 项目的投资额与数量情况，具体如图 5 - 2 所示。

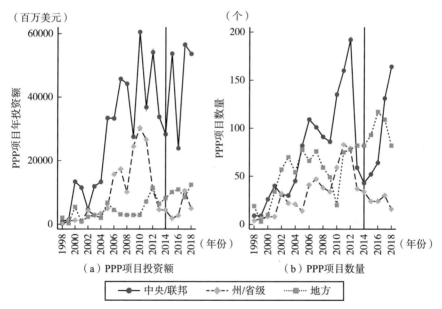

（a）PPP项目投资额　　　　　　　（b）PPP项目数量

中央/联邦　　　州/省级　　　地方

图 5 - 2　"一带一路"沿线国家各级别政府发起 PPP 项目的投资额与数量

由图 5 - 2 可以看出：第一，从 PPP 项目投资额来看，1998～2018 年期间，按照政府级别依次降低的顺序，沿线国家三级政府所发起 PPP 项目的投资总额从 6431.97 亿美元、1840.29 亿美元降低到 1143.21 亿美元，PPP 项目的平均投资额也分别从 3.92 亿美元、2.42 亿美元降低到 1.05 亿美元，呈现出发起政府级别越高、总投资额和平均投资额也越高的特征，初步支持本书所提出的"差序信任"逻辑。第二，从 PPP 项目数量来看，1998～2018年期间，按照政府级别依次降低的顺序，三级政府所发起 PPP 项目的总数量分别为 1659 项、661 项和 1313 项，三级政府每年所发起 PPP 项目的平均数量分别为 79 项、31 项和 63 项，尽管这两方面的数量并未呈现依政府级别降低而依次递减的特征，但最高级别政府所发起 PPP 项目的数量最多。

二、研究假说

（一）PPP 项目发起政府级别影响私人部门投资额的总体效应

从信息经济学视角来看，PPP 项目中私人部门不得不面临的信息不对称对其参与积极性造成了一定影响：第一，作为 PPP 项目发起者的政府部门为了吸引私人部门投资，可能在发布招标公告时隐瞒有关项目的不利消息（Chung & Hensher，2018）。第二，PPP 项目一般具有周期长、不确定因素多等特征，并且难以用私人与政府部门双方均无争议且事后第三方（如法院等）易于验证的语言形成完全合约（龚强、张一林等，2019）。第三，PPP 模式在沿线大多数国家尚属于新鲜事物，相对缺乏运营和成功的历史经验可以借鉴，私人部门也难以预料参与 PPP 项目的收益（沈言言、刘小川，2019）。受这些因素的影响，政府部门不得不以有效的"信息传递"来吸引私人部门的参与，但现实中不同级别的政府往往有着不同的信任结构（陈丽君、朱蕾蕊，2018），而信任结构的差异则影响了政府"信息传递"的效果，因而问题随之转化为沿线国家政府部门的信任结构究竟如何？一般的，由于以下三方面原因，沿线国家的政府级别与信任结构同方向变动：第一，从国家结构视角来看，沿线国家主要是"单一集权模式"，该模式一般通过层层负责、层层控制的制度安排保障了地方对中央的绝对服从（朱旭峰、吴冠生，2018）；第二，从外交视角来看，"一带一路"沿线国家主要是新兴和发展中经济体，更高级别的政府在政府间磋商和对接多边金融机构等方面更具优势也更为活跃（肖钢，2019）；第三，从经济视角来看，中央政府通过转移支付、固定资产投资、项目审批与配套等机制深刻影响着地方经济的发展和地方政府的行为（Knight，2005；范子英、彭飞，2016）。基于这些认识，提出本章的假说 1：

假说 1："一带一路"沿线国家更高级别政府发起的 PPP 项目更能吸引私人部门的投资额。

（二）PPP 项目发起政府级别影响私人部门投资额的中间机制

本书尝试从 PPP 项目发起政府级别背后的信任结构切入，进一步结合私人部门参与 PPP 项目的目标，来廓清沿线国家 PPP 项目发起政府级别影响私人部门投资额的中间机制。一般的，与经济学原理所阐述的"购买意愿"与"支付能力"共同形成有效需求相似的逻辑，"逐利性"是私人部门参与 PPP 项目的重要行为逻辑（张雅璇、王竹泉，2019），而债务融资获得和股权融资获得影响了私人部门在 PPP 项目中的"逐利能力"，风险承担则主要影响了私人部门在 PPP 项目中的"逐利意愿"，"逐利意愿"与"逐利能力"则成为影响私人部门"逐利目标"实现的关键。基于这些认识，PPP 项目发起政府级别影响私人部门投资额的可能中间机制如下。

第一，债务融资获得。前文已述及的来自国家结构、外交和经济视角的逻辑，"一带一路"沿线国家更高级别政府在与多边金融机构洽谈和磋商中显然更具优势，其所发起的 PPP 项目也更容易获得多边金融机构贷款的支持。相关研究则进一步指出，多边金融机构能够为发展中国家基础设施建设提供以贷款、担保、补助等为直接形式的金融支持；更重要的是，多边金融机构为 PPP 项目提供金融支持有助于撬动其他资金提供者以辛迪加贷款、共同融资等方式参与基础设施建设项目；另外，多边金融机构的参与有助于加强被投资国与区域及国际金融市场的联系，有助于开拓更为广阔的债务融资渠道（Moore R. & Kerr，2014；Panayides et. al.，2015）。另外，高级别政府更广泛的资源动员能力、更广阔的市场范围以及由此带来的更有力的收益保障能力，也更容易撬动来自本国商业银行、他国商业银行等机构贷款的支持。基于这些认识，本章提出研究假说 2a：

假说 2a："一带一路"沿线国家 PPP 项目发起政府级别与债务融资获得呈正向关系。

第二，股权融资获得。一般的，债务融资和股权融资均是 PPP 项目所需资金的重要来源渠道，世界银行 PPI 数据库也记录了相关 PPP 项目股权融资获得情况。正如前文所述，"一带一路"沿线国家高级别政府所发起的 PPP 项目，更容易吸引多边金融机构所进行的股权投资（Equity）和准股权投资（Quasi-equity），并且这些多边金融机构的参与还可通过开发盈利性项目、设计合适的金融产品、提高项目所在国的技术水平、提升项目所在国金融市场水平等途径增加具体 PPP 项目的权益资本，为私人部门等以股权投资的方式参与 PPP 项目提供便利（Liu & Wang et. al.，2016）。

另外，高级别政府更广泛的资源动员能力和更广阔的市场等，有利于选择更具 PPP 项目投资经验和经营能力的社会资本方组建特殊目的公司（SPV），能够更好将有限的资金投资于更具发展前景的项目上、有利于资金更合理的配置，这也将通过"示范效应"与"溢出效应"带动其他资金供给主体和私人部门以股权投资形式参与 PPP 项目（Biygautane & Neesham et. al.，2019）。基于这些认识，本章提出假说 2b：

假说 2b："一带一路"沿线国家 PPP 项目发起的政府级别与股权融资获得呈正向关系。

第三，风险承担。一般的，PPP 项目前期需要巨额资金投入，而基础设施建设领域往往需要较长时间才能产生利润流入，而更高级别政府往往会以更有效的保证金制度等为其所发起的 PPP 项目提供形式多样的担保，而这些也均成为降低 PPP 项目融资风险的有效途径，私人部门基于对该机制的认可也愿意选择更高风险水平的合作方式（张禄、石磊，2017）。另外，高级别政府所发起的 PPP 项目，在微观层面可以提供高标准的项目设计、高透明度的运营监督、专业化的管理咨询等服务，在宏观层面推动发展中国家形成良好的投资氛围，而微观和宏观层面的共同作用则均有助于缓解和规避 PPP 项目中私人部门可能面临的风险，从总体上能够促进了私人部门选择更高风险水平的投资方式（Wu & Liu et al.，2016）。基于这些认识，本章提出研究假说 2c：

假说 2c："一带一路"沿线国家 PPP 项目发起的政府级别与私人部门的风险选择呈正向关系。

综上，"一带一路"沿线国家 PPP 项目发起政府的级别影响私人部门投资额的总体机制可概括为图 5 – 3。

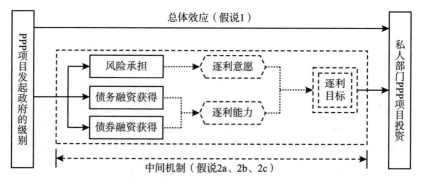

图 5 – 3　PPP 项目发起政府级别影响私人部门投资额的机制

第三节　研究设计

一、模型设定

(一)　总体效应的检验

为检验"一带一路"沿线国家 PPP 项目发起政府级别对私人部门投资额的影响，参考哈马米 (Hammami, 2011) 和叶芳 (2019) 的研究并建立如式 (5.1) 所示的计量经济模型：

$$\text{lninvest}_{it} = \beta_0 + \beta_1 \cdot \text{grade}_{it} + \beta_2 \cdot \text{nature}_{it} + \beta_3 \cdot \text{eco}_{it} + \beta_4 \cdot \text{ins}_{it} + \varepsilon_{it}$$

$$(5.1)$$

式 (5.1) 中，lninvest 表示 PPP 项目私人部门投资额的自然对数；grade 表示 PPP 项目发起政府级别；nature 是表征 PPP 项目属性的控制变量；eco 和 ins 分别为表征 PPP 项目所在国家经济金融环境和制度质量的控制变量；ε 表示扰动项；各 β 为待估计参数。

需要注意的是，直接运用式 (5.1) 做基准检验可能面临以下问题：第一，发起 PPP 项目的政府级别并不是随机发生的，还可能存在一些不可观测的因素同时影响 PPP 项目发起政府的级别和私人部门的投资，因此样本"自选择问题"可能导致模型估计结果的偏误。第二，可以观测到具体 PPP 项目的发起政府级别和私人部门的投资额，但无法观测到该项目由其他级别政府发起时所能够获得的私人部门投资额，即存在"反事实缺失"问题；当缺少与实际情况相反的数据时，所用样本便会成为总体的一个非随机样本，进而导致估计偏误的产生。主要考虑到以上两方面问题，本书拟进一步使用保罗·R. 罗森鲍姆和唐纳德·鲁宾 (Paul R. Rosenbaum & Donald B. Rubin, 1985) 所提出的能够较好处理样本"自选择"所导致的估计偏误问题，并且在处理内生性问题时没有参数、函数形式、误差项分布等限制，也不需要解释变量外生等严格假定的倾向得分匹配 (Propensity Score Matching, PSM) 模型，来进一步辨析"一带一路"沿线国家 PPP 项目发起政府级别对私人部门投资额的影响。

具体而言，为了便于运用 PSM 方法进行估计，将式 (5.1) 所示的基准模型进一步调整为式（5.2）：

$$\text{lninvest}_{it} = \beta_0 + \beta_1 \cdot \text{GRADE}_{it} + \beta_2 \cdot \text{nature}_{it} + \beta_3 \cdot \text{eco}_{it} + \beta_4 \cdot \text{ins}_{it} + \varepsilon_{it}$$

$$(5.2)$$

式（5.2）中，GRADE 为具体 PPP 项目是否由更高级别政府发起的 0、1 变量，即由更高级别政府发起则 GRADE = 1，由其他级别政府发起则 GRADE = 0；其余各变量与参数的含义与式（4.1）相同。

结合式（4.2），PSM 方法的估计过程为：第一，用 Logit 模型估计高级别政府所发起 PPP 项目的倾向得分值（Propensity Score，PS）；第二，根据 PS 值选择合适的方法，将高级别政府所发起的 PPP 项目（处理组）与非高级别政府所发起的 PPP 项目（对照组）进行匹配；第三，计算高级别政府所发起 PPP 项目的平均处理效应（ATT），计算公式如式（5.3）所示：

$$\begin{aligned} \text{ATT} &= \text{E}(\text{lninvest}^1 - \text{lninvest}^0 \mid \text{GRADE} = 1,\ X = x) \\ &= \text{E}(\text{lninvest}^1 \mid \text{GRADE} = 1,\ X = x) - \text{E}(\text{lninvest}^0 \mid \text{GRADE} = 1,\ X = x) \end{aligned}$$

$$(5.3)$$

式（5.3）中，lninvest^1 表示处理组样本接受干预时被解释变量的取值，亦即高级别政府所发起 PPP 项目的私人部门投资额；lninvest^0 表示处理组样本若没有接受干预时被解释变量的取值。显而易见，lninvest^0 无法直接观测到，因而需要构建"反事实"框架，反事实估计后 ATT 中的 $\text{E}(\text{lninvest}^0 \mid \text{GRADE} = 1,\ X = x)$ 便是反事实效应（counter-factual effect）。

（二）中间机制的检验

本书拟使用鲁本·巴伦和大卫·肯尼（Baron Reuben M. & David A. Kenny，1986）所提出的中介效应模型，来检验"一带一路"沿线国家 PPP 项目发起政府级别影响私人部门投资额的中间机制。根据中介效应模型的思路，本书拟构建如下一组模型：

$$\text{lninvest}_{it} = \alpha_0 + \alpha_1 \cdot \text{grade}_{it} + \varphi \cdot X_{it} + \varepsilon_{it} \qquad (5.4)$$

$$M_{it} = \beta_0 + \beta_1 \cdot \text{grade}_{it} + \tau \cdot X_{it} + \xi_{it} \qquad (5.5)$$

$$\text{lninvest}_{it} = \gamma_0 + \gamma_1 \cdot \text{grade}_{it} + \gamma_2 \cdot M_{it} + \kappa \cdot X_{it} + \mu_{it} \qquad (5.6)$$

式（5.4）、式（5.5）、式（5.6）中，M 为中介变量，本书中是风险承担、债务融资获得和股权融资获得情况；X 是包括 PPP 项目属性、经济金融环境和制度质量三方面因素的控制变量；ε、ξ、μ 表示随机误差项；其余各 α、β、γ 及 φ、τ、κ 均为待估计参数；其余各变量与参数的含义与前文相同。

对于式（5.4）~ 式（5.6）所示的中介效应模型，采用温忠麟、张雷（2004）提出的方法并按照以下步骤开展检验：第一步，检验式（5.4）中回归系数 α_1 是否显著，若 α_1 显著则表明可能存在中介效应，反之则是"遮掩效应"并可终止检验。第二步，依次对式（5.5）、式（5.6）中的回归系数 β_1 和 γ_2 进行检验，若这两个系数均通过显著性检验，则表明必然存在中介效应并可进行第三步；若至少存在一个系数不显著，则进入第四步并对这两个系数进行 sobel 检验。第三步，根据上一步的检验结果，若 γ_1 不显著则表示存在"完全中介效应"，即核心解释变量 grade 要影响被解释变量 lninvest，必须通过中介变量 M 才能起作用；若 γ_1 显著则表示存在"部分中介效应"，即核心解释变量 grade 要影响被解释变量 lninvest，有一部分是通过中介变量 M 起作用。第四步，进行 sobel 检验，该检验的统计量为 $Z = \dfrac{\beta_1 \times \gamma_2}{\sqrt{\beta_1^2 \times S_{\gamma_2}^2 + \gamma_2^2 \times S_{\beta_1}^2}}$，其中，$S_{\beta_1}$ 和 S_{γ_2} 分别是回归系数 β_1 和 γ_2 的标准差；5% 显著性水平下，sobel 检验统计量的临界值为 0.97，若该统计量通过了检验则可返回第三步计算中介效应的大小；反之则表明中介效应不显著（潘彬、金雯雯，2017）。第五步，计算中介效应的大小及中介效应占总效应的比重，中介效应（M）大小的计算公式为：$M = (|\alpha_1| - |\gamma_1|)$，中介效应占总效应比重（R）的计算公式为：$R = \dfrac{|\beta_1| \times |\gamma_2|}{|\alpha_1|}$，其中 α_1、γ_1、β_1 和 γ_2 为式（5.4）、式（5.5）、式（5.6）中的回归系数。

二、指标选择

（一）总体效应的检验

根据相关理论及文献，对式（5.1）中所涉及的变量定义如下。

第一，被解释变量：私人部门投资额（lninvest）。用具体年份相关国家的 PPP 项目中私人部门投资额（2017 年实际值）并取自然对数来表示。该数据来源为世界银行 PPI 数据库。

第二，核心解释变量：PPP 项目发起政府级别（grade）。世界银行 PPI 数据库中区分了中央/联邦、州/省级、地方政府三种级别政府部门与私人部门所签署的 PPP 项目合同，本书按照该顺序并用 3、2、1 来表示

PPP 项目发起政府的级别。按照此定义，该取值越大则表征政府级别越高；反之则反是。

第三，控制变量：项目属性（nature）。拟主要从风险结构（risk）、项目周期（period）、政府担保（govgua）、多边金融机构支持（multi）、主要收益来源（revenue）等方面来刻画 PPP 项目的属性。对于风险结构，世界银行 PPI 数据库中区分了管理合约、租赁合约、ROT、RLT、BROT、BLT、BOT、BOO、商业化合约、租借、部分私有化、完全私有化 12 种 PPP 项目的类型，并且私人部门所承担的风险依此顺序递增，本书按照该顺序并依次赋值 1~12 来反映私人部门在 PPP 项目中风险承担的程度。对于项目周期，PPI 数据库中详细记录了具体 PPP 项目的期限，本书用该期限来反映 PPP 项目的周期。对于政府担保，PPI 数据库中详细区分了每个 PPP 项目包括资本补贴、收入补贴和实物补贴等形式的政府直接担保，还有以支付担保、收益担保、关税税率担保、税收减免等形式的非直接政府担保，考虑到政府直接担保和非直接担保均具有"信号传递功能"进而都可以视作具体 PPP 项目的"认证机制"，因此，本书定义获得直接与非直接政府担保的 PPP 项目均为有政府担保（govgua = 1），反之则视为无政府担保（govgua = 0）。对于多边金融机构支持，本书拟根据 PPI 数据库中具体 PPP 项目是否有多边金融机构的参与来构造 0、1 哑变量（获得，multi = 1；未获得，multi = 0）。对于主要收益来源，PPI 数据库中区分了年金支付、采购协议、销往批发市场、使用者付费及其他五种 PPP 项目收益来源方式，本书按照该顺序分别用 5、4、3、2、1 来定义 PPP 项目的收益来源，可以看出，取值越大则表明越倾向于政府付费，取值越小则越倾向于消费者付费。

第四，控制变量：经济金融环境（eco）。本书选择从人均 GDP（pergdp）、GDP 增长率（grogdp）、通货膨胀率（inflation）、人口密度（popden）、外债存量占 GNI 比重情况（liabilities）、M2 与 GDP 之比（financial）等方面刻画经济金融环境。具体而言，人均 GDP 以 2010 年不变价美元计，GDP 增长率为实际增长率，通货膨胀率用平减指数衡量，人口密度用每平方公里土地面积人数来衡量，用外债存量占 GNI 比重来衡量经济体财政状况，用 M2 与 GDP 之比来刻画金融环境。这六个指标的相关数据均来源于世界银行世界发展指标（Worldwide Development Indicator, WDI）数据库[1]。

---

[1] 世界银行 PPI 数据库 [DB/OL]. https：//data. worldbank. org. cn/indicator/? tab = all.

第五，控制变量：制度质量（ins）。选择政治稳定性（stable）、政府效率（effi）、监管质量（regu）、法制水平（law）、民众话语权（voice）和控制腐败能力（corrupt）来表征制度质量。其中，政治稳定性主要衡量一国政府当局稳定程度和被暴力推翻的可能性；政府效率反映政府当局政策制定和执行情况、公共服务提供情况；监管质量反映政府当局制定和执行有利于市场化和私营部门发展政策的能力；法治水平衡量经济主体对法律、契约的遵守情况以及对知识产权的保护情况；民众话语权反映一国公民的话语权和影响力；控制腐败能力衡量政府控制为了私利而行使公共权力的程度，控制为了精英和私人利益"俘获"国家的程度。这六个指标的取值范围均为（-2.5，2.5），本书对这些数据均加上正数 3 之后取自然对数。这六个指标的具体数据均来自世界银行全球治理指标（Worldwide Governance Indicators，WGI）数据库①。

在上述变量定义的基础上，PSM 估计确定"对照组"的可观测变量时，由于可观测变量要与 PPP 项目发起政府级别及私人部门投资额相关，本研究以上述各控制变量为可观测变量。

（二）中间机制检验

对式（5.4）~式（5.6）所示的中介效应模型所涉及的有关变量定义如下。

第一，因变量：私人部门投资额（lninvest）。与前文定义相同。

第二，中介变量：风险选择（risk）、债务融资获得（ln debt）、股权投资获得（ln equity）。对于债务融资获得情况，PPI 数据库中详细记录了具体 PPP 项目来源于商业银行贷款、多边金融机构贷款等 7 种不同类型机构的贷款额度（2017 年实际值），本节将具体 PPP 项目来自这些机构的贷款额相加，随后将所计算的债务融资获得额加上正数 1 之后取自然对数。对于股权融资获得额，PPI 数据库中记录了每个 PPP 项目的股权融资获得情况，本节依然对这些数据加上正数 1 之后取自然对数。风险选择的衡量方式与前文相同。

第三，控制变量。依然从项目属性、经济金融环境和制度质量三方面的指标来构造控制变量，具体指标和前文相同。

---

① 世界银行 WGI 数据库 [DB/OL]. http：//info. worldbank. org/governance/wgi/#home.

三、数据描述

世界银行 PPI 数据库中提供了 1990～2018 年全球 130 余个中低收入国家已落地的 10020 个 PPP 项目情况（2019 年 8 月 15 日下载），结合中国国务院授权发布的《推动共建丝绸之路经济带和 21 世纪海上丝绸之路的愿景与行动》中所勾勒的"一带一路"沿线经济体大致范围，本书共获得了 1990～2018 年期间 43 个"一带一路"沿线国家的 5585 个 PPP 项目。通过与经济金融环境和制度质量的指标对接，确定样本时间范围为 1998～2017 年共 20 年，因而剔除 1998 年之前和 2018 年的项目，共剩余 4263 个项目。在此基础上，剔除被解释变量私人部门投资额缺失的样本，共计剩余 3858 个 PPP 项目；剔除核心解释变量 PPP 项目发起政府级别不明确，即 PPI 数据库中显示为"N/A"的 487 个项目，剩余的 3371 个 PPP 项目便构成了本章的基本样本范围。

在获得基本样本范围之后，按照前文已述及的方法和数据来源方式便可获得 PPP 项目属性、经济金融环境和制度质量三方面的基本数据。本书运用"插值法"补齐个别缺失数据之后，将经济金融环境和制度质量数据的年份与国家对接项目属性数据的财务公告完成年份与国家，将每个 PPP 项目的基本属性与项目财务公告年份的经济金融环境、制度质量匹配起来，进而获得了基本数据。主要变量的有关统计特征如表 5-1 所示。

表 5-1 主要变量的描述性统计结果

分类	名称	含义	样本量	均值	标准差	最小值	最大值
PPP 项目属性	lninvest	私人部门实际投资额	3371	4.0415	1.6805	-1.4697	10.4797
	grade	合同授予政府级别	3371	2.0783	0.8960	1.0000	3.0000
	multi	多边机构支持	3371	0.1210	0.3262	0.0000	1.0000
	revenue	收益来源	3371	3.0104	1.3388	1.0000	5.0000
	govgua	是否有政府担保	3371	0.3281	0.4696	0.0000	1.0000
	period	项目周期	2262	26.3174	10.4055	1.0000	99.0000
	risk	风险结构	3284	7.0140	2.1569	1.0000	12.0000
	lntdebt	债务融资获得额	617	5.0872	1.3966	1.3137	9.5408
	lnequity	股权融资获得额	982	2.6068	1.9302	0.0000	8.8520

续表

分类	名称	含义	样本量	均值	标准差	最小值	最大值
经济金融环境	pergdp	人均 GDP	3371	7.9702	0.7919	5.8784	9.6071
	grogdp	GDP 增长率	3371	1.8405	0.6247	− 3.4747	2.6554
	inflation	通货膨胀率	3370	1.4924	1.0491	− 3.9368	4.3762
	liability	外债存量/GNI	3327	3.0998	0.6223	0.2594	5.6544
	financial	M2/GDP	3371	4.4794	0.5896	1.0000	5.5562
	open	贸易额/GDP	3371	4.0212	0.3969	− 1.3945	5.3955
制度质量	voice	民众话语权	3371	0.8001	0.3958	− 0.2656	1.3059
	stable	政治稳定性	3371	0.7534	0.3475	− 3.6528	1.4501
	effi	政府效率	3371	1.0803	0.1213	0.1565	1.4509
	regu	监管质量	3371	1.0092	0.1277	− 0.2112	1.3995
	law	法制水平	3371	0.9849	0.1345	0.1282	1.2777
	corrupt	控制腐败能力	3371	0.9316	0.1164	0.2899	1.3635

注：为方便表述，后文变量名称统一用英文表示，不再重复说明。

第四节 实证检验

一、基准检验

(一) 基于基础回归的检验

为检验"一带一路"沿线国家 PPP 项目发起政府级别对私人部门投资额的影响，本节首先对式（5.1）所示的模型做基础回归，具体结果如表 5 - 2 所示。表 5 - 2 所示的 5 个模型中，模型（1）未加入任何控制变量，也未控制任何固定效应；模型（2）中加入了相关控制变量，未控制任何固定效应；模型（3）中加入了相关控制变量，控制了时间固定效应；考虑到项目周期原始数据缺失较多导致回归结果中较被剔除样本也较多，因而模型（4）中加入了除项目周期之外的控制变量，并控制了时间和 PPP 项目所在国家的固定效应；模型（5）中加入了所有控制变量，同时控制了时间和 PPP 项目所在国家固定效应。

表 5 - 2 基础模型回归结果

变量	(1)	(2)	(3)	(4)	(5)
	lninvest	lninvest	lninvest	lninvest	lninvest
grade	0.6639 *** (6.5009)	0.9551 *** (8.7715)	0.8306 *** (7.8753)	0.8353 *** (9.2116)	0.9953 *** (10.5973)
multi		0.6104 ** (2.5113)	0.6028 *** (3.2584)	0.6890 *** (4.6990)	0.5806 *** (3.1768)
risk		-0.0001 (-0.0026)	0.0131 (0.4230)	0.0303 * (1.6944)	0.0340 (1.2002)
revenue		0.0747 (1.6758)	0.2426 *** (3.3451)	0.1726 *** (2.9448)	0.2274 *** (3.2003)
govgua		-0.0986 (-0.5983)	-0.0818 (-0.7219)	-0.1187 (-0.7868)	-0.1208 (-1.0771)
period		0.0109 (0.7326)	0.0122 (0.9980)		0.0083 (0.6672)
pergdp		0.5316 *** (3.3110)	0.2415 (1.4631)	1.2707 *** (4.1862)	0.9015 ** (2.0545)
grogdp		0.1187 (0.7854)	0.1511 (1.0198)	0.0492 (0.4715)	0.1097 (1.0119)
liability		-0.0453 (-0.2249)	0.0294 (0.1565)	-0.3651 (-0.9960)	-0.2766 (-0.7696)
inflation		0.0329 (0.6075)	-0.0360 (-0.4090)	0.0018 (0.0248)	-0.0936 (-1.3423)
financial		0.2876 (0.9628)	0.0734 (0.2554)	1.1524 ** (2.4371)	1.1625 ** (2.3395)
stable		-0.1787 (-0.7260)	-0.1491 (-0.7212)	-0.1972 (-0.7347)	-0.1200 (-0.5422)
voice		0.9874 ** (2.1085)	0.4391 (0.9563)	0.5784 (0.5255)	0.2273 (0.2059)
effi		3.2221 *** (2.9149)	2.6754 *** (3.1347)	-0.2854 (-0.1650)	-0.6204 (-0.3781)

续表

变量	(1) lninvest	(2) lninvest	(3) lninvest	(4) lninvest	(5) lninvest
regu		−2.1177** (−2.3258)	−1.0092 (−1.1112)	0.1985 (0.1392)	−0.1198 (−0.0866)
law		−0.5301 (−0.3685)	−0.1230 (−0.0969)	−0.8069 (−0.4796)	−0.6767 (−0.4264)
corrupt		−2.3763* (−1.7625)	−2.6161* (−1.8988)	1.9907 (1.4656)	0.2832 (0.1984)
常数项	2.6616*** (19.2149)	−3.3875 (−1.6463)	−1.1615 (−0.7728)	−13.0863*** (−4.0347)	−9.0850*** (−2.8564)
时间固定效应	否	否	是	是	是
国家固定效应	否	否	否	是	是
R^2	0.1253	0.2836	0.3344	0.3256	0.3893
N	3371	1997	1997	3326	1997

注：括号内为 t 值；*** 表示在 1% 以内显著，** 表示在 5% 以内显著，* 表示在 10% 以内显著；以上各结果均采用聚类到国家层面的稳健标准误。

　　由表 5 - 2 所示的回归结果可以看出，核心解释变量"一带一路"沿线国家 PPP 项目发起政府级别对私人部门投资额影响的系数均为正且在 1% 的水平上显著，这说明模型有着很好的稳健性。从经济含义来看，模型（4）（5）中政府级别的系数分别为 0.8353 和 0.9953，根据半对数模型的含义，这表明政府级别每提高 1 级能够引起私人部门投资额增加 83.53% 和 99.53%，这显然要远高于政府担保使中低收入国家 PPP 项目中私人部门投资额高出 29.6% 的测度结果（沈言言、刘小川，2019），说明"一带一路"沿线国家更高级别政府所发起的 PPP 项目更能吸引私人部门的投资额，也说明高级别政府发起 PPP 项目成为撬动私人部门参与的可能方式。总之，"一带一路"沿线国家 PPP 项目中发起政府级别对私人部门投资额的影响不仅具有统计显著性，其经济显著性同样十分可观，因而本章的研究假说 1 得到了验证。

　　从各控制变量来看，表 5 - 2 中控制了时间和国家层面固定效应的结果（4）（5）一致表明：第一，衡量 PPP 项目属性的变量中，多边金融机构支持对私人部门投资额的影响在 1% 的水平上显著，这可能与多边金融机构背后的多边力量具有较强的影响力进而督促相关机构保障 PPP 项目顺利推进相关（罗煜、王芳，2017）；另外，收益来源对私人部门投资额的影响也在 1% 的水平上显著为正，这说明 PPP 项目中私人部门对使用者付费的偏好，也说明政府部门与私人部门之间在具体 PPP 项目中可能存在的目标不一致性（龚强、张一林，2019）。第二，衡量经济金融环境的变量中，人均 GDP 和金融发展水平对 PPP 项目中私人部门投资额均有显著正向影响，并且该影响至少在 5% 的水平上显著，这说明经济金融发展水平较高的经济体对私人部门投资额有更大的吸引力。

（二）基于 PSM 样本的检验

本书运用 PSM 方法检验“一带一路”沿线国家 PPP 项目发起政府级别对私人部门投资额的影响是否严格符合“差序信任”的逻辑，基本思路如下：第一，对样本进行分组。结合 PSM 模型中 Logit 模型估计的要求，按如下步骤对样本做进一步分组以构造更高级别政府与更低级别政府：①联邦/中央政府（fgrade = 1）、州/省级及地方政府（fgrade = 0）；②联邦/中央政府（fpgrade = 1）、州/省级政府（fpgrade = 0），删除地方政府的样本；③州/省级政府（plgrade = 1）、地方政府（plgrade = 0），删除联邦/中央政府的样本；④联邦/中央政府（flgrade = 1）、地方政府（flgrade = 0），删除州/省级政府的样本。第二，构造处理组与控制组。在上述分组的基础上，以更高级别政府发起的 PPP 项目（四组中取值为 1 的样本）为处理组，以更低级别政府所发起的 PPP 项目（四组中取值为 0 的样本）为控制组。第三，进行样本匹配。用 Logit 模型估计处理组的倾向得分值（Propensity Score，PS），随后根据 PS 值并运用最近邻有放回匹配方法将处理组与对照组进行匹配；同时，为了在倾向得分匹配时得到一个理想的标准误，本书采用靴靽（bootstrap）的方法对样本进行重复抽样 500 次。第四，固定效应模型估计。对经倾向得分匹配之后的样本，可进一步结合式（5.2）来检验“一带一路”沿线国家 PPP 项目发起政府级别对私人部门投资额的影响，具体结果如表 5 - 3 所示。考虑到项目周期（period）变量所缺失的数据较多，直接用于回归可能导致较多样本被剔除进而影响估计结果，因而表 5 - 3 中模型（1）（3）（5）（7）中未加入该变量、模型（2）（4）（6）（8）中均加入了该变量。

表 5 – 3　　　　　　　　　　　基于 PSM 样本的检验结果

变量	(1)	(2)	(3)	(4)	(5)	(6)	(7)	(8)
	lninvest	lninvest	lninvest	lninvest	lninvest	lninvest	lninvest	lninvest
fgrade	0.9041*** (9.3462)	0.9041*** (9.3462)						
fpgrade			0.6508*** (6.9965)	0.6510*** (6.9583)				
plgrade					1.3395*** (6.7795)	1.3395*** (6.7795)		
flgrade							1.6850*** (9.3980)	1.6850*** (9.3980)
控制变量	是	是	是	是	是	是	是	是
时间固定 效应	是	是	是	是	是	是	是	是
国家固定 效应	是	是	是	是	是	是	是	是
R^2	0.3015	0.3015	0.2576	0.2534	0.3176	0.3176	0.3861	0.3861
N	3326	3326	2097	2102	1865	1865	2685	2685

注：括号内为 t 值；*** 表示在 1% 以内显著，** 表示在 5% 以内显著，* 表示在 10% 以内显著；以上各结果均采用聚类到国家层面的稳健标准误。

　　根据表 5 – 3 所示的 8 个估计结果，可以得出以下结论：第一，从统计显著性来看，8 个模型的核心解释变量均表征是否为高级别政府所发起的 PPP 项目，而这 8 个模型的回归系数均为正且在 1% 的水平上显著，这说明高级别政府所发起的 PPP 项目更有助于撬动私人部门的投资额。第二，从经济显著性来看，8 个模型的估计结果表明，"一带一路"沿线国家更高级别政府发起的 PPP 项目能够撬动的私人部门投资额比更低级别政府要高出 91.71% ~ 439.25%[①]，远高于政府担保使中低收入国家 PPP 项目中私人部门投资额高出 29.6% 的测度结果（沈言言、刘小川，2019）。

————————

　　① 根据 logit 模型的含义，此处经济含义的具体计算方法为：$[(e^{0.6508} - 1) \times 100\%] = 91.71\%$，$[(e^{1.6850} - 1) \times 100\%] = 439.25\%$。

第三，模型（1）（2）表明中央/联邦政府较之州/省级及地方政府更能撬动私人部门的投资，而模型（7）（8）表明中央/联邦政府较之地方政府更能撬动私人部门的投资；特别地，模型（3）（4）表明中央/联邦政府较之州/省级政府更能撬动私人部门的投资，而模型（5）（6）表明州/省级政府较之地方政府更能撬动私人部门的投资，按照大小比较的"可传递性"原则，说明政府级别与其所能撬动私人部门投资额之间的严格对应关系，也在一定程度上证明了本书所提出的"差序信任"的作用。总体来看，"一带一路"沿线国家更高级别政府所发起的 PPP 项目对私人部门投资额的影响不仅具有统计显著性，其经济显著性同样十分可观，因而假说 1 得到了验证。

二、稳健性检验

（一）考虑不同情形下的稳健性检验

1. 剔除获得政府补贴的样本

作为 PPP 项目重要参与主体的政府，除了牵头发起具体 PPP 项目之外，政府部门为了吸引更多私人部门的投资，往往会采取一定的政府担保措施。考虑到可能是政府担保而非 PPP 项目发起政府级别影响私人部门的投资额，进而可能对我们的研究结论产生影响。有鉴于此，本书对获得政府担保（govgua = 1）的 1106 个项目予以剔除，运用基础回归方法对剩余的 2265 个样本进行检验，具体结果如表 5 - 4 中模型（1）所示。

2. 私人部门投资额的替代变量

根据世界银行 PPI 数据库的定义①，本书所使用的私人部门投资额由私人部门对实物资产的投资额（Investment in Physical Assets）以及私人部门为获得项目开发权向政府支付的特许权费（Fees to the Government）两部分组成。从实际数据来看，私人部门对实物资产的投资额主要反映了具体基础设施建设 PPP 项目的资金需求，该额度也远高于向政府所支付的特许权费。考虑到私人部门投资时更多关注对实物资产的投资额，因此本书进一步用私人部门对实物资产的投资额作为私人部门投资额的替代指标，并运用基础回归方法进行检验，具体结果如表 5 - 4 中模型（2）所示。

---

① 世界银行 PPI 数据库 [DB/OL]. https：//ppi. worldbank. org/en/methodology/glossary#letterP.

3. 剔除金融危机的影响

基准检验的样本时间范围为 1998～2017 年，期间正好涵盖了 2008 年的全球性金融危机。金融危机不仅会导致投资环境恶化、投资机会减少、投资风险水平提高，进而使得私人部门的投资更加谨慎；还可能因市场不稳定，银行部门为规避风险而减少信贷供给，进而影响了私人部门的投资额。有鉴于此，本章分别对 2008 年之前的样本和 2008 年之后的样本进行回归，具体结果如表 5－4 中的模型（3）（4）所示。

4. 控制不同层面的固定效应

根据 PPP 项目所在地区的不同，世界银行 PPI 数据库将"一带一路"沿线国家又进一步区分为东亚和太平洋地区、欧洲和中亚地区、中东和北非地区、撒哈拉以南非洲地区；根据 PPP 项目所属部门的不同，世界银行 PPI 数据库又将这些项目又区分为能源、信息与通信技术、交通、给排水、市政垃圾处理。前文的基准检验主要控制了 PPP 项目财务公告日所在年份和所在国家的固定效应，此处将在控制时间固定效应的基础上，进一步控制 PPP 项目所在地区层面和所属部门层面的固定效应，具体结果如表 5－4 中的模型（5）（6）所示。

表 5－4　　　　　　　　　不同情形下的稳健性检验结果

变量	（1）实物投资	（2）剔除政府担保	（3）金融危机之前	（4）金融危机之后	（5）部门固定效应	（6）地区固定效应
grade	0.8868 *** (7.6794)	0.5918 *** (7.7372)	0.9963 *** (3.3728)	0.7430 *** (9.2822)	0.5649 *** (5.8164)	0.8353 *** (9.2596)
控制变量	是	是	是	是	是	是
时间固定效应	是	是	是	是	是	是
国家固定效应	是	是	是	是	否	否
部门固定效应	是	是	是	是	是	否
地区固定效应	是	是	是	是	否	是
R^2	0.3586	0.2987	0.3845	0.2975	0.3558	0.3255
N	2228	3223	1120	2190	3324	3324

注：括号内为 t 值；*** 表示在 1% 以内显著，** 表示在 5% 以内显著，* 表示在 10% 以内显著；由于项目周期（period）有较多缺失值，因此六个结果的控制变量中均不包含该变量。

表 5-4 所示的四种不同情形下的六个模型一致表明，在 1% 的显著性水平上，"一带一路"沿线国家 PPP 项目发起政府级别对私人部门的投资额有显著正向影响，从而与前文基于基础回归的检验结果相同。另外，上述六个模型的经济含义为，"一带一路"沿线国家 PPP 项目发起政府级别每提高 1 级，将引起私人部门的投资额增加 56.49% ~ 99.63%。因此，考虑不同情形下的稳健性检验结果也说明本章的假说 1 得到了验证。

（二）使用不同匹配方法下的稳健性检验

前文基于 PSM 样本的检验中，均采用了靴鞋（bootstrap）最近邻有放回匹配方法进行了倾向得分匹配，此处拟使用与前文相同的方法进行样本分组并构建处理组、控制组，运用重复抽样 500 次的靴鞋方法分别进行核匹配和样条匹配，并基于匹配结果构建固定效应模型来检验"一带一路"沿线国家 PPP 项目发起政府级别对私人部门投资额的影响，具体结果如表 5-5 所示。

表 5-5　　　　　　　　不同匹配方法下的稳健性检验结果

变量	(1)	(2)	(3)	(4)	(5)	(6)	(7)	(8)
	核匹配	样条匹配	核匹配	样条匹配	核匹配	样条匹配	核匹配	样条匹配
fgrade	0.9055 *** (9.2360)	1.1372 *** (14.1136)						
fpgrade			0.6524 *** (7.1478)	0.9131 *** (10.6777)				
plgrade					1.3336 *** (6.6114)	1.2544 *** (5.0462)		
flgrade							1.6995 *** (9.7171)	1.9286 *** (12.8090)
控制变量	是	是	是	是	是	是	是	是
时间固定效应	是	是	是	是	是	是	是	是
国家固定效应	是	是	是	是	是	是	是	是
R^2	0.3010	0.3580	0.2550	0.2642	0.3167	0.3184	0.3847	0.4535
N	3302	1973	2097	1224	1862	1160	2608	1525

注：括号内为 t 值；*** 表示在 1% 以内显著，** 表示在 5% 以内显著，* 表示在 10% 以内显著；由于项目周期（period）有较多缺失值，因此八个结果的控制变量中均不包含该变量。

表 5 - 5 中，8 个模型一致表明，"一带一路"沿线国家更高级别政府所发起的 PPP 项目对私人部门投资额具有正向影响，并且该影响均在 1% 的水平上统计显著。另外，8 个模型表明，"一带一路"沿线国家更高级别政府发起的 PPP 项目能够撬动的私人部门投资额比较低级别政府要高出 92.01% ~ 587.99%[①]，从而说明经济显著性也十分可观。再者，模型（5）~ 模型（8）表明政府级别与其所能撬动私人部门投资额之间的对应关系，也在一定程度上证明了本章所提出的"差序信任"的作用。总体来看，"一带一路"沿线国家更高级别政府所发起的 PPP 项目对私人部门投资额的影响不仅具有统计显著性，其经济显著性同样十分可观，因而本章的研究假说 1 得到了验证。

三、机制检验

基准检验和稳健性检验均表明："一带一路"沿线国家 PPP 项目发起政府级别对私人部门投资额具有显著正向影响，那么该影响的中间机制究竟如何呢？本章进一步根据式（5.4）~ 式（5.6）所示的中介效应模型来识别该机制，具体检验结果如表 5 - 6 所示。具体地说，表 5 - 6 中的模型（1）是基于式（5.4）的检验结果，模型（2）（4）（6）是基于式（5.5）的检验结果，模型（3）（5）（7）是基于式（5.6）的检验结果；另外，模型（2）（3）用于检验债务融资获得是否为中间机制（即假说 2a），模型（4）（5）用于检验股权融资获得是否为中间机制（即假说 2b），模型（6）（7）用于检验风险选择是否为中间机制（即假说 2c）。需要说明的是，由于项目周期有较多缺失值，该部分又以风险选择为中介变量，因此表 5 - 6 中 7 个模型的控制变量中均不包含这两个变量。

表 5 - 6　　　　　　　　　　中间机制检验结果

变量	(1)	(2)	(3)	(4)	(5)	(6)	(7)
	lninvest	lntdebt	lninvest	lnequity	lninvest	risk	lninvest
grade	0.8417 *** (0.0959)	0.5121 *** (0.0763)	0.0003 (0.0565)	0.1829 ** (0.0674)	0.3992 *** (0.0585)	0.8828 (0.5607)	0.5174 *** (0.0903)

① 根据 logit 模型的含义，此处经济含义的具体计算方法为：$[(e^{0.6524} - 1) \times 100\%] = 92.01\%$，$[(e^{1.9286} - 1) \times 100\%] = 587.99\%$。

续表

变量	(1)	(2)	(3)	(4)	(5)	(6)	(7)
	lninvest	lntdebt	lninvest	lnequity	lninvest	risk	lninvest
lntdebt			0.9872 *** (0.0068)				
lnequity				0.5289 *** (0.0782)			
risk							0.0645 ** (0.0314)
控制变量	是	是	是	是	是	是	是
时间固定效应	是	是	是	是	是	是	是
国家固定效应	是	是	是	是	是	是	是
R^2	0.3257	0.3193	0.9404	0.4656	0.5411	0.2905	0.3591
N	3326	613	613	974	974	3246	3244
Sobel 检验	—	—		—		Z = 1.2496 > 0.97	
是否存在中介效应	—	是		是		是	
中介效应大小	—	0.8414		0.4425		0.3243	
中介效应/总效应	—	60.06%		11.49%		6.77%	

注：为了便于进行 sobel 检验，括号为标准差；*** 表示在1% 以内显著，** 表示在5% 以内显著，* 表示在10% 以内显著。

　　如表 5 - 6 所示的中间机制检验结果，按照"中介效应"模型的基本逻辑，模型（1）中"一带一路"沿线国家 PPP 项目发起政府级别的估计系数为 0.8417，并且通过 1% 的显著性检验，这说明不存在"遮掩效应"并可能存在"中介效应"，可进一步检验该政府级别通过何种中间机制来影响私人部门的投资额。

　　根据表 5 - 6 中模型（2）（3）的结果，由于模型（2）中政府级别的系数及模型（3）中债务融资获得的系数均在 1% 水平上显著，按照中介效应的基本逻辑，这说明必然存在中介效应。另外，模型（3）中政府级别的估计系数未通过显著性检验，这说明存在"完全中介效应"，即"一带一路"沿线国家 PPP 项目发起政府级别要影响私人部门的投资额，必然要经过中介变量债务融资获得才能起作用。由此可以得出结论，"政府级别→债务融资获得→私人部门投资额"的传导路径成立，意味着债务融资获得确实对 PPP 项目中私人部门投资额存在中介效应，而假说 2a 得到了验证。

根据表 5-6 中模型（4）（5）的检验结果，模型（4）中政府级别的系数及模型（5）中股权融资获得的系数均至少在 5% 的水平上显著，这也说明必然存在中介效应。另外，模型（5）中政府级别的系数在 1% 的水平上显著，这说明存在"部分中介效应"，即政府级别要影响私人部门投资额有一部分要经过中介变量股权融资获得才能起作用。由此可以得出结论，"政府级别→股权融资获得→私人部门投资额"的传导路径成立，这意味着股权融资对 PPP 项目中私人部门投资额存在中介效应，而假说 2b 也得到验证。

根据表 5-6 中模型（6）（7）的检验结果，可按照以下步骤来判断风险选择是否为中间机制：第一，模型（6）中政府级别的系数未通过显著性检验，而模型（7）中风险选择的系数在 5% 的水平上显著，按照中介效应的基本逻辑，还需进行 sobel 检验。第二，此处 sobel 检验的统计量为 1.2496，大于 5% 显著水平上 0.97 的临界值标准，因此存在中介效应。第三，模型（7）中政府级别也在 1% 的水平上显著，这说明存在"部分中介效应"，即政府级别要影响 PPP 项目中私人部门的投资额，有一部分是通过中介变量风险选择起作用。由此可以得出结论，"政府级别→风险选择→私人部门投资额"的传导路径成立，亦即风险选择对 PPP 项目中私人部门投资额存在中介效应，而假说 2c 得到验证。

总体来看，基于中介效应的计量检验清晰揭示出，债务融资获得、股权融资获得和风险选择均是"一带一路"沿线国家 PPP 项目中政府级别影响私人部门投资额的中间机制，这三个中介效应大小的顺序也依次为债务融资获得、股权融资获得、风险选择，而前两者主要影响了私人部门的"逐利能力"，后者则影响了私人部门的"逐利意愿"，并最终影响了"一带一路"沿线国家 PPP 项目中私人部门"逐利目标"的实现和私人部门的投资额，而本章的假说 2a、2b 和 2c 均得到验证。

第五节　结论与政策建议

本章针对"一带一路"建设中私人部门参与 PPP 项目积极性不足以

及外界对"一带一路"框架下高级别政府间沟通的质疑，基于对 PPP 项目发起政府级别中"差序信任"和"贴近市场"相关文献的梳理，论证了"一带一路"沿线国家 PPP 项目发起政府级别影响私人部门投资额的总体效应。同时，从私人部门"逐利性目标"切入，从"逐利意愿"和"逐利能力"两方面，从债务融资获得、股权融资获得和风险承担三个维度，梳理了"一带一路"沿线国家 PPP 项目发起政府级别影响私人部门投资额的中间机制。在此基础上，结合 1998～2017 年 45 个"一带一路"沿线国家 3371 个 PPP 项目的数据，采用基础回归和倾向得分匹配模型检验了"一带一路"沿线国家政府级别对私人部门投资额影响的"总体效应"。随后，在对总体效应检验结果作稳健性检验的基础上，运用中介效应模型检验了"一带一路"沿线国家 PPP 项目发起政府级别影响私人部门投资额的中间机制。研究发现，"一带一路"沿线国家 PPP 项目发起政府级别对私人部门投资额的影响符合"差序信任"的理论预期，即更高级别政府所发起的 PPP 项目更能吸引私人部门的投资。经考虑不同情形和使用不同方法的稳健性检验，该总体效应依然成立。另外，多边金融机构支持、PPP 项目收益来源、PPP 项目所在国的人均 GDP 和金融发展水平等控制变量，也对"一带一路"沿线国家 PPP 项目中私人部门的投资额有着正向作用。进一步的，中介效应模型的检验结果揭示，债务融资获得、股权融资获得和风险承担，均在"一带一路"沿线国家 PPP 项目发起政府级别影响私人部门投资额中发挥了中介作用。从这些研究结论中可得到以下启示。

第一，中国"走出去"企业的"选址"。考虑到中国目前有大量的企业正在"一带一路"框架下积极"走出去"，但国内开展 PPP 的时间还不长、经验还比较有限，因而"走出去"企业的"选址"便显得尤为关键。根据以上的研究结论，更高级别政府所发起 PPP 项目更容易获得其他债务融资与股权投资的支持，而为具体 PPP 项目提供资金支持的机构与部门一般会视情况追加后续投资（张禄、石磊，2017），因而高级别政府同样为具体 PPP 项目未来资金的获得提供了一定保障，因此，中国"走出去"企业在投资"一带一路"沿线国家的 PPP 项目时，具体 PPP 项目是否由更高级别政府发起应该是重要参考指标之一。另外，根据本章控制变量的检验结果，多边金融机构的参与和倾向于私人付费的收益来源方式能够更好吸引私人部门的投资，因此，这两方面也理应成为中国"走出去"企业是否参与"一带一路"沿线国家具体 PPP 项目及 PPP 项目合同拟订时的重要参考标准。同样，根据控制变量的检验结果，人均 GDP 和金融发展水平也正向作用于"一带一路"沿线国家 PPP 项目的投资额，因而也应成为中国"走出去"企业参与具体 PPP 项目的重要参考指标。

第二，继续加强高层政策沟通。政策沟通是共建"一带一路"倡议的重要保障，甚至共建"一带一路"倡议在改善沿线国家居民福祉方面取得显著进展之后，相关层面依然对此提出了质疑。本章来自沿线国家 PPP 项目层面的经验证据表明，高级别政府所发起的 PPP 项目更能吸引私人部门的投资额，这在一定程度上印证了中国中央政府牵头与沿线国家广范围、多领域的政策沟通，符合市场化原则和经济规律，对缓解共建"一带一路"倡议的资金瓶颈、提升沿线国家公共服务的效率和改善沿线国家居民的福祉具有重要作用，而相关方面的质疑也得不到经验证据的支持。不过，考虑到在国际政治经济关系复杂、沿线国家风险因素多元等因素，"杂音"和不实舆论不仅能够混淆视听，还可能影响共建"一带一路"倡议的进程和中国"走出去"企业的投资成效。有鉴于此，一方面，要继续加强中国与沿线国家高级别政府之间的对接与交流，以有效的政策沟通继续为资金瓶颈的解决和共建"一带一路"倡议的推进提供保障；另一方面，要在深入推进"一带一路"倡议的进程中，重点解决引发"问题投资"的内外因素，着力打造一批"精品示范"项目，有效减少相关方面的不实舆论。

第三，构建多主体协同支持机制。本书的实证检验支持了"差序信任"在"一带一路"沿线国家 PPP 项目中的重要作用，但从理论层面来看，地方政府因"贴近市场"，从而所发起的 PPP 项目在契合居民需要和建设成本等方面均有着明显优势。有鉴于此，建议从沿线国家和中国"走出去"企业两方面入手来构建多主体协同支持具体 PPP 项目的机制。在沿线国家层面，由于沿线国家的地方政府、金融机构、项目公司等具有贴近市场的信息优势，而多边金融机构具有实力雄厚、经验丰富、抵御风险能力较强的优势，因此，适当邀请当地机构和多边金融机构等主体共同支持具体 PPP 项目，能够更好整合资金与信息优势，也有利于带动沿线国家规范 PPP 项目的运行规则和市场化水平的提高，还有利于减少中国输出"债务危机"的不实舆论。在中国"走出去"企业层面，合理引导抗风险能力较强的国有企业先行投资，引导非国有企业在风险较小的沿线国家投资；引导金融企业和非金融企业合理搭配，以在发挥分工与专业化优势的同时有效分散风险；引导已进入企业在沿线国家适当扩大投资规模，引导"拟进入企业"审慎参与对沿线国家的投资，避免脱离市场经济原则的"四面出击"。

第六章

多边金融机构对 PPP 项目中
私人部门投资额的影响

第一节　引　言

2015 年 3 月，国务院授权发布的《推动共建丝绸之路经济带和 21 世纪海上丝绸之路的愿景与行动》中，明确提出以交通、能源、通信等为重点的基础设施互联互通是"一带一路"建设的优先领域。从资金供给来看，基础设施建设资金的传统来源主要是财政收入，但"一带一路"沿线主要是发展中或新兴经济体，其有限的内部金融资源和市场经济发育程度，显然难以满足大规模基础设施建设的资金和经营管理能力需求（肖钢，2019）；另外，亚洲开发银行（2017）的研究也指出，"一带一路"沿线大规模的基础设施投资，长此以往可能影响中国的经济增长。在此背景下，创新融资渠道、引入新型投资主体，不能不是当务之急。

从 20 世纪 80 年代开始探索实施的政府与社会资本合作（Public – Private Partnership，PPP），是目前公认并广泛使用的缓解财政压力、解决基础设施融资难题的有效途径，也是促进公共服务领域效率提升和协同创新的可行方式（贾康，2017）。习近平主席在 2017 年首届"一带一路"国际合作高峰论坛开幕式上的演讲中也明确提出，在"一带一路"建设中，推广政府和社会资本合作。不过，基础设施建设所需资金往往具有规模巨大、使用周期长等特征，而私人部门又以"逐利"为核心目标，那么私人部门参与 PPP 项目的积极性便可以预期（龚强、张一林，2019）。从实际情况来看，世界银行私人部门参与基础设施建设（PPI）数据库的相关数据表明："一带一路"倡议提出之前的六年（2007～2012 年），共有 36 个沿线国家的 1636 个 PPP 项目完成融资方案，投资金额达到 3856 亿美元（2017 年实际价格）；"一带一路"倡议提出之后的六年（2013～2018 年），共有 36 个沿线国家的 1093 个 PPP 项目完成融资方案，投资金额为 3450 亿美元（2017 年实际价格）。可以看出，无论是项目数量还是投资金额，均无法得出"一带一路"倡议带动沿线经济体 PPP 模式发展的结论，那么如何撬动"一带一路"沿线国家的私人部门参与 PPP 项目，便成为关乎沿线国家居民福祉、中国在沿线国家投资成效和共建"一带一路"倡议目标实现的重要理论与现实问题。

基于上述"一带一路"沿线国家基础设施建设资金瓶颈和私人部门参与 PPP 项目积极性有限的现实背景，本章聚焦多边金融机构对私人部门 PPP 项目投资的影响，并尝试回答以下问题：第一，多边金融机构参与能否调动私人部门参与 PPP 项目的积极性？第二，多边金融机构影响 PPP 项目中私人部门投资额的中间机制如何？关注并解答这些问题的理论与实际应用价值在于：第一，直接针对"一带一路"建设中的资金瓶颈，有助于为撬动私人部门支持"一带一路"建设提供现实依据。第二，提出并检验了"多边金融机构支持→债务融资获得＋股权融资获得＋风险选择→私人部门 PPP 项目参与"的作用机制，有助于打开目前研究中多边金融机构影响私人部门 PPP 项目投资额作用机制的"黑箱"。第三，中国有大量企业正在"一带一路"框架下积极"走出去"，但中国国内开展 PPP 的时间还不长、经验还比较有限，因而需要专门探究沿线国家 PPP 项目中私人部门投资额的影响因素与机制，进而为中国"走出去"企业的"选址"和"趋利避害"提供有益借鉴。第四，为促进亚洲地区基础设施的互联互通，中国倡导成立了"亚投行"，但一些国家对此提出了一定质疑（罗煜、王芳，2017），因而探究多边金融机构在"一带一路"沿线 PPP 模式中的作用与机制，能够在回应这些质疑的同时从理论层面佐证"亚投行"成立的现实必要性。

第二节 文献回顾及研究假说

一、文献回顾

根据研究主题，重点从"一带一路"倡议与 PPP 模式、私人部门参与 PPP 项目的影响因素两方面来梳理相关文献。

（一）"一带一路"倡议与 PPP 模式的相关研究

根据研究方法不同，可将该主题下的相关研究区分为规范研究与实证研究两类。在规范研究方面，肖钢（2019）认为，"一带一路"沿线国家基础设施建设中所面临的问题主要有：资金需求巨大、资金供给不足和沿线国家整体风险水平高等，从而在投融资新体系建设中要大力推广 PPP 模式以提高经济效率和时间效率；何杨、陈宇（2017）比较了印度尼西亚等六个"一带一路"沿线国家鼓励 PPP 模式的政策；另外，还有部分研究基于对国内外 PPP 案例的分析，梳理出了"一带一路"倡议下 PPP 模式所面临的政治风险、低效率风险、违背公益性风险等多元化风险（王树文，2016；胡忆楠、丁一兵，2019）。在实证研究方面，时秀梅、孙梁（2017）梳理了可能影响私人部门参与 PPP 项目的五方面因素（包括 27 个具体指标），并基于"一带一路"沿线国家 194 个 PPP 项目的样本进行了实证检验；罗煜、王芳（2017）基于"一带一路"沿线 46 国 PPP 项目的经验数据，实证检验了制度质量和国际金融机构通过影响风险结构进而影响 PPP 项目成效的机制；刘浩、陈世金等（2018）基于"一带一路"沿线国家 3466 个 PPP 项目的经验数据，实证检验了影响项目成效和私人部门风险承担的因素；邓忠奇、陈甬军（2018）基于"一带一路"沿线国家电力行业的 PPP 项目数据，检验了"融资约束效应""知识转移效应"对私人部门 PPP 项目参与的影响。总体来看，相关研究认识到了"一带一路"建设中使用和推广 PPP 模式的重要意义，但相对缺乏对"一带一路"沿线国家私人部门参与 PPP 项目积极性不足关键问题的关注，也比较缺乏对多边金融机构影响私人部门参与 PPP 项目总体效应与机理的实证检验。

（二）私人部门参与 PPP 项目影响因素的相关研究

根据所关注的具体因素不同，该主题下相关研究可分为以下几类：第一，PPP 项目的内部属性。相关研究发现，PPP 项目的风险结构、项目周期、投资金额、私人投资者的数量等，均可能影响私人部门参与 PPP 项目的积极性与成效（Lopes & Caetano, 2015；Chung & Hensher, 2018）。第二，制度质量。相关研究通过实证检验发现，包括政治稳定性、法治水平、政府效率、民主程度甚至宗教文化等因素，对私人部门的参与有着显著影响（Panayides & Parola, 2015；郑子龙, 2017；Biygautane & Nee-sham, 2019）。第三, 宏观经济。部分研究认为, 高开放程度、广阔的市场规模和稳定的宏观经济等, 有利于促进私人部门参与 PPP 项目（Yehoue & Hammami, 2006；Xiao & Lam, 2019）。第四, 政府担保。Wibowo & Kochendoerfer（2012）的研究发现, 政府担保通过影响 PPP 项目的风险进而影响私人部门的参与；沈言言、刘小川（2019）的实证检验表明, 政府担保通过促进私人部门获得债务融资进而促进私人部门参与 PPP 项目。第五, 多边金融机构。相关研究认为, 多边金融机构通过影响私人部门所参与 PPP 项目的风险, 进而促进私人部门的参与（Galilea & Medda, 2010；罗煜、王芳, 2017）。总体来看, 上述研究从 PPP 项目属性、制度质量、宏观经济等方面为本书实证检验控制变量的设计提供了有益借鉴, 也分别提出私人部门债务融资获得和风险承担可能是影响私人部门参与 PPP 项目的中间机制, 但未将两者纳入同一框架, 也未进行严格的"中介效应"检验, 多边金融机构对私人部门 PPP 项目参与的影响机制也一直处于"黑箱"之中, 这也为笔者的研究留下了空间。

综上, 本书针对"一带一路"建设中私人部门参与 PPP 项目积极性不足的现实问题, 拟基于世界银行私人部门参与基础设施建设（PPI）数据库 PPP 项目层面的数据, 并对接世界银行世界发展指标（WDI）数据库、全球政府治理（WGI）数据库的相关数据, 评估多边金融机构对私人部门参与 PPP 项目的总体影响, 检验多边金融机构对私人部门参与 PPP 项目的中间机制, 进而尝试揭开多边金融机构影响私人部门 PPP 项目参与的"黑箱"。

二、研究假说

(一) 多边金融机构对私人部门参与 PPP 项目的总体效应

PPP 模式主要运用于基础设施建设投资领域, 但基础设施建设一般具有周期长、不确定因素多等特征, 并且难以用私人与政府部门双方均无争议且事后第三方（如法院等）易于验证的语言形成完全合约, 因而私人部门进入后可能面临政府出于提高公共福利目标"敲竹杠"的问题（龚强、张一林等, 2019）。另外, 政府部门一般是 PPP 项目的发起者, 为了吸引私人部门的投资, 可能在发布 PPP 项目招标公告时隐瞒有关项目的不利消息，而私人部门在决定是否参与项目之前不得不花费大量成本去搜寻有关信息（Chung & Hensher，2018）。再者，选择有经验的合作对象是私人部门在 PPP 投资决策时的优先关切，不过"一带一路"沿线国家主要是发展中或新兴经济体，PPP 模式在沿线大多数国家尚属于新鲜事物，相对缺乏运营和成功的历史经验可以借鉴，由此便造成私人部门难以预料参与PPP 项目的收益（沈言言、刘小川，2019）。不完全合约、高企的信息搜寻成本、准确预计 PPP 项目收益困难等多方面因素的共同制约，无疑会深刻影响到私人部门参与 PPP 项目的积极性。不过，在有多边金融机构参与的 PPP 项目中，由于多边金融机构汇集了多个国家的主权财富资金从而具有非政府组织性质，能够借助背后的多边力量与被投资国的政府进行谈判，能够以较强的影响力督促被投资国保障 PPP 项目的顺利推进（罗煜、王芳，2017）。另外，多边金融机构一般有着强大的信息收集能力、成熟的投资经验、有效的风险控制能力，而这些恰恰是私人部门的"短板"（肖钢，2019）。因此，多边金融机构参与和支持 PPP 项目，在一定程度上具有"信息传递"和"认证机制"，可以从总体上影响和带动私人部门参与 PPP 项目。基于这些认识，提出本章的假说 1：

假说 1：多边金融机构参与有助于提高"一带一路"沿线国家 PPP 项目中私人部门的投资额。

（二）多边金融机构影响私人部门参与 PPP 项目的中间机制

多边金融机构影响 PPP 项目中私人部门投资额的中间机制如何呢？本书尝试从多边金融机构在 PPP 项目中的具体业务与职能入手厘清该中间机制。根据世界银行 PPI 数据库的跟踪记录①，PPP 模式下多边金融结构主要开展股权投资、准股权投资、贷款、担保、风险管理、咨询服务等业务。对这些业务做进一步分类，可以梳理出以下多边金融机构影响私人部门参与 PPP 项目的可能机制。

第一，债务融资获得。叶芳（2017）发现，2011～2015 年 IDA 国家②有 33% 的 PPP 项目获得了多边金融机构的支持，其中有 37% 的融资金额来自多边开发银行，包括 63% 的贷款、33% 的担保和 4% 的辛迪加等。摩

---

① 世界银行 PPI 数据库网站［DB/OL］. https：//ppi. worldbank. org/en/methodology/glossary#letterM.

② IDA 国家是指有资格获得国际开发协会（International Development Association）支持的国家。

尔·露丝和西蒙·克尔（Moore Ruth & Simon Kerr，2014）也指出，多边金融机构能够为发展中国家基础设施建设提供以贷款、担保、补助等为直接形式的金融支持；更重要的是，多边金融机构为 PPP 项目提供金融支持有助于撬动其他资金提供者以辛迪加贷款、共同融资等方式参与该项目；另外，多边金融机构的参与有助于加强被投资国与区域及国际金融市场的联系，有助于开拓更为广阔的融资渠道。因此，多边金融机构所提供的贷款等业务提高了私人部门债务融资的可获得性，还通过广泛的"示范效应"和"溢出效应"带动其他类型的金融机构为私人部门提供债务融资。基于这些认识，本章提出假说 2a：

假说 2a：多边金融机构参与有助于提高"一带一路"共建国家 PPP 项目中的债务融资获得。

第二，股权融资获得。世界银行 PPI 数据库的跟踪记录表明，多边金融机构在"一带一路"沿线国家的 PPP 项目中还开展了一定比例的股权投资（Equity）和准股权投资（Quasi-equity），多边金融机构的参与还可通过开发盈利性项目、设计合适的金融产品、提高项目所在国的技术水平、提升项目所在国金融市场水平等途径增加具体 PPP 项目的权益资本，为其他投资主体以股权投资的方式参与 PPP 项目提供便利（Liu & Wang et. al.，2016）。另外，多边金融机构的股权投资往往使其具备相应的投后管理资格，加之多边金融机构相对成熟的 PPP 项目投资经验和强大的信息收集能力等，能够促使其将有限的资金投资于更具发展前景的项目上、有利于资金更合理的配置，这也将通过"示范效应"与"溢出效应"带动其他资金供给主体和私人部门以股权投资形式参与 PPP 项目（Biygautane & Neesham et. al.，2019）。基于这些认识，本章提出假说 2b：

假说 2b：多边金融机构参与有助于提高"一带一路"沿线国家 PPP 项目中的股权融资获得。

第三，风险承担。赵亚波等（2019）的研究认为，多边金融机构所提供的相关风险担保、信用担保等产品与服务，可以降低私人部门所面临的贷款和投资风险，进而有助于提升 PPP 项目中私人部门的风险承担意愿。达尔文·马塞洛和斯库勒·豪斯（Darwin Marcelo & Schuyler House，2016）的研究则指出，多边金融机构参与 PPP 模式，在微观层面可以提供高标准的项目设计、高透明度的运营监督、专业化的管理咨询等服务，在宏观层面推动发展中国家形成良好的投资氛围，而微观和宏观层面的共同作用则均有助于缓解和规避 PPP 项目中私人部门可能面临的风险，从总体上有助于促进私人部门参与 PPP 项目的"意愿"，也促进了私人部门选择更高风险水平的投资形式。基于这些认识，本章提出假说2c：

假说2c：多边金融机构参与能够促进私人部门在"一带一路"沿线国家 PPP 项目中选择更高的风险水平。

总体来看，正如经济学基本原理所阐述的"购买意愿"与"支付能力"共同形成有效需求一样，"逐利性"是私人部门参与 PPP 项目的重要行为逻辑（张雅璇、王竹泉，2019），而债务融资获得和股权融资获得影响了私人部门在 PPP 项目中的"逐利能力"，风险承担则主要影响了私人部门在 PPP 项目中的"逐利意愿"，"逐利意愿"与"逐利能力"则成为影响私人部门 PPP 项目中"逐利目标"实现的关键。基于这些认识，多边金融机构影响私人部门参与 PPP 项目的总体机制可以表示为图 6-1。

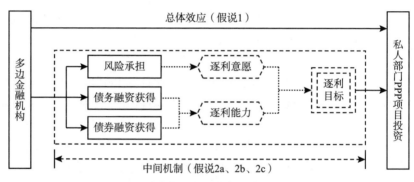

图 6-1　多边金融机构影响私人部门参与 PPP 项目的机理

第三节　研究设计

一、模型设定

（一）总体效应的检验

本研究拟探究多边金融机构对 PPP 项目中私人部门投资的影响，但需考虑以下问题：第一，PPP 项目能否获得多边金融机构的支持并不是随机发生的，还可能存在一些不可观测的因素同时影响 PPP 项目能否获得多边金融机构的支持和私人部门的投资，因此样本"自选择问题"可能导致模型估计结果的偏误。第二，可以观测到获得多边金融机构支持和私人部门投资的 PPP 项目，但无法观测到那些获得多边金融机构支持的 PPP 项目在未获得多边金融支持情形下的私人部门投资额，即存在"反事实缺失"问题；当缺少与实际情况相反的数据时，所用样本便会成为总体的一个非随机样本，进而导致估计偏误的产生。主要考虑到以上两方面问题，若直接使用传统的 OLS、工具变量法或 Heckman 两步法进行估计，可能在函数形式和误差项设计等方面存在诸多约束。有鉴于此，本书拟使用保罗·罗森鲍姆和唐纳德·鲁宾（1985）所提出的能够较好处理样本"自选择"所导致的估计偏误问题，而且在处理内生性问题时没有参数、函数形式、误差项分布等限制，也不需要解释变量外生等严格假定的倾向得分匹配（Propensity Score Matching，PSM）模型，来辨析 PPP 项目中多边金融机构与私人部门承诺投资额之间是否存在因果关系。具体而言，本书所建立的 PPP 项目中多边金融机构影响私人部门投资额的模型如式（6.1）所示：

$$\text{lninvest}_{it} = \alpha \cdot \text{multi}_{it} + \beta \cdot X_{it} + \varepsilon_{it} \tag{6.1}$$

式（6.1）中，i 表示第 i 个 PPP 项目，t 表示具体 PPP 项目融资方案完成的财务公告年份（Financial Closure Year），lninvest 表示 PPP 项目私人部门投资额的自然对数；multi 表示 PPP 项目是否获得多边金融机构的支持；X 为控制变量，是一组可能影响 PPP 项目中私人部门投资额的因素，本研究拟从 PPP 项目属性、经济金融环境和制度质量三方面控制这些因素；ε_{it} 表示扰动项。

PSM 方法的估计过程为：第一，用 Logit 模型估计获得多边金融机构支持的 PPP 项目的倾向得分值（Propensity Score，PS）；第二，根据 PS 值并选择合适的方法，将获得多边金融机构支持的样本（处理组）与未获得多边金融机构支持的样本（对照组）进行匹配；第三，计算获得多边金融机构支持的 PPP 项目的平均处理效应（ATT），计算公式如式（6.2）所示：

$$\begin{aligned} \text{ATT} &= E(\text{lninvest}^1 - \text{lninvest}^0 \mid \text{multi} = 1, \ X = x) \\ &= E(\text{lninvest}^1 \mid \text{multi} = 1, \ X = x) - E(\text{lninvest}^0 \mid \text{multi} = 1, \ X = x) \end{aligned}$$

$$\tag{6.2}$$

式（6.2）中，lninvest^1 表示处理组样本接受干预时被解释变量的取值，亦即获得多边金融机构支持的 PPP 项目的私人部门投资额；lninvest^0 表示处理组样本假如没有接受干预时被解释变量的取值，亦即没有获得多边金融机构支持的 PPP 项目的私人部门投资额。显而易见，lninvest^0 无法直接观测到，因而需要构建 "反事实" 框架，反事实估计后 ATT 中的 $E(\text{lninvest}^0 \mid \text{multi} = 1, X = x)$ 便是反事实效应（counter-factual effect）。

（二）中间机制的检验

本书拟使用鲁本·巴伦和大卫·肯尼（1986）所提出的中介效应模型，来检验多边金融机构影响 PPP 项目中私人部门投资额的中间机制。根据中介效应模型的思路，本书拟构建如下一组模型：

$$\text{lninvest}_{it} = \alpha_0 + \alpha_1 \cdot \text{multi}_{it} + \varphi \cdot X_{it} + \varepsilon_{it} \qquad (6.3)$$

$$M_{it} = \beta_0 + \beta_1 \cdot \text{multi}_{it} + \tau \cdot X_{it} + \xi_{it} \qquad (6.4)$$

$$\text{lninvest}_{it} = \gamma_0 + \gamma_1 \cdot \text{multi}_{it} + \gamma_2 \cdot M_{it} + \kappa \cdot X_{it} + \mu_{it} \qquad (6.5)$$

式（6.3）、式（6.4）、式（6.5）中，M 为中介变量，本书中是风险承担、债务融资获得和股权融资获得情况；ε、ξ、μ 表示随机误差项；其余各 α、β、γ 及 φ、τ、κ 均为待估计参数；其余各变量与参数的含义与前文相同。

对于式（6.3）~式（6.5）所示的中介效应模型，采用温忠麟、张雷（2004）提出的方法并按照以下步骤开展检验：第一步，检验式（6.3）中回归系数 α_1 是否显著，若 α_1 显著则表明可能存在中介效应，反之则是"遮掩效应"并可终止检验。第二步，依次对式（6.4）中的回归系数 β_1 和（6.5）式中的回归系数 γ_2 进行检验，若这两个系数均通过显著性检验，则表明必然存在中介效应并可进行第三步；若至少存在一个系数不显著，则进入第四步并对这两个系数进行 sobel 检验。第三步，根据上一步的检验结果，若 γ_1 不显著则表示存在"完全中介效应"，即核心解释变量 multi 要影响被解释变量 lninvest，必须通过中介变量 M 才能起作用；若 γ_1 显著则表示存在"部分中介效应"，即核心解释变量 multi 要影响被解释变量 lninvest，有一部分是通过中介变量 M 起作用。第四步，进行 sobel 检验，该检验的统计量为 $Z = \dfrac{\beta_1 \times \gamma_2}{\sqrt{\beta_1^2 \times S_{\gamma_2}^2 + \gamma_2^2 \times S_{\beta_1}^2}}$，其中，$S_{\beta_1}$ 和 S_{γ_2} 分别是回归系数 β_1 和 γ_2 的标准差；5% 显著性水平下，sobel 检验统计量的临界值为 0.97，若该统计量通过了检验则可返回第三步计算中介效应的大小；反之则表明中介效应不显著（潘彬、金雯雯，2017）。第五步，计算中介效应的大小及中介效应占总效应的比重，中介效应（M）大小的计算公式为：$M = (|\alpha_1| - |\gamma_1|)$，中介效应占总效应比重（R）的计算公式为：

$R = \dfrac{|\beta_1| \times |\gamma_2|}{|\alpha_1|}$，其中 α_1、γ_1、β_1 和 γ_2 为式（6.3）、式（6.4）、式（6.5）中的回归系数。

二、指标选择

（一）总体效应的检验

在 PSM 估计中，重要环节之一是确定构建"对照组"的可观测变量，这些变量要与是否获得多边金融机构支持及私人部门投资额相关。根据相关理论及文献，本书从以下几方面选择这些可观测变量。

第一，多边金融机构支持（multi）。世界银行 PPI 数据库中[①]，从是否获得多边金融机构的支持、获得多边金融机构的贷款额和多边金融机构支持方式三方面，记录了多边金融机构对具体 PPP 项目的支持情况。本书出于指标含义和数据完整性的考虑，拟运用是否获得多边金融机构支持来构造 0、1 哑变量（获得，multi = 1；未获得，multi = 0）来表征多边金融机构对 PPP 项目的支持情况。

第二，PPP 项目属性。拟主要从风险结构（risk）、项目周期（period）、政府担保（govgua）、主要收益来源（revenue）、合同授予政府级别（grade）等方面来刻画 PPP 项目的属性。

第三，经济金融环境。本书选择从人均 GDP（pergdp）、GDP 增长率（grogdp）、通货膨胀率（inflation）、人口密度（popden）、外债存量占 GNI 比重情况（liabilities）和 M2 与 GDP 之比（financial）刻画经济金融环境。这六个指标的相关数据均来源于世界银行世界发展指标（Worldwide Development Indicator，WDI）数据库[②]。

第四，制度质量。选择政治稳定性（stable）、政府效率（effi）、监管质量（regu）、法制水平（law）、民众话语权（voice）和控制腐败能力（corrupt）来表征制度质量（具体解释见前文）。这六个指标的取值范围均为（-2.5，2.5），本书对这些数据均加上正数 3 之后取自然对数。这六个指标的具体数据均来自世界银行全球治理指标（Worldwide Governance

---

① 世界银行 PPI 数据库 [DB/OL]. https：//ppi. worldbank. org/en/methodology/ppi-methodology.
② 世界银行 PPI 数据库 [DB/OL]. https：//data. worldbank. org. cn/indicator/？ tab = all.

Indicators，WGI）数据库①。

（二）中间机制的检验

对于式（6.3）~式（6.5）所示的中介效应模型，对所涉及的有关变量定义如下：

第一，因变量：私人部门投资额（lninvest）。用具体年份相关国家的 PPP 项目中私人部门投资额（2017 年实际值）并取自然对数来表示。该数据来源为世界银行 PPI 数据库。

第二，中介变量：风险选择（risk）、债务融资获得（ln debt）、股权投资获得（ln equity）。本章依然对这些数据加上正数 1 之后取自然对数。风险选择的衡量方式与前文相同。

第三，控制变量。依然从项目属性、经济金融环境和制度质量三方面的指标来构造控制变量，具体指标和前文相同。

三、数据描述

与第五章类似，本章的数据来源于世界银行 PPI 数据库。本书共获得了 1990~2018 年期间 43 个"一带一路"沿线国家的 5585 个 PPP 项目。通过与经济金融环境和制度质量的相关数据对接，确定样本时间范围为 1998~2017 年共 20 年，再剔除 1998 年之前和 2018 年的项目，共剩余 4263 个项目。进一步剔除被解释变量私人部门投资额（lninvest）缺失的样本，剩余共计 3858 个 PPP 项目，这便构成了本书的基本样本范围。

在获得基本样本范围之后，按照前文已述及的方法和数据来源方式便可获得 PPP 项目属性、经济金融环境和制度质量三方面的基本数据。本书运用"插值法"补齐个别缺失数据之后，将经济金融环境和制度质量数据的年份与国家对接项目属性数据的财务公告完成年份与国家，将每个 PPP 项目的基本属性与项目财务公告年份的经济金融环境、制度质量匹配起来，进而获得了本章的基本数据。本研究主要变量的有关统计特征如表 6-1 所示。

---

① 世界银行 WGI 数据库 ［DB/OL］. http：//info. worldbank. org/governance/wgi/#home.

表 6 - 1　　　　　　　　　　主要变量的描述性统计结果

分类	名称	含义	样本量	均值	标准差	最小值	最大值
PPP 项目属性	lninvest	私人部门实际投资额	3858	4.0487	1.6869	- 1.6094	10.4797
	multi	多边机构支持	3858	0.1221	0.3274	0.0000	1.0000
	risk	风险结构	3744	7.1031	2.1510	1.0000	12.0000
	lntdebt	债务融资获得额	662	5.1026	1.3805	1.3137	9.5408
	lnequity	股权融资获得额	1046	2.6062	1.9380	0.0000	8.8520
	govgua	是否有政府担保	3858	0.2999	0.4583	0.0000	1.0000
	revenue	收益来源	3857	3.1423	1.3822	1.0000	5.0000
	grade	合同授予政府级别	3858	2.1840	1.0853	1.0000	4.0000
	period	项目周期	2262	26.3174	10.4055	1.0000	99.0000
经济金融环境	pergdp	人均 GDP	3858	7.9397	0.8004	5.8380	9.6071
	grogdp	GDP 增长率	3858	1.8306	0.6252	- 3.4747	3.2919
	inflation	通货膨胀率	3857	1.4781	1.0473	- 3.9368	4.3762
	liability	外债存量/GNI	3794	3.1086	0.6243	0.2594	5.6544
	financial	M2/GDP	3858	4.4629	0.6042	1.0000	5.5562
	open	贸易额/GDP	3858	4.0141	0.4275	- 1.3945	5.3955
制度质量	voice	民众话语权	3858	0.8007	0.3914	- 0.2656	1.3059
	stable	政治稳定性	3858	0.7577	0.3459	- 3.6528	1.4501
	effi	政府效率	3858	1.0786	0.1237	0.1565	1.4509
	regu	监管质量	3858	1.0089	0.1303	- 0.2112	1.3995
	law	法制水平	3858	0.9850	0.1402	0.1282	1.2777
	corrupt	控制腐败能力	3858	0.9319	0.1189	0.2899	1.3635

第四节　实证检验

一、基准检验

(一) 倾向得分匹配

根据倾向得分匹配 (PSM) 的基本步骤, 以获得多边金融机构支持的 PPP 项目为处理组, 用 Logit 模型估计处理组的倾向得分值 (Propensity

Score，PS），随后根据 PS 值并运用最近邻有放回匹配方法对获得多边金融机构支持的样本（处理组）与未获得多边金融机构支持的样本（对照组）进行匹配。同时，为了在倾向得分匹配时得到一个理想的标准误，本书采用靴襻（bootstrap）的方法对样本进行重复抽样 500 次。根据以上方法，匹配前后处理组与对照组倾向得分的密度分布情况如图 6 - 2 所示。

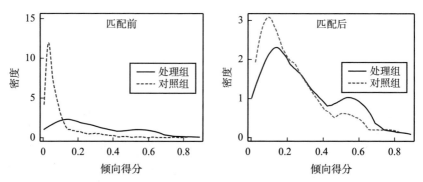

图 6 - 2　倾向得分匹配前后处理组与对照组的核密度分布

如图 6 - 2 所示，在倾向得分匹配之前，处理组与对照组的核密度分布存在明显的差异，若不加匹配处理而直接进行回归分析可能引起估计偏误；在倾向得分匹配之后，处理组与对照组的核密度分布基本保持一致。同时，由匹配平衡性检验结果可知，除了变量金融发展水平（financial）之外，其余变量均不存在显著的标准化偏差，这说明匹配明显减少了两组样本协变量的偏差。因此，经匹配的对照组符合作为处理组反事实个体的条件，能够为下文检验多边金融机构对私人部门 PPP 项目投资额的影响筛选出理想的样本。

（二）基于 PSM 样本的估计结果

经倾向得分匹配之后，可进一步构建固定效应模型来检验多边金融机构支持对 PPP 中私人部门投资额的影响，具体检验结果如表 6 - 2 所示。在表 6 - 2 中，模型（1）未加入任何控制变量、未控制任何固定效应，模型（2）中加入了相关控制变量但未控制任何固定效应，模型（3）中加入了相关控制变量并控制了时间固定效应，模型（4）中加入了控制变量并同时控制了时间和 PPP 项目所在国家固定效应。另外，考虑到项目周期原始数据缺失较多导致回归结果中较多样本被剔除，因而模型（5）中加入了除项目周期之外的控制变量，并控制了时间和 PPP 项目所在国家的固定效应。

表 6 - 2　　多边金融机构对 PPP 项目中私人部门投资额影响的 PSM 回归结果

变量	(1)	(2)	(3)	(4)	(5)
	lninvest	lninvest	lninvest	lninvest	lninvest
multi	0. 9284 *** (3. 0305)	0. 7046 *** (6. 4653)	0. 7095 *** (6. 5393)	0. 6143 *** (3. 2653)	0. 7719 *** (5. 7209)
risk		0. 0335 ** (1. 9964)	0. 0459 *** (2. 7847)	0. 0467 (1. 1895)	0. 0635 ** (2. 2633)
govgua		− 0. 0458 (− 0. 5966)	− 0. 0566 (− 0. 7096)	− 0. 1276 (− 1. 3225)	− 0. 0836 (− 0. 5863)
revenue		0. 1197 *** (4. 4994)	0. 2945 *** (9. 3526)	0. 2899 *** (4. 7861)	0. 2426 *** (4. 1359)
grade		− 0. 4501 *** (− 11. 1306)	− 0. 3691 *** (− 8. 4648)	− 0. 3758 *** (− 4. 8897)	− 0. 2910 *** (− 7. 8966)
period		0. 0109 *** (3. 1602)	0. 0124 *** (3. 6060)	0. 0100 (0. 7958)	
pergdp		0. 4322 *** (5. 9304)	0. 1979 ** (2. 3073)	1. 0512 ** (2. 1927)	1. 0201 *** (3. 5702)
grogdp		− 0. 0047 (− 0. 0623)	0. 0273 (0. 3403)	− 0. 0183 (− 0. 1437)	0. 0132 (0. 1498)
inflation		0. 0568 (1. 4519)	− 0. 0354 (− 0. 6467)	− 0. 0833 (− 1. 3470)	0. 0125 (0. 1634)
liability		0. 1563 (1. 4971)	0. 1834 * (1. 6817)	− 0. 3065 (− 0. 7567)	− 0. 2927 (− 1. 0328)
financial		0. 0380 (0. 2902)	− 0. 0818 (− 0. 5921)	1. 3479 ** (2. 4533)	1. 5792 *** (3. 9701)

续表

变量	(1) lninvest	(2) lninvest	(3) lninvest	(4) lninvest	(5) lninvest
open		− 0.1909 * (− 1.6753)	− 0.1433 (− 1.2044)	− 0.3816 * (− 1.9110)	− 0.6139 *** (− 2.7830)
voice		0.8712 *** (4.0598)	0.4441 * (1.8840)	− 0.3106 (− 0.2957)	0.3555 (0.3615)
stable		− 0.2128 * (− 1.7846)	− 0.1842 (− 1.5170)	0.1121 (0.4795)	0.0656 (0.2799)
effi		2.3852 *** (3.2859)	1.5981 ** (2.0807)	− 1.4633 (− 0.9204)	− 1.0737 (− 0.7121)
regu		− 1.4752 *** (− 2.6575)	− 0.5523 (− 0.8809)	2.9039 ** (2.3877)	2.7193 ** (2.6049)
law		0.5479 (0.7929)	0.8366 (1.2018)	− 1.8936 (− 1.2496)	− 2.8688 * (− 1.9464)
corrupt		− 2.5821 *** (− 3.8588)	− 2.7361 *** (− 3.8739)	0.1117 (0.0778)	1.7109 (1.3837)
常数项	3.9353 *** (15.1288)	0.8950 (1.0226)	2.1288 ** (2.2896)	− 7.0899 ** (− 2.4396)	− 8.3527 *** (− 3.5222)
时间固定效应	否	否	是	是	是
国家固定效应	否	否	否	是	是
R^2	0.0323	0.2074	0.2625	0.3118	0.2629
N	3854	2211	2211	2211	3788

注：括号内为 t 值；*** 表示在 1% 以内显著，** 表示在 5% 以内显著，* 表示在 10% 以内显著。

如表 6-2 所示的回归结果，可以看出 5 个估计结果中核心解释变量多边金融机构参与系数均为正且在 1% 的水平上显著，这说明模型有着很好的稳健性。从经济含义来看，多边金融机构支持在 1% 的显著性水平上为正，说明相对于没有获得多边金融机构支持的 "一带一路" 沿线国家

PPP 项目，获得多边金融机构支持的 PPP 项目私人部门的承诺投资额更高。结合模型（4）（5）的估计结果，与无多边金融机构支持的 PPP 项目相比，有多边金融机构支持的 PPP 项目中私人部门的投资额要高出84.84% ～116.39%[①]，这显然要远高于政府担保使中低收入国家 PPP 项目中私人部门投资额高出 29.6% 的测度结果（沈言言、刘小川，2019）。由此可以看出，多边金融机构促进"一带一路"沿线国家 PPP 项目中私人部门的投资额不仅具有统计显著性，其经济显著性也同样十分可观，因而本书的假说 1 得到验证。

从各控制变量的作用来看，表 6 - 2 中控制了时间和国家层面固定效应的结果（4）（5）一致表明：第一，衡量 PPP 项目属性的变量中，收益来源对私人部门投资的影响均在 1% 的水平上显著为正，从而说明 PPP 项目中私人部门对使用者付费的偏好以及政府部门与私人部门可能存在的目标不一致性（龚强、张一林，2019）；另外，PPP 项目合同授予政府级别对私人部门投资额的影响在 1% 的水平上显著为负，可能原因是越高级别政府所发起的 PPP 项目规模越大、私人部门对更高级别政府给予更多的信任（张禄、石磊，2017）。第二，在衡量经济金融环境的变量中，人均GDP 和金融发展水平对 PPP 项目中私人部门投资额均有显著正向影响，这说明经济金融发展水平较高的经济体对私人部门投资额有更大的吸引力。第三，衡量制度质量的六个变量中仅有监管质量的影响在 5% 的水平上显著为正，这说明"一带一路"沿线国家制定和执行有利于市场化和私营部门发展的政策对 PPP 项目中私人部门投资额的正向作用。

二、稳健性检验

（一）考虑不同情形下的稳健性检验

1. 剔除获得政府补贴的样本

多边金融机构及其所依托的多个国家力量可能为所支持 PPP 项目提供某种"认证机制"进而促进了私人部门的投资额（罗煜、王芳，2017），考虑到具体 PPP 项目中的政府担保也可能具有相类似的"认证"作用进

---

　① 根据 logit 模型的含义，此处经济含义的具体计算方法为：$[(e^{0.6143} - 1) \times 100\%] = 84.84\%$，$[(e^{0.7719} - 1) \times 100\%] = 116.39\%$。

而可能影响私人部门的投资额，因而可能对研究结论产生影响。有鉴于此，本书对获得政府担保（govgua = 1）的 1157 个项目予以剔除，运用与前文相同的方法对剩余的 2701 个样本进行检验，具体结果如表 6 – 3 的模型（1）所示。

2. 私人部门投资额的替代变量

根据世界银行 PPI 数据库的定义①，本书所使用的私人部门投资额由私人部门对实物资产的投资额（Investment in Physical Assets）以及私人部门为获得项目开发权向政府支付的特许权费（Fees to the Government）两部分组成。从实际数据来看，私人部门对实物资产的投资额主要反映了具体基础设施建设 PPP 项目的资金需求，该额度也远高于向政府所支付的特许权费。考虑到私人部门投资时更多关注对实物资产的投资额，因此本章进一步用私人部门对实物资产的投资额作为私人部门投资额的替代指标，并运用与基准检验相同的方法进行检验，具体结果如表 6 – 3 的模型（2）所示。

3. 剔除金融危机的影响

基准检验的样本时间范围为 1998 ~ 2017 年，正好涵盖了 2008 年的全球性金融危机。金融危机不仅会导致投资环境恶化、投资机会减少、投资风险水平提高，进而使得私人部门的投资更加谨慎；还可能因市场不稳定，银行部门为规避风险而减少信贷供给，进而影响了私人部门的投资额。有鉴于此，本研究分别对 2008 年之前的 1489 个样本和 2008 年之后的 2369 个样本进行回归，具体结果如表 6 – 3 中的模型（3）（4）所示。

4. 控制不同层面的固定效应

世界银行 PPI 数据库中根据 PPP 项目所在地区的不同，将"一带一路"沿线国家的这些项目所在地区又进一步区分为东亚和太平洋地区、欧洲和中亚地区、中东和北非地区、撒哈拉以南非洲地区；根据 PPP 项目所属部门的不同，将这些项目又区分为能源、信息与通信技术、交通、给排水、市政垃圾处理。前文的基准检验主要控制了 PPP 项目财务公告日所在年份和所在国家的固定效应，此处将在控制时间固定效应的基础上，进一步控制 PPP 项目所在地区层面和所属部门层面的固定效应，具体结果如表 6 – 3 中的模型（5）（6）所示。

---

① 资料来源：世界银行 PPI 数据库 ［EB/OL］ https：//ppi. worldbank. org/en/methodology/glossary#letterP.

表 6 – 3　　　　　　　　不同情形下的稳健性检验结果

变量	(1) 实物投资	(2) 剔除政府担保	(3) 金融危机之前	(4) 金融危机之后	(5) 地区固定效应	(6) 部门固定效应
multi	0.7462 *** (4.5394)	0.9277 *** (7.7327)	0.9478 *** (5.4367)	0.7614 *** (3.5630)	0.8429 *** (4.9552)	0.9263 *** (5.2688)
控制变量	是	是	是	是	是	是
时间固定效应	是	是	是	是	是	是
国家固定效应	是	是	是	是	否	否
地区固定效应	是	是	是	是	是	否
部门固定效应	是	是	是	是	否	是
R^2	0.2719	0.2887	0.2963	0.2621	0.1918	0.2458
N	3670	2637	1442	2337	3779	3779

注：括号内为 t 值；*** 表示在 1% 以内显著；由于项目周期（period）有较多缺失值，因此六个结果的控制变量中均不包含该变量。

表 6 – 3 所示的六个检验结果均使用了与前文基准检验相同的方法。上述四种不同情形下的 6 个模型一致表明，在 1% 的显著性水平上，"一带一路"沿线国家 PPP 项目中多边金融机构的支持对私人部门的投资额有显著正向影响，从而与前文基准检验的结果相同。另外，上述六个模型的经济含义为，与无多边金融机构支持的 PPP 项目相比，有多边金融机构支持的 PPP 项目中私人部门的投资额要高出 110.90% ~ 158.00%[①]。因此，考虑不同情形下的稳健性检验结果也说明本章的假说 1 得到了验证。

（二）使用不同匹配方法下的稳健性检验

前文均采用了靴鞋（bootstrap）最近邻有放回匹配方法进行了倾向得分匹配，此处进一步运用半径匹配、核匹配和样条匹配方法进行倾向得分匹配，进而检验多边金融机构支持对 PPP 项目中私人部门投资额的影响，具体结果分别如表 6 – 4 中的模型（1）（2）（3）所示。另外，为获得理想的标准误，本章进一步运用重复抽样 500 次的靴鞋方法分别进行半径匹

① 根据 logit 模型的含义，此处经济含义的具体计算方法为：$[(e^{0.7462} - 1) \times 100\%] = 110.90\%$，$[(e^{0.9478} - 1) \times 100\%] = 158.00\%$。

配、核匹配和样条匹配, 并基于匹配结果检验多边金融机构支持对 PPP 项目中私人部门投资额的影响, 具体结果分别如表 6 - 4 中的模型 (4) (5) (6) 所示。

表 6 - 4   不同方法下的稳健性检验结果

变量	(1)	(2)	(3)	(4)	(5)	(6)
	半径匹配	核匹配	样条匹配	靴鞋 + 半径匹配	靴鞋 + 核匹配	靴鞋 + 样条匹配
multi	0.7677 *** (0.1361)	0.7677 *** (0.1361)	0.7677 *** (0.1361)	0.7666 *** (0.1358)	0.7677 *** (0.1361)	0.7677 *** (0.1361)
控制变量	是	是	是	是	是	是
时间固定效应	是	是	是	是	是	是
国家固定效应	是	是	是	是	是	是
R^2	0.3106	0.3106	0.3106	0.3132	0.3106	0.3106
N	2215	2215	2215	2211	2215	2215

注: 括号内为 t 值; *** 表示在 1% 以内显著; 由于项目周期 (period) 有较多缺失值, 因此六个结果的控制变量中均不包含该变量。

如表 6 - 4 所示, 无论模型 (1) (2) (3) 中使用不同匹配方法, 还是模型 (4) (5) (6) 中采用靴鞋 (bootstrap) 方法进行重复抽样, 六个结果一致反映出: 在 1% 的显著水平上, 多边金融机构支持对 "一带一路" 沿线国家 PPP 项目中私人部门的投资额具有正向影响, 并且该影响稳定在 0.7667 左右。也就是说, 与无多边金融机构支持的 PPP 项目相比, 有多边金融机构支持的 PPP 项目中私人部门的投资额要高出 115.27% [1]。因此, 基于不同匹配方法的检验结果依然与前文基准检验的结果相同, 也说明本章的假说 1 得到验证。

三、机制检验

基准检验和稳健性检验均表明: 多边金融机构支持对 "一带一路" 沿线国家 PPP 项目中私人部门投资额具有显著正向影响, 那么由此而来的问

[1] 根据 logit 模型的含义, 此处经济含义的具体计算方法为: $[(e^{0.7667} - 1) \times 100\%] = 115.27\%$。

题便是多边金融机构影响"一带一路"沿线国家 PPP 项目中私人部门投资额的机制究竟是什么？本书进一步根据式（6.3）、式（6.4）、式（6.5）所示的中介效应检验步骤来识别该机制，具体检验结果如表 6-5 所示。具体的，表 6-5 中的模型（1）检验是否可能存在中介效应，模型（2）（3）用于检验债务融资获得是否为中间机制（即假说 2a），模型（4）（5）用于检验股权融资获得是否为中间机制（即假说 2b），模型（6）（7）用于检验风险选择是否为中间机制（即假说 2c）。需要说明的是，由于项目周期有较多缺失值，而该部分又以风险选择为中介变量，因此表 6-5 所示 7 个模型的控制变量中均不包含这两个变量。

表 6-5　　　　　　　　　　　　中间机制检验结果

变量	（1）	（2）	（3）	（4）	（5）	（6）	（7）
	lninvest	lntdebt	lninvest	lnequity	lninvest	risk	lninvest
multi	0.7852 *** (0.1223)	0.3369 (0.2712)	0.0539 (0.0546)	0.5680 * (0.2977)	0.3193 (0.2748)	0.3594 (0.3454)	0.7165 *** (0.1566)
lntdebt			0.9880 *** (0.0072)				
lnequity					0.5216 *** (0.0728)		
risk							0.1000 *** (0.0257)
控制变量	是	是	是	是	是	是	是
时间固定效应	是	是	是	是	是	是	是
国家固定效应	是	是	是	是	是	是	是
R^2	0.2564	0.3045	0.9384	0.4517	0.5298	0.2213	0.2744
N	3792	656	656	1035	1035	3687	3687
Sobel 检验	—	Z = 1.2422 > 0.97		Z = 1.1470 > 0.97		Z = 1.0052 > 0.97	
是否存在中介效应	—	是		是		是	
中介效应大小	—	0.7313		0.4659		0.0687	
中介效应/总效应	—	42.39%		37.73%		4.58%	

注：为了便于进行 sobel 检验，括号内为标准差；*** 表示在 1% 以内显著；* 表示在 10% 以内显著。

如表 6-5 所示的中间机制检验结果，模型（1）中多边金融机构支持的估计系数为 0.7852，并且通过 1% 的显著性检验，从而说明不存在"遮掩效应"而可能存在"中介效应"，可进一步检验本章所提出的债务融资获得、股权融资获得和风险选择等是否为"中介效应"。

根据模型（1）（2）（3）的结果，按照以下步骤来判断债务融资获得是否为中间机制：第一，模型（2）中多边金融机构支持的系数未通过显著性检验，而模型（3）中债务融资获得的系数在 1% 水平上显著，按照中介效应的基本逻辑，还需进行 sobel 检验。第二，此处 sobel 检验的统计量为 1.2422，大于 5% 显著水平上 0.97 的临界值标准，说明存在中介效应。第三，模型（3）中多边金融机构支持的估计系数未通过显著性检验，这说明存在"完全中介效应"，即多边金融机构支持要影响 PPP 项目中私人部门的投资额，必然要经过中介变量债务融资获得才能起作用。由此可以得出结论，"多边金融机构支持→债务融资获得→PPP 项目中私人部门投资额增加"的传导路径成立，意味着债务融资获得确实对 PPP 项目中私人部门投资额存在中介效应，而本章的研究假说 2a 得到验证。

根据模型（1）（4）（5）的检验结果，可按照以下步骤来判断股权融资获得是否为中间机制：第一，尽管模型（5）中股权融资获得的系数在 1% 的水平上显著，但模型（4）中多边金融机构支持的系数仅在 10% 的水平上显著，高于统计推断 5% 显著性水平的经验值，因此本书进一步做 sobel 检验。第二，此处 sobel 检验的统计量为 1.1470，大于 5% 显著水平上 0.97 的临界值标准，因此存在中介效应。第三，模型（5）中多边金融机构支持的系数未通过显著性检验，这说明存在"完全中介效应"，即多边金融机构支持要影响 PPP 项目中私人部门的投资额，必然要经过中介变量股权融资获得才能起作用。由此可以得出结论，"多边金融机构支持→股权融资获得→PPP 项目中私人部门投资额增加"的传导路径成立，这意味着股权融资对 PPP 项目中私人部门投资额存在中介效应，而本章的研究假说 2b 也得到验证。

根据模型（1）（6）（7）的检验结果，可按照以下步骤来判断风险选择是否为中间机制：第一，模型（6）中多边金融机构的系数未通过显著性检验，而模型（7）中风险选择的系数在 1% 的水平上显著，按照中介效应的基本逻辑，还需进行 sobel 检验。第二，此处 sobel 检验的统计量为 1.0052，大于 5% 显著水平上 0.97 的临界值标准，因此存在中介效应。第三，模型（7）中多边金融机构支持也在 1% 的水平上显著，这说明存在

"部分中介效应"，即多边金融机构支持要影响 PPP 项目中私人部门的投资额，有一部分是通过中介变量风险选择起作用。由此可以得出结论，"多边金融机构支持→风险选择→PPP 项目中私人部门投资额增加"的传导路径成立，亦即风险选择对 PPP 项目中私人部门投资额存在中介效应，而本研究的假说 2c 得到验证。

总体来看，基于中介效应的计量检验清晰揭示出，债务融资获得、股权融资获得和风险选择均是多边金融机构参与影响"一带一路"沿线国家 PPP 项目中私人部门投资额的中间机制，这三个中介效应大小的顺序也依次为债务融资获得、股权融资获得、风险选择，而前两者主要影响了私人部门的"逐利能力"，后者则影响了私人部门的"逐利意愿"，并最终影响了"一带一路"沿线国家 PPP 项目中私人部门的"逐利目标"和私人部门的投资额。

第五节　结论与政策建议

本研究针对"一带一路"建设中私人部门参与 PPP 项目积极性不足的现实问题，基于对多边金融机构强大的"信息传递"和"认证机制"的认识，从理论层面论证了多边金融机构支持影响"一带一路"沿线国家 PPP 项目中私人部门投资额的总体效应。同时，从私人部门"逐利性目标"切入，从"逐利意愿"和"逐利能力"两方面，从债务融资获得、股权融资获得和风险承担三个维度，梳理了多边金融机构支持影响"一带一路"沿线国家 PPP 项目中私人部门投资额的中间机制。在此基础上，结合 1998～2017 年 45 个"一带一路"沿线国家 3858 个 PPP 项目的数据，采用倾向得分匹配法为获得多边金融机构支持的 PPP 项目寻找合适的对照组，进而检验了多边金融机构对 PPP 项目中私人部门投资额影响的"总体效应"。随后，在对总体效应检验结果作稳健性检验的基础上，运用中介效应模型检验了多边金融机构影响 PPP 项目中私人部门投资额的中间机制。研究发现，多边金融机构支持对"一带一路"沿线国家 PPP 项目中私人部门投资额的影响与理论预期相符，即多边金融机构支持有助于促进 PPP 项目中私人部门的投资。经考虑不同情形和使用不同方法的稳健性检验，该总体效应依然成立。另外，PPP 项目收益来源和合同授予政府级别、PPP 项目所在国的人均 GDP 和金融发展水平、PPP 项目所在国的监管质量等控制变量，也对"一带一路"沿线国家 PPP 项目中私人部门的投资额有正向作用。进一步的，中介效应模型的检验结果揭示出，在多边金融机构影响 PPP 项目中私人部门投资额的传导机制中，债务融资获得、股权融资获得和风险承担发挥了显著中介作用。

本书的研究可以得到以下启示。

第一，"亚投行"的成立契合缓解"一带一路"倡议下基础设施建设资金缺乏瓶颈的需要。"亚投行"是中国首次主导设立的定位于为亚洲地区和"一带一路"沿线国家基础设施建设提供资金支持的多边金融机构，而本书总体效应的检验结果也证实，多边金融机构支持能够带动"一带一路"沿线国家 PPP 项目中的私人部门投资额，因而可以推论"亚投行"的成立也理应有助于带动私人部门参与"一带一路"沿线国家的 PPP 项目。从现实情况来看，"亚投行"的提出和筹建在得到广泛关注与响应的同时也受到了一些国家的质疑，在正式运营并切实为"一带一路"沿线国家的基础设施建设提供有力支持之后，"亚投行"在运营中依然承受国际社会的争议。因此，应在"一带一路"峰会等国际场合，从政策层面进一步凝聚"一带一路"框架下"亚投行"与其他多边金融机构是"互补"而非"替代"关系的共识；"亚投行"也应进一步密切与其他多边性金融机构的合作，进而为共建"一带一路"倡议下运用 PPP 模式改善基础设施水平提供有益支持。

第二，构建多主体协同支持具体 PPP 项目的机制。本章中介效应的检验结果表明，多边金融机构的支持有利于 PPP 项目债务融资和股权融资的获得，同时也能够促进私人投资者选择更高的风险分担程度。由于"一带一路"沿线国家的风险多元且复杂，为"一带一路"建设提供资金支持的机构也多元，其中，以日本、美国等国家为基本依靠的亚洲开发银行、世界银行等多边金融机构具有实力雄厚、经验丰富、抵御风险能力较强的优势，而 PPP 项目所在国的当地政府、金融机构、项目公司等具有贴近市场的信息优势。因此，根据本书中介效应检验所表明的基本逻辑，亚投行协同其他多边金融机构共同为具体 PPP 项目提供资金支持，显然能够为具体 PPP 项目撬动更多的债权和股权投资；亚投行协同项目所在国相关机构为具体 PPP 项目提供资金支持，不仅能够获得资金等支持，还有利于有效利用这些机构的信息优势，进而通过这些机构带动沿线国家规范的项目运行规则和市场化水平的提高。

第三，中国"走出去"企业的对外选址。考虑到中国目前有大量的企业正在"一带一路"框架下积极"走出去",但中国国内开展 PPP 的时间还不长、经验还比较有限,因而"走出去"企业的"选址"便显得尤为关键。根据我们的研究结论,有多边金融机构支持的 PPP 项目更容易获得其他债务融资与股权投资的支持,而为具体 PPP 项目提供资金支持的机构与部门将视情况追加后续投资,因而多边金融机构的参与同样为具体 PPP 项目未来资金的获得提供了一定保障(张禄、石磊,2017),因此,中国"走出去"企业在投资"一带一路"沿线国家的 PPP 项目时,具体 PPP 项目有无多边金融机构的参与应该是重要参考指标之一。另外,根据本章控制变量的检验结果,倾向于私人付费的收益来源方式和更高级别政府所发起的 PPP 项目能够更好吸引私人部门的投资,因此,这两方面也理应成为中国"走出去"企业是否参与"一带一路"沿线国家具体 PPP 项目及 PPP 项目合同拟订时的重要参考标准。同样,根据控制变量的检验结果,人均 GDP、金融发展水平和 PPP 项目所在国的监管质量等也正向作用于"一带一路"沿线国家 PPP 项目的投资额,因而也应成为中国"走出去"投资具体 PPP 项目的重要参考指标。

第七章

PPP 项目收益来源方式
对私人部门投资额的影响

第一节　引　　言

2022 年 10 月，习近平总书记在二十大报告中指出，要加快构建新发展格局，着力推动高质量发展，继续推进高水平对外开放，推动共建"一带一路"倡议高质量发展。交通、能源、通信等基础设施的互联互通是高质量共建"一带一路"倡议的基石。然而，"一带一路"沿线多为发展中国家和新兴经济体，其基础设施建设十分薄弱且不平衡（吕越等，2022）。基础设施的薄弱与不平衡意味着互联互通难以实现，对"一带一路"倡议的高质量发展产生了严重阻碍（陈扬、董正斌，2022）。相关研究表明，缺乏充分有效的资金支持是"一带一路"沿线基础设施建设薄弱的一个重要影响因素（袁佳，2016；徐奇渊，2018）。一方面，"一带一路"沿线各国内部有限的财政资金难以弥补基础设施建设项目巨大的融资缺口（孙昕等，2020）。另一方面，中国及其倡议的亚洲基础设施投资银行在促进"一带一路"沿线国家基础设施建设投融资问题解决的同时，一些西方国家的政府部门、媒体宣传甚至民间智库抨击共建"一带一路"倡议的核心目标是在构筑"债务陷阱"（Overholt，2015；Gregory，2019），使得中国部分对外投融资项目屡遭挫折，这进一步滞缓了沿线国家的基础设施建设。综上所述，资金短缺问题使得发展中国家的基础设施建设落后、进一步阻碍了"一带一路"高质量推进，因此，探索建立"共同参与、共享收益、共担风险"的投融资机制是回应有关质疑、推进"一带一路"高质量发展的当务之急。

起源于 20 世纪 80 年代的政府与社会资本合作模式（Public - Private Partnership，PPP），在综合政府部门与私人部门推动基础设施和公共服务建设方面发挥着积极作用，其有利于缓解东道国政府的财政压力，是推动"一带一路"基础设施建设的首要选择（王威、夏仕成，2020）。但由于基础设施资金需求规模庞大、运作周期较长，加之地缘政局紧张等国际不确定性事件频发等的催化，项目投资风险较此前进一步提高，私人部门参与"一带一路"沿线 PPP 项目的投资积极性深受打击。如何调动私人部门参与沿线 PPP 项目的积极性，已然成为关系沿线各国民生福利以及高质量推进共建"一带一路"倡议的重大理论与现实问题。

世界银行 PPI 数据库的统计数据表明，"一带一路"沿线国家于 1996 ～ 2020 年收益模式为"政府付费"的 PPP 项目私人部门总投资额高于"用户付费"模式的项目，然而，"用户付费"模式项目私人部门平均投资额却高于"政府付费"模式项目[①]。那么，PPP 项目采用何种收益方式更有利于吸引私人部门投资？其作用机制又如何？现有研究没有答案。因此，关注并回答上述问题具有重要意义：第一，从理论层面来看，聚焦分析上述问题，有助于弥补现有研究在 PPP 项目私人部门收益来源与其投资额关系方面探索的空缺，有助于揭开 PPP 项目私人部门收益来源影响其投资额中间机制的"黑箱"。第二，从现实层面来看，有助于为"一带一路"沿线 PPP 项目撬动私人部门参与投资提供参考依据，从而利于高质量推进共建"一带一路"倡议；有助于为在"一带一路"倡议下"走出去"的中国企业积累经验；有助于为回应"债务陷阱"等有关质疑、明确"一带一路"倡议的"共商共建共享"原则提供佐证。

第二节　特征性事实与文献梳理

一、特征性事实

根据世界银行 PPI 数据库的统计数据，私人部门参与"一带一路"沿线国家与非沿线国家基建领域的 PPP 项目的投资数量和投资额[②]有明显差

---

① 该结论的详细内容见下文的"特征性事实"部分。
② 本书所使用的有关金额的数据均为以 2019 年为基准的美元不变价，下文不再说明。

别。图 7-1 和图 7-2 统计了 1996～2019 年私人部门对 45 个沿线国家和 92 个非沿线国家 PPP 项目的投资数量和投资额情况。图 7-1 显示，在 "一带一路"倡议提出之后的年份（2014 年之后），沿线国家的 PPP 项目 数量相较于非沿线国家有明显的上升趋势。图 7-2 显示，"一带一路"倡 议提出后，沿线国家的 PPP 项目私人部门投资额明显高于非沿线国家。但 综合图 7-1 和图 7-2 进行时序对比发现，"一带一路"倡议的提出在历 时态视角下并未显现出对私人部门参与 PPP 项目的投资数量和投资额有明 显的"双促进"作用。因此，如何调动私人部门的投资积极性以促进 "一带一路"高质量发展，成为本研究的立论始点。

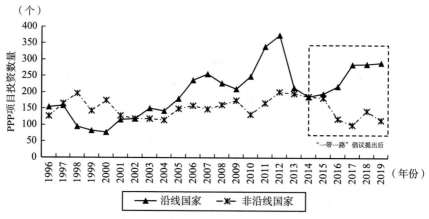

图 7-1　私人部门参与 PPP 项目的年投资数量

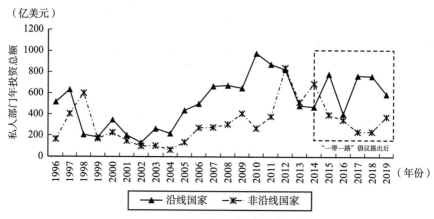

图 7-2　私人部门参与 PPP 项目的年投资额

世界银行 PPI 数据库将私人部门参与 PPP 项目的主要收益来源划分为年金支付、采购协议、销往批发市场和使用者付费等。图 7 - 3 和图 7 - 4 报告了 1996 ~ 2019 年沿线国家不同类型收益来源的 PPP 项目私人部门的投资总额和单项投资均额情况。根据 PPI 数据库的相关说明，年金支付和采购协议侧重于"政府付费"模式，而销往批发市场和使用者付费侧重于"用户付费"或"市场付费"模式，由于数据库中个别年份样本数据缺失较多，因此图 7 - 3 和图 7 - 4 将上述 4 类收益模式整合为两类：将年金支付和采购协议整合为"政府付费"模式，而将销往批发市场和使用者付费整合为"用户付费"模式。从总体投资规模来看，1996 ~ 2019 年沿线"政府付费"模式的 PPP 项目私人部门投资总额高于"用户付费"模式（见图 7 - 3）。但从单项投资均额来看，"用户付费"模式项目的私人部门投资额高于"政府付费"模式（见图 7 - 4）。那么 PPP 项目何种类型的收益来源更容易吸引私人部门投资，则成为研究焦点。

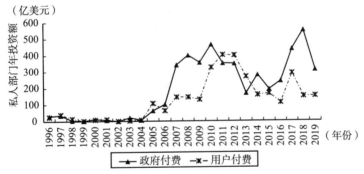

图 7 - 3　不同收益类型的 PPP 项目私人部门投资总额

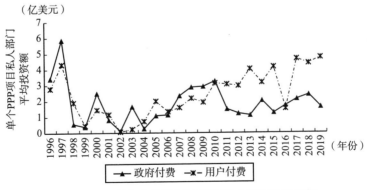

图 7 - 4　不同收益类型 PPP 项目私人部门投资均额

二、文献梳理

（一）"一带一路"倡议与 PPP 模式的相关研究

在"一带一路"倡议与 PPP 模式的关系和现状方面，有研究认为，由于"一带一路"沿线主要为新兴经济体，东道国政府的资金和项目运作能力难以满足大规模的基建项目需求，而通过 PPP 模式能够提高项目推进的时间和经济效率（肖钢，2019）；这是因为 PPP 模式通过整合政府部门和私人部门资源充分发挥了双方优势，弥补了东道国政府能力的欠缺。与此同时，"一带一路"沿线国家政策不确定性高，盲目开展基础设施建设投资存在较大风险（张馨月、吴信如，2022），并且沿线各国间的差异性较大可能对项目投资效果产生重大影响（邵颖红等，2021）；赵蜀蓉等（2018）则从政治环境、利益主体、社会文化及技术法律四个维度切入对沿线 PPP 项目面临的风险进行了深入剖析。在实证研究方面，贺炎林等（2021）基于排序模型系统研究了东道国经验、产业集聚与"一带一路"沿线 PPP 项目成功率的关系；罗煜等（2017）基于 2485 个沿线 PPP 项目的经验数据证明制度质量和国际金融机构影响 PPP 项目的成效；时秀梅等（2017）从定量角度对影响 PPP 项目推进的因素进行了相关性分析；张鹏飞等（2019）通过面板泊松随机法分析认为政府财政、宏观经济、市场规模、政治环境是"一带一路"沿线亚洲 PPP 项目的主要外部影响因素；伊丽莎白·伊奥萨和大卫·马赫蒂摩（Elisabetta Iossa & David Martimort，2015）通过实证研究认为运营商与融资方之间的关系对 PPP 项目的投融资成效存在影响。

总体而言，已有研究对 PPP 模式在"一带一路"沿线基建项目中的积极作用给予了充分肯定，同时也指出在沿线推进 PPP 项目可能存在的风险及影响因素。但需要指出的是，现有研究对"一带一路"沿线 PPP 项目的影响因素考察虽较为系统，却缺乏对 PPP 项目收益来源的关注。因此，在沿线 PPP 项目收益来源方面尚存在较大的研究拓展空间。

（二）影响私人部门投资 PPP 项目因素的相关研究

私人部门对 PPP 项目的投资考察主要聚焦风险和收益两大要素，其中，PPP 项目风险又包括内生风险（Lopes & Caetano，2015）和外生风险

(Martin et al.，2010)。所以，现有文献对影响私人部门投资沿线 PPP 项目的因素的关注主要集中在内部因素和外部因素两个方面：

第一，内部因素：（1）项目特征：风险程度、项目期限、合同承诺投资金额等影响私人部门参与 PPP 项目投资（Percoco，2014；Schepper et al.，2015；刘浩等，2018；李妍等，2021）；（2）项目关联方：私人部门参与数量、担保政府级别、多边金融机构支持等对私人部门投资影响显著（沈梦溪，2016；沈言言、刘小川，2019；仇娟东等，2020；仇娟东等，2021）。

第二，外部因素：（1）政治环境：相关研究表明，政局稳定性、行政效率、法治水平、反腐程度等因素会对私人部门参与 PPP 投资的积极性产生影响（Panayides et al.，2015；郑子龙，2017；Biygautane et al.，2019；罗胜、王煜昊，2021）；（2）经济环境：有学者指出，东道国宏观经济表现越好、对外开放程度越高则越有利于吸引私人部门进行投资（Xiao & Lam，2019）；（3）人文环境："一带一路"沿线国家文化具有多样性的特征，若 PPP 项目在推进时不能因地制宜，则极易引发文化冲突造成重大损失（和军、王丽佳，2017；胡忆南等，2019）。

总体而言，以上研究对影响私人部门投资 PPP 项目的因素考察较为完备，这为本研究控制变量的选取提供了实质性参考。但需要指出的是，现有文献在项目收益来源影响私人部门投资的总体效应与作用机制方面存在研究盲点，这为本研究的价值留出了边际空间。有鉴于此，本章聚焦探究"一带一路"沿线国家 PPP 项目中，究竟是私人部门还是政府部门的付费方式更加有利于撬动更多私人部门的参与。该研究的重要意义在于，一是探明更有利于撬动私人部门参与的 PPP 项目属性，进而能够为缓解共建"一带一路"倡议的资金瓶颈提供参考信息；二是撬动更多私人部门、更多国家参与，能够为缓解国际社会对"一带一路"倡议的质疑提供经验证据；三是通过廓清共建"一带一路"倡议的舆论环境、撬动更多资金来源，为保障共建"一带一路"倡议的行稳致远提供理论依据与有价值的参考依据。

第三节　研究假说

根据大卫·马赫蒂摩（2015）的研究，从风险规避角度来看，当外生风险与内生风险相对较低时，私人资本偏好于市场化回报机制，即存在

"市场激励效应"；反之，私人资本偏好于财政固定补贴的回报机制，即"财政兜底效应"。基于上述理论依据以及"一带一路"沿线 PPP 项目投资环境复杂多变的现实背景，本研究提出了以下两个竞争性假说：

一、"市场激励效应"假说

一方面，尽管政府信用通常相对较好，但政府违约风险依然存在，并且成为私人资本偏好于"用户付费"回报机制的重要影响因素。完善基础设施建设是政府的职责，同时也是行政官员政绩考核的重要指标，所以基建领域的 PPP 项目自然会被卷入"政治博弈"的漩涡中（吴昺兵、贾康，2022）。首先，某些政府官员作为"政治人"，为追求短期内的政绩，盲目举债推进大量基建领域的 PPP 项目而忽视后续潜在的债务风险。尤其是地方政府通过预算外融资工具（例如 PPP 项目公司）规避债务约束进而造成债务违约（祁玉清，2019；向辉、俞乔，2020），为在建的 PPP 项目埋下被迫中断的隐患。其次，由于前届政府积累了大量基建项目债务，在政府换届或主要行政官员变动后，容易产生民间所称的"新官不理旧账"问题，导致依赖"政府付费"回报机制的 PPP 项目私人部门发生重大投资损失（张雅璇、王竹泉，2019）。最后，即使"新官理旧账"，但项目发起政府受制于财政收入规模，难以偿付合约中规定的私人部门应得收益进而发生违约、毁约行为。而"用户付费"的项目回报机制依赖于使用者对所建项目的购买和消费，可以规避上述政府违约风险。另一方面，基于资本的逐利性，资金的时间价值是私人部门进行投资的重要考量因素（高华等，2016）。由于政府财政收入和支出在时间上存在不完全同步性，导致依赖于"政府付费"回报机制的 PPP 项目对私人部门资金回流产生滞后性，从而牺牲私人部门资金的时间价值、加大其未来收入风险。而"用户付费"的回报机制允许私人部门逐步回收现金流以用于投资新项目，降低了投资的机会成本。基于上述分析，本章提出了"市场激励效应"假说：

假说 H1a："一带一路"沿线 PPP 项目收益来源为"用户付费"模式更容易吸引私人部门投资。

二、"财政兜底效应"假说

一方面，市场风险是私人部门偏好于"政府付费"回报机制的主要推动力。首先，"一带一路"沿线国家市场环境具有复杂性和多样性特征，由于信息不对称，私人部门难以完全准确把握拟投资项目的市场供求信息（张雅璇、王竹泉，2019）。其次，私人部门在与政府的博弈中通常处于劣势地位（罗煜等，2017），项目定价权大多掌握在政府手中，基于项目的公共属性，政府在定价过程中常常不能准确反映项目成本而造成项目服务定价过低（卫志民、孙杨，2016），致使 PPP 项目必须依赖更大体量的市场才能回收成本，进一步加大了项目的市场风险。最后，即使项目前期收益较好，但未来市场需求依然存在波动性风险。若政府后续继续推进同类项目建设则会对现有项目产生"替代效应"（龚强等，2019），造成现有项目盈利能力下降，甚至导致项目收益无法覆盖项目运营成本。所以，PPP 项目预期收益不确定性大、市场风险较高，成为私人部门选择"政府付费"回报机制的主要影响因素。另一方面，中央政府的"隐性担保"为"政府付费"回报机制提供了一定的信用支持，高级别的政府对低级别的政府可能存在"隐性担保"（龚强等，2011；王永钦，2016），即当地方政府由于债务问题而无力承担 PPP 项目的持续性付费时，考虑到此类项目具有较大的社会影响力，中央政府则会继续拨款承担此类项目的建设与运营。基于上述分析，本章提出了"政府兜底效应"假说：

假说 H1b："一带一路"沿线 PPP 项目收益来源为"政府付费"模式更容易吸引私人部门投资。

第四节 研究设计

一、模型设定

（一）基准回归模型

为考察"一带一路"沿线 PPP 项目收益来源对私人部门投资额的影响，本章综合参考巴西利奥（Basilio，2010）、叶芳（2017）和罗煜等（2017）的做法，建立如下实证模型：

$$\text{lninvest} = \alpha + \beta \cdot \text{revenue} + \sum_{j=1}^{m} \gamma_j \cdot \text{inter}_j + \sum_{k=1}^{n} \delta_k \cdot \text{exter}_k + \varepsilon$$

$$(7.1)$$

模型（7.1）中，lninvest 表示沿线 PPP 项目私人部门投资额的自然对数。revenue 表示 PPP 项目的收益来源，inter 与 exter 分别表示项目内部属性控制变量和外部环境控制变量（具体变量设定见后文）。

（二）基于 PSM 法的回归模型

考虑到样本自选择和反事实缺失存在的可能性，本书在稳健性检验部分拟采用 PSM 倾向得分匹配法以克服上述现象可能导致的内生性问题，为此，本书对模型（7.2）进行了如下调整：

$$\text{lninvest} = \alpha + \beta \cdot \text{REV} + \sum_{j=1}^{m} \gamma_j \cdot \text{inter}_j + \sum_{k=1}^{n} \delta_k \cdot \text{exter}_k + \varepsilon \qquad (7.2)$$

模型（7.2）中，REV 为 PPP 项目收益来源的虚拟变量，其他变量及参数设定同上文。

PSM 倾向值匹配的具体做法如下：第一，根据 PPI 数据库中关于项目收益来源的定义，本书将年金支付和采购协议整合为"政府付费"模式并作为处理组且赋值为 1（REV = 1），而将销往批发市场和使用者付费整合为"用户付费"模式并作为对照组且赋值为 0（REV = 0）。第二，本章采用 Logit 模型估算处理组的倾向得分，在采用最近邻有放回法对处理组和对照组进行倾向值匹配时并使用 Bootstrap 方法对研究样本重复抽样 500 次以得到理想的标准误。第三，计算收益来源为"政府付费"模式的 PPP 项目的平均干预效应（ATT），计算过程如下：

$$\begin{aligned} \text{ATT} &= E(\text{lninvest}^1 - \text{lninvest}^0 \mid \text{REV} = 1, \ X = x) \\ &= E(\text{lninvest}^1 \mid \text{REV} = 1, \ X = x) - E(\text{lninvest}^0 \mid \text{REV} = 1, \ X = x) \end{aligned}$$

$$(7.3)$$

式（7.3）中，lninvest^1 表示处理组被干预时被解释变量的取值，lninvest^0 表示假设处理组未被干预时被解释变量的取值，而 lninvest^0 无法直接获得，需通过构建"反事实"框架取得。

二、数据来源与指标说明

在上述模型中，被解释变量为私人部门投资额（lninvest），本章对 PPI 数据库①中的私人部门投资额（美元不变价）取自然对数；核心解释

---

① PPI 数据库的全称为 Private Participation in Infrastructure Project Database，即"私人部门参与基础设施项目数据库"，是由世界银行主导建立并发布的权威数据库，网址：https://ppi.worldbank.org/en/ppidata。

变量为项目收益来源（revenue），PPI 数据库中将私人部门主要收益来源划分为年金支付、采购协议、批发市场打包销售、使用者付费以及其他 5 类，由于无法确认其他类具体为何种类型，因此本研究在样本中将其剔除，并对"年金支付、采购协议、批发市场打包销售、使用者付费"这 4 类依次赋值 4、3、2、1，取值越高则表示私人部门更偏好于"政府付费"，否则表示私人部门更偏好于"市场付费"。REV 为虚拟变量，将年金支付和采购协议整合为"政府付费"模式，取值为 0；将销往批发市场和使用者付费整合为"用户付费"模式，取值为 1。

在上述模型中，项目内部属性控制变量主要有私人部门风险承担度（risk）、项目发起政府级别（grade）、政府担保（govgua）、项目周期（period）等 4 个变量。具体设定如下：第一，关于私人部门风险承担度（risk）的设定，本章采用 PPI 数据库中的合约类型对私人部门风险承担度进行衡量，将 PPI 数据库中的管理合约、租赁合约、ROT、RLT、BROT、BLT、BOT、BOO、商业化运作、租借、部分私有、完全私有 12 种类型依次定义为 1 – 12，取值越高则代表私人部门承担的风险越高；第二，关于项目发起政府级别（grade）的设定，PPI 数据库将收录的 PPP 项目的政府发起级别划分为州以下政府（省级以下）、州政府（省级）和联邦政府（中央级），本章依次赋值 1 – 3；第三，关于政府担保（govgua）的设定，本章对存在政府担保的 PPP 项目取值为 1，否则为 0；第四，关于项目周期（period）的设定，PPI 数据库中已注明项目周期，对此无须进行额外的处理。

在上述模型中，项目外部环境控制变量分为政治环境控制变量和经济环境控制变量。具体设定如下：第一，政治环境控制变量主要采用世界银行 WGI 数据库[①]中的民众话语权与选举权（VA）、监管质量（RQ）、政局稳定性（PV）、法治水平（RL）、政府效能（GE）、反腐力度（CC）6 项指标。据 WGI 数据库的使用指引部分（Legend）介绍，上述 6 项指标取值范围均为（– 2.5，2.5）且取值越大代表政治环境越好，但我们发现该数据库中存在个别小于 – 2.5 的异常值，为此，本研究将这部分少量的异常值统一定义为 – 2.5，这符合数据处理的规范且对研究结果不产生影响。

---

① 世界银行全球治理指标（WGI）数据库是由世界银行主导建立的调研数据集，这些数据来自众多调查机构、智囊团、非政府组织、国际组织和私营部门公司，总结了对应国家的大多数企业、公民和专家等受访者对治理质量的看法，网址：http://info.worldbank.org/governance/wgi/#home。

此外，为规避异方差的影响，本研究对上述 6 项指标统一加 3 并取自然对数。第二，经济环境控制变量包括人均 GDP（pergdp）、国内总储蓄（占 GDP 的百分比）（financial）、GDP 增长率（grogdp）、年通胀率（inflation）、外债存量（占 GNI 的百分比）（liabilities）等，以上指标数据皆来自 WDI 数据库①。

三、描述性统计

本章从 PPI 数据库的 10421 条数据中筛选出 45 个"一带一路"沿线国家样本，共计 5876 条项目数据。在此基础上，本章剔除变量 lninvest 残缺的样本后，剩余 5134 条项目数据；剔除变量 revenue 为空值或 other 的样本后，剩余 3410 条项目数据；剔除变量 risk 为空值或 other 的样本后，剩余 3288 条项目数据。最后，本研究将上述样本数据与 WGI 数据库、WDI 数据库中的政治、经济环境对应的指标进行匹配后得到最终样本。由于 WGI 和 WDI 数据库中个别指标的个别国家或年份数据缺失严重，经匹配后，本章的最终的研究样本范围为 1996～2019 年"一带一路"沿线 42 个国家，共计 3041 个 PPP 项目。本章的数据描述性统计见表 7-1。

表 7-1 描述性统计

一级指标	二级指标	含义	观测值	平均值	标准差	最小值	最大值
项目属性	lninvest	私人部门实际投资额	3041	4.3212	1.6134	-1.3123	9.0386
	revenue	项目收益来源	3041	2.5880	1.0060	1.0000	4.0000
	grade	发起政府级别	3041	2.1404	0.8990	1.0000	3.0000
	govgua	是否由政府担保	3041	0.0615	0.2403	0.0000	1.0000
	risk	风险程度	3041	6.9392	2.0284	1.0000	12.0000
	period	项目周期	1829	24.2996	9.2686	2.0000	99.0000
政治环境	VA	民众话语权与选举权	3026	0.7863	0.3861	0.0747	1.3059
	RQ	监管质量	3026	1.0120	0.1219	0.2868	1.4163
	PV	政局稳定性	3025	0.7532	0.3239	-0.6931	1.4501

---

① 世界发展指标（WDI）数据库是由世界银行主导建立并发布的包含 20 大类全球发展指数的统计数据集，网址：https：//data. worldbank. org. cn/indicator/？tab = all。

一级指标	二级指标	含义	观测值	平均值	标准差	最小值	最大值
政治环境	RL	法治水平	3026	0.9897	0.1296	0.1282	1.2874
	GE	政府效能	3026	1.0935	0.1282	0.3432	1.4509
	CC	反腐力度	3026	0.9323	0.1184	0.3162	1.3635
经济环境	pergdp	人均 GDP	3018	0.4615	0.3300	0.0001	1.2007
	financial	M2/GDP	3041	0.3248	0.1330	− 0.2139	0.5109
	grogdp	GDP 增长率	3041	0.0646	0.0318	− 0.1514	0.1423
	inflation	通货膨胀率	3041	0.0620	0.0528	− 0.3020	0.7953
	liability	外债存量/GNI	2983	0.2791	0.2194	0.0145	2.8325

注：表中数据按照变量设定部分的说明均已事先处理。

第五节　回归分析

一、基准回归分析

本章通过模型（7.1）检验了研究样本中的 42 个沿线国家的 PPP 项目收益类型对私人部门投资额的影响（回归结果见表 7 - 2）。表 7 - 2 中的各项回归具体设定如下：M1 未添加项目内部属性控制变量和政治、经济环境控制变量，其余各列均添加了控制变量；M3、M5、M6 均控制了年份固定效应，其余各列均未控制年份固定效应；M4、M5、M6 均控制了国家固定效应，其余各列均未控制国家固定效应。此外，由于项目周期（period）在数据库中残缺值较多，导致在回归时样本损失过多，因此，在 M6 的控制变量中未添加该变量。

如表 7 - 2 所示，主要回归结果及分析如下：第一，在 M1 - 6 的回归结果中，M1 - 5 项目收益来源的系数均为负且在 1% 的水平显著，尽管 M6 中剔除了项目周期控制变量，但项目收益来源的回归结果仍然在 5% 的水平上显著为负，这说明基础回归模型具有非常好的稳健性。同时，M5 和 M6 的回归结果表明，在 "一带一路" 沿线 PPP 项目的 4 种收益来源中，私人部门对使用者付费收益模式更为偏好，本章的假说 H1a 通过验证。第二，在 M1－6 的回归结果中，发起政府级别的系数为正且均在 1% 的水平上显著，这说明在"一带一路"沿线的 PPP 项目中私人部门更偏好于投资发起政府级别高的项目，存在"差序信任"现象，这可能是因为发起政府级别越高则合作信用越好（仇娟东等，2020）。第三，在 M5 和 M6 的回归结果中，私人部门承担风险的系数为正且在 10% 的水平上显著，这可能是因为私人部门为追求更高的收益，若分配机制公平则私人部门愿意承担与收益相匹配的风险（陈海涛等，2021）。

表 7－2　　　　　　　　　　　　基准回归结果

变量	M1	M2	M3	M4	M5	M6
revenue	-0.2685^{***} (-3.8198)	-0.1579^{***} (-3.3988)	-0.1827^{***} (-3.6632)	-0.2018^{***} (-3.8976)	-0.2066^{***} (-4.0481)	-0.2214^{**} (-5.4860)
grade		0.7717^{***} (8.0612)	0.7415^{***} (8.6167)	0.7836^{***} (9.2287)	0.7797^{***} (8.8273)	0.6161^{***} (9.4095)
govgua		0.1452 (1.0573)	0.1376 (1.3601)	0.1284^{*} (1.9046)	0.1601^{**} (2.6936)	0.1554 (1.2848)
risk		0.0046 (0.1307)	0.0109 (0.3340)	0.0313 (1.2543)	0.0406^{*} (1.6978)	0.0542^{*} (2.7048)
period		0.0213 (1.5390)	0.0231^{*} (1.8551)	0.0159 (1.1981)	0.0166 (1.3526)	—
pergdp		1.0204^{***} (4.1281)	0.9837^{***} (3.2381)	1.4983^{***} (2.8896)	1.5812^{***} (3.2130)	1.0807 (1.7658)
grogdp		-5.3114^{**} (-2.2459)	-5.8824^{**} (-2.4079)	-4.4967^{**} (-2.5112)	-5.3710^{***} (-3.0447)	-1.6459 (-2.2470)
inflation		-0.0215 (-0.0116)	-0.9347 (-0.5152)	3.2549^{*} (1.8659)	1.9116 (1.1617)	1.3311 (0.6672)
liability		-0.1074 (-0.2329)	-0.0907 (-0.1864)	-0.9041 (-1.5708)	-1.2013 (-1.6434)	1.5943^{*} (2.6948)
financial		0.0227 (0.0190)	0.4505 (0.4087)	0.7074 (0.1875)	3.4581 (1.1851)	-0.2837 (-0.4240)
VA		0.6907^{**} (2.1493)	0.7039^{**} (2.3513)	-0.1168 (-0.1754)	0.9374 (1.2083)	0.4849^{***} (5.9432)

续表

变量	M1	M2	M3	M4	M5	M6
PV		0.1443 (0.3796)	0.0023 (0.0064)	0.4070 (0.7747)	0.0388 (0.0657)	−2.3076 (−1.5560)
GE		2.8816 ** (2.4304)	2.0452 * (1.9697)	0.0150 (0.0090)	−0.5743 (−0.3180)	0.0908 (0.1297)
RQ		−2.2961 ** (−2.2870)	−2.0505 (−1.4209)	0.3637 (0.2184)	0.4278 (0.2119)	−0.2565 (−1.7416)
RL		−0.5825 (−0.5234)	−0.2783 (−0.2455)	2.2169 (1.0831)	0.8143 (0.5217)	4.8223 ** (4.8734)
CC		−1.8470 (−1.6123)	−1.6300 (−1.4807)	0.3218 (0.2652)	0.2948 (0.2579)	1.3311 (0.6672)
_cons	5.0160 *** (15.7417)	3.3161 *** (2.9095)	5.2958 *** (4.3907)	−1.0018 (−0.4952)	0.8076 (0.4282)	1.5943 * (2.6948)
Year FE	No	No	Yes	No	Yes	Yes
Country FE	No	No	No	Yes	Yes	Yes
R^2	0.0280	0.2626	0.2896	0.3406	0.3580	0.2197
N	3041	1778	1778	1778	1778	2970

注：回归时均采用了国家层面的聚类分析；Year FE 为年份固定效应，Country FE 为国家固定效应；t 值在表中的括号内；*、**、*** 分别表示在 10%、5% 和 1% 的水平上显著。

二、稳健性检验

表 7 - 2 的回归结果本身已起到了稳健性检验的作用，为进一步检验上述模型的稳健性，本研究还进行了以下稳健性检验。

(一) 剔除政府担保的样本

若沿线 PPP 项目发起政府为吸引私人部门的投资而进行政府担保（例如"可行性缺口补助"），那么这从某种意义上对私人部门的投资行为可能存在"兜底效应"，进而可能降低私人部门的"风险意识"，对私人部门"用户付费"模式的选择存在推动作用。因此，为排除政府担保的干扰，本章对存在政府担保的样本予以剔除，对剩余的 1603 个样本进行基础回归检验。回归结果中的 revenue 系数依然显著为负（见表 7 - 2 第 2

列），说明模型（7.2）具有很好的稳健性，本研究的假说 H1a 得以验证。

（二）被解释变量的替代变量

世界银行 PPI 数据库又将私人部门投资额划分为私人部门对实物资产的投资额和私人部门为取得 PPP 项目的特许经营权而向政府缴纳的费用两部分，前者主要表征 PPP 项目本身的建设、运营资金规模，因此私人部门对实物资产的投资额是沿线 PPP 项目私人部门投资额的主要组成部分，而后者所占比重较小。鉴于此，本章采用私人部门对实物资产的投资额指标来替代被解释变量私人部门总投资额指标并进行基准回归检验。回归结果中的核心解释变量系数在 1% 的水平上显著为负（见表 7-2 第 3 列），说明本研究的模型非常稳健，验证了私人部门在投资项目收益模式的选择上更偏好"用户付费"这一事实性。

（三）排除金融危机的影响

本章的基本样本时间跨度较大，覆盖了 1996~2019 年沿线 PPP 项目数据，其间包括 2008 年发生的全球性金融危机。从宏观视角来看，金融危机不仅造成整体投资环境严重恶化，而且对整个金融系统产生巨大破坏；从微观视角来看，金融危机不仅提高了沿线 PPP 项目的投资风险，而且打击了私人部门投资者的投资信心。所以，金融危机对 PPP 项目的市场化运作的风险进一步放大，这可能影响私人部门对"用户付费"收益模式的偏好。鉴于此，本章分别对 2008 年前后的研究样本进行分组回归以排除金融危机的影响。回归结果如表 7-3 第 4 列和第 5 列所示，核心解释变量依旧显著为负，这说明尽管存在金融危机的影响，但收益来源为"用户付费"的沿线 PPP 项目对私人部门的投资仍具有很强的"吸纳效应"，本研究的假说 H1a 依然成立。

表 7-3　　　　　　　稳健性检验结果

变量	剔除政府担保	实物投资	金融危机前	金融危机后
revenue	-0.1920 *** （-3.6206）	-0.1691 *** （-4.6227）	-0.1546 * （-1.8687）	-0.1981 *** （-3.3772）
Control	Yes	Yes	Yes	Yes
Year FE	Yes	Yes	Yes	Yes

续表

变量	剔除政府担保	实物投资	金融危机前	金融危机后
Country FE	Yes	Yes	Yes	Yes
R^2	0.3572	0.3999	0.5199	0.3444
N	1603	1778	322	1381

注：回归时均采用了国家层面的聚类分析；Year FE 为年份固定效应，Country FE 为国家固定效应；t 值在表中的括号内；*、*** 分别表示在10%和1%的水平上显著。

（四）PSM 倾向值匹配检验

为克服样本自选择和反事实缺失等问题、进一步探究私人部门的投资偏好是否严格遵循"用户付费偏好"逻辑，本研究采用 PSM 倾向值匹配并采用模型（7.2）进行回归检验，由于项目周期（period）变量造成样本损失过多，本研究在 M6 的控制变量中将其剔除。

图 7-5 报告了 PSM 倾向值匹配前后处理组与对照组的核密度分布情况。如图 7-5（a）所示，匹配前的处理组与对照组在核密度分布上差异性较大，若未经处理直接对研究样本进行回归分析则可能导致回归结果产生严重偏误。如图 7-5（b）所示，匹配后的处理组与对照组在核密度分布上较为一致。此外，平衡性检验结果表明，各变量偏差均在5%水平以下，所以匹配后的对照组满足作为处理组反事实个体的要求，可以为接下来的回归遴选出合适的样本。

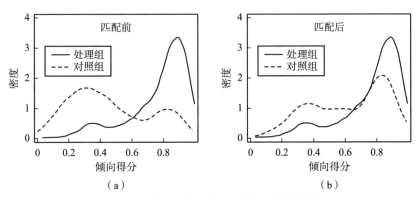

图 7-5 处理组与对照组的核密度分布图

统计显著性方面，经 PSM 倾向值匹配后的回归结果显示 M1 – 6 中的核心解释变量 REV 回归系数均为负且在 1% 水平显著（见表 7 – 4），这表明模型（7.2）非常稳健。经济显著性方面，M1 – 6 的回归结果说明 "一带一路" 沿线私人部门的投资偏好严格遵循 "用户付费偏好" 逻辑。M5、M6 的回归结果表明，沿线 PPP 项目回报机制为 "用户付费" 模式相较于 "政府付费" 模式能够进一步提高私人部门投资额的 40.78% 至 57.21%①。因此，沿线 PPP 项目的 "用户付费" 模式对私人部门的投资额存在显著的 "撬动效应"，本章的研究假说 H1b 得到进一步确认。

表 7 – 4　　　　　　　　　　基于 PSM 倾向值匹配的回归结果

变量	M1	M2	M3	M4	M5	M6
REV	– 0.5824 *** (– 4.8272)	– 0.4086 *** (– 4.7328)	– 0.4463 *** (– 4.9788)	– 0.4497 *** (– 6.4778)	– 0.4524 *** (– 6.8410)	– 0.3420 *** (– 3.0048)
Control	No	Yes	Yes	Yes	Yes	Yes
Year FE	No	No	Yes	No	Yes	Yes
Country FE	No	No	No	Yes	Yes	Yes
R^2	0.0279	0.2815	0.3057	0.3527	0.3672	0.3085
N	3005	1742	1742	1742	1742	2958

注：回归时均采用了国家层面的聚类分析；Year FE 为年份固定效应，Country FE 为国家固定效应；t 值在表中的括号内；*** 表示在 1% 的水平上显著。

（五）不同匹配方法下的稳健性检验

前文的 PSM 倾向值匹配检验采用的是 Bootstrap 最近邻有放回的 PSM 倾向值匹配方法，为进一步确保回归结果的稳健性，本研究拟更换不同的匹配方法后再次进行回归检验。表 7 – 5 中的第 2 列至第 7 列分别是基于半径匹配、核匹配、样条匹配、Bootstrap + 半径匹配、Bootstrap + 核匹配、Bootstrap + 样条匹配的回归检验结果。其中，以上各列采用 Bootstrap 方法的匹配均重复抽样 500 次。此外，回归模型中均添加了控制变量和年份、国家固定效应，但由于 period 变量残缺值较多影响样本数量，以上各回归均不包含此变量。

---

① 根据 Logit 模型，此处最终结果 $A = (e^{\beta} – 1) \times 100\%$。后文同，不再说明。

表 7 - 5 的回归结果与前文保持一致：收益来源为 "用户付费" 的沿线 PPP 项目更能撬动私人部门的投资，且沿线 PPP 项目采用 "用户付费" 模式比 "政府付费" 模式的私人部门投资额高 40.64% 至 40.82%，该数值与前文的计算结果相差不大，因此，经 PSM 倾向值匹配后的回归结果也十分稳健。综上，"一带一路" 沿线 PPP 项目收益来源为 "政府付费" 模式更容易吸引私人部门投资，本章的研究假说 H1a 再次得到验证。

表 7 - 5　　　　　　　　　基于不同匹配方法下的回归结果

变量	半径匹配	核匹配	样条匹配	Bootstrap + 半径匹配	Bootstrap + 核匹配	Bootstrap + 样条匹配
REV	-0.3410 *** (-3.1164)	-0.3410 *** (-3.1164)	-0.3410 *** (-3.1164)	-0.3420 *** (-3.0048)	-0.3423 *** (-3.0086)	-0.3410 *** (-3.1164)
Control	Yes	Yes	Yes	Yes	Yes	Yes
Year FE	Yes	Yes	Yes	Yes	Yes	Yes
Country FE	Yes	Yes	Yes	Yes	Yes	Yes
R^2	0.3057	0.3057	0.3057	0.3085	0.3082	0.3057
N	2970	2970	2970	2958	2961	2970

注：回归时均采用了国家层面的聚类分析；Year FE 为年份固定效应，Country FE 为国家固定效应；t 值在表中的括号内；*** 表示在 1% 的水平上显著。

三、拓展性讨论

(一) 行业属性的异质性

不同行业由于其行业自身属性不同，对资金的吸纳和回报方式便存在差异（罗煜等，2017），所以本研究进一步地对行业属性做了异质性回归分析。世界银行 PPI 数据库将 PPP 项目的行业属性区分为垃圾处理、交通、能源、水利与污水处理和通信行业，本研究依次对上述行业进行分样本回归。由于通信行业的样本量不足，本研究未对通信行业样本回归添加控制变量和固定效应，其余各行业回归均已添加控制变量和固定效应。

回归结果如表 7 - 6 所示，除通信行业和能源行业外，其余各行业的核心解释变量系数均在 1% 的水平上显著为负，而能源行业的回归系数在 10% 的水平上显著为正，通信行业未通过显著性检验。出现上述现象的可能原因如下：第一，项目投资规模、周期的差异性影响私人部门的投资意愿，上述行业显然在投资规模和投资周期方面存在显著差异，能源行业项目周期长、投资规模大，而预期收益的不确定性也相对较高，因此私人部门在能源行业的投资更倾向于"政府付费"的项目（罗煜等，2017）；其次，尽管垃圾处理、交通、水利与污水处理和通信行业在1%的水平上显著为负，但这4类行业的回归系数同样存在差异，其中交通行业回归系数的绝对值最小，这是因为该行业项目周期长、投资规模大，进而私人部门的投资积极性较低。第二，能源行业具有自然垄断属性，能源安全关系国家安全，因此沿线各国在能源行业的 PPP 项目收益模式的选择上可能存在行政干预，而非纯市场选择行为。综上，PPP 项目自身行业特质的不同使得项目收益模式的影响发生结构性变化，从而导致其对私人部门投资偏好和投资额的影响存在异质性。

表7-6　　　　　　　　　行业属性分样本回归结果

变量	垃圾处理行业	交通行业	能源行业	水利与污水处理行业	通信行业
revenue	-0.5836*** (-8.1801)	-0.0889*** (-7.5947)	0.2915* (1.7544)	-0.2491*** (-6.8513)	-0.0641 (-0.1779)
Control	Yes	Yes	Yes	Yes	No
Year FE	Yes	Yes	Yes	Yes	No
Country FE	Yes	Yes	Yes	Yes	No
R^2	0.6600	0.3420	0.3259	0.4582	0.7500
N	125	598	712	323	34

注：回归时均采用了国家层面的聚类分析；Year FE 为年份固定效应，Country FE 为国家固定效应；t 值在表中的括号内；*、*** 分别表示在10%和1%的水平上显著。

（二）发起政府级别的异质性

有研究认为，PPP 项目的发起政府级别不同，对私人部门投资的影响存在差异性（Askill，2016；Sanogo，2019）。世界银行 PPI 数据库将 PPP 项目的发起政府级别区分为地方政府（省级以下）、州政府（省级）和联邦政府（中央），本研究依次对发起政府级别进行分样本回归，且上述回归均添加了控制变量和年份、国家固定效应。

回归结果如表7-7所示，三组样本核心解释变量的回归系数均显著为负，但绝对值存在一定的差异。具体来说，地方政府（省级以下）与州政府（省级）样本回归系数的绝对值均维持在0.18左右并低于联邦政府（中央）样本的回归系数，这说明尽管在沿线各级别政府发起的PPP项目中，"用户付费"均能够撬动私人部门投资，但在不同级别政府发起的项目中存在差异性，对于联邦政府（中央）发起的PPP项目，"用户付费"模式对私人部门投资额的影响最显著，这可能是因为中央政府发起的PPP项目规模更大，因而私人部门投资额也相对较高。

表7-7　　　　　　　　发起政府级别分样本回归结果

变量	地方政府（省以下）	州政府（省级）	联邦政府（中央）
revenue	−0.1823 ** （−2.7167）	−0.1781 *** （−4.1874）	−0.2386 * （−1.9724）
Control	Yes	Yes	Yes
Year FE	Yes	Yes	Yes
Country FE	Yes	Yes	Yes
R^2	0.3266	0.3539	0.2799
N	601	316	861

注：回归时均采用了国家层面的聚类分析；Year FE 为年份固定效应，Country FE 为国家固定效应；t 值在表中的括号内；*、**、*** 分别表示在10%、5%和1%的水平上显著。

四、机制分析

根据张雅璇等（2019）和仇娟东等（2021）的研究，私人部门参与PPP项目是出于逐利性动机，而"逐利目标"的实现依赖于"融资渠道"。世界银行PPI数据库的跟踪数据表明，"权益融资"和"债务融资"是私人部门参与沿线经济体PPP项目投资的主要渠道。所以，本章认为"权益融资"和"债务融资"是可能的中间机制。一方面，沿线PPP项目通过债券市场进行融资时，投资者对其项目前景、长期收益更为重视，那么PPP项目收益来源则成为债券市场投资者关注的焦点。另一方面，通过股权投资的私人部门，更注重基于商业原则的可持续性项目，对PPP项目的收益方式、市场化运作也更为关注。因此，本章尝试从沿线PPP项目融资渠道的角度识别PPP项目收入来源方式影响私人部门参与投资的中间机制。

本章根据模型（7.1）将被解释变量分别设计为"权益融资（equity）"和"债务融资（debt）"，解释变量仍为私人部门收益来源，以检验"融资渠道"是否为本章基本结论的作用机制，具体回归结果如表7-8所示。如表7-8所示的中间机制检验结果，M1和M2的核心解释变量在1%的水平上显著为负，这说明，当"一带一路"沿线PPP项目收益来源为"用户付费"模式时，则更容易在"权益融资"和"债务融资"的过程中获得私人资本的介入，即沿线PPP项目收益来源影响私人部门投资额的中间传导机制是：项目收益来源→权益融资→私人部门投资额、项目收益来源→债务融资→私人部门投资额。

表 7 - 8　　　　　　　　　　　中间机制检验结果

变量	M1	M2
	equity	debt
revenue	- 0. 1351 *** (- 3. 4997)	- 0. 1684 *** (- 2. 8873)
Control	Yes	Yes
Year FE	Yes	Yes
Country FE	Yes	Yes
R^2	0. 3861	0. 4209
N	646	585

注：回归时均采用了国家层面的聚类分析；Year FE 为年份固定效应，Country FE 为国家固定效应；t 值在表中的括号内；*** 表示在1%的水平上显著。

第六节　结论与政策建议

一、主要结论

基于"一带一路"沿线国家基础设施建设项目严峻的资金约束、私人部门参与沿线PPP项目投资的积极性不足的现实背景和高质量推进共建"一带一路"倡议的政策背景，本章结合1996~2019年"一带一路"沿线国家的3041个PPP项目的相关数据，围绕"PPP项目收益来源是否以

及如何影响私人部门投资额"进行了实证研究，主要结论如下：第一，
"一带一路"沿线 PPP 项目收益来源为"用户付费"的模式更容易吸引私
人部门投资，即"一带一路"沿线 PPP 项目的收益来源对私人部门投资
额的影响存在"市场激励效应"。第二，沿线 PPP 项目收益来源对私人部
门投资额的影响存在行业异质性和发起政府异质性。具体而言，私人资本
对能源等投资周期长、融资规模大、预期收益不确定性较高的行业的 PPP
项目更偏好于"政府付费"；对于中央政府发起的 PPP 项目，"用户付费"
模式对私人部门投资额的影响最显著。第三，沿线 PPP 项目收益来源对私
人部门投资额的影响存在 2 条中间传导机制：项目收益来源→债务融资→
私人部门投资额与项目收益来源→权益融资→私人部门投资额，即当沿线
PPP 项目收益来源为"用户付费"模式时，私人部门能更为积极地参与项
目的"权益融资"和"债务融资"渠道，进而增加对沿线基础设施 PPP
项目的私人投资。

二、政策建议

为高质量推进共建"一带一路"倡议，本章结合上述结论提出以下三
方面政策建议。

第一，加快推进沿线 PPP 项目私人收益市场化运作机制，完善项目风
险评估与监审体系。一方面，本章发现，收益来源为"用户付费"模式的
PPP 项目对私人部门投资存在"市场激励效应"，那么，对于能够实现市
场化盈利的项目，应允许私人部门采用"用户付费"等市场化收益模式获
利，从而使沿线 PPP 项目更具融资优势，避免因资金不足而被迫中断。另
一方面，项目发起政府应聘请独立的第三方评估机构对项目的付费测算的
合理性、准确性进行复审、评估，必要时进行相应的敏感性分析，合理评
价用户付费不足引致的风险对于项目整体收益水平的影响，设定合理的风
险分担方案和监督审查机制，以尽可能降低用户付费的测算偏差风险。

第二，明确沿线 PPP 项目各参与主体责任，继续加强高层对话与深化
法治合作。"一带一路"沿线 PPP 项目发起政府与私人部门之间存在不完
全契约关系，在这种不完全契约关系中，私人部门通常处于劣势地位，政
府的履约完成度不高使得私人部门的收益难以得到保障，成为制约私人部
门参与沿线 PPP 项目的关键原因。因此，高质量共建"一带一路"倡议
下理应明确 PPP 项目各参与主体的责任，不断强化多边投资协定机制，敦

促沿线各国政府加强政策沟通，持续深化法治合作，以及通过国际仲裁等多种争端解决机制保障 PPP 项目各参与方的合法权益。

第三，聚焦沿线 PPP 项目内外要素差异，中国企业"走出去"要"因项制宜"。"一带一路"沿线各国在政治、经济、文化等项目外部环境方面具有显著差异性，而沿线基础设施建设 PPP 项目的内在属性也各有不同，所以坚持"因项制宜"应是中国企业参与沿线 PPP 项目投资的基本准则。本章的实证结果表明，项目私人部门收益来源、发起政府级别、风险结构等内部因素影响私人部门的投资额，而行业属性与发起政府级别对收益模式影响私人部门投资方面又存在异质性，因此，以上微观项目要素应该作为"走出去"企业投资的重要参考指标。综上，中国"走出去"企业在对沿线 PPP 项目进行投资评估时，不仅要关注东道国的政治、经济、文化等项目外部宏观要素，更应将项目收益来源、行业属性、发起政府级别等项目微观属性因素作为重要参考标准。

第八章

保险资金支持"一带一路"
建设的效应评估

第一节 引 言

2013 年 9 月和 10 月，习近平主席先后提出"一带一路"倡议，从建设效果来看，共建"一带一路"倡议的经济效应逐步显现，经济影响也正受到全球关注。

就保险业服务"一带一路"建设而言，正如中国保监会印发的《保监会关于保险业服务"一带一路"建设的指导意见》所指出，"一带一路"辐射区域所涉及的国别众多、人口数量庞大、政治经济关系复杂多变，作为风险管理特殊行业的自身特点决定了保险业服务"一带一路"建设具有天然优势。另外，保险资金具有来源稳定、金额巨大、长期保值增值等特点，这恰好与共建"一带一路"倡议下基础设施建设资金需求特征契合，因而保险业服务"一带一路"建设有着现实必要性，共建"一带一路"倡议也必将为沿线经济体保险业的发展带来重要契机（姜波，2016；赵威，2018）。正是由于保险业与共建"一带一路"倡议的高度契合性，中国等 26 国财政部所共同核准的《"一带一路"融资指导原则》[①]中，特别强调扩大保险等金融机构的市场准入，"期待"保险等金融机构为"一带一路"建设提供资金及其他金融服务。另外，据瑞士再保险经济

[①] "一带一路"融资指导原则 [EB/OL]. (2017 – 05 – 16). https：//www.yidaiyilu.gov.cn/zchj/qwfb/13767.htm.

研究与咨询部的预测，2016～2030 年，仅"一带一路"倡议下的基础设施建设项目将带来 340 亿美元的保费增长潜力（姚冬琴，2017）。再者，尽管目前沿线经济体保险市场发展水平还比较落后，但随着共建"一带一路"倡议的不断推进及沿线经济体各领域合作的不断深入，可供开发与拓展的保险市场份额仍比较广泛，包括对外贸易、产品进出口、文化旅游等领域的保险需求有望不断增长（尹晨、周薪吉，2018）。因此，保险业不仅契合"一带一路"建设需要，而共建"一带一路"倡议下可开发的保险市场潜力也十分可观（吴望春、李春华，2018）。

就"一带一路"倡议经济效应和经济影响评估的相关研究而言，部分研究集中关注"一带一路"倡议对沿线经济体能源、基础设施建设、安全等宏观层面所产生的影响（Fallon，2015；Zhao et al.，2019）。不过，随着共建"一带一路"倡议的进展、有关界定的逐步清晰和可利用数据的不断增加，"一带一路"倡议对具体领域经济影响的实证检验也不断出现。部分研究检验了"一带一路"倡议对沿线经济体整体福利水平（Bird et al.，2019；Tambo，2019）、贸易成本（François et al.，2019；Baniya et al.，2019）、基础设施水平（黄亮雄、钱馨蓓等，2018；张艳艳、于津平等，2018）等领域的影响；还有相关研究以微观企业为研究对象，实证检验了"一带一路"倡议对公司投资水平、企业投资风险和企业融资约束等方面所产生的经济效应（陈胜蓝、刘晓玲，2018；孙焱林、覃飞，2018；徐思、何晓怡等，2019）。这些宏观与微观层面的实证检验均表明，"一带一路"倡议的经济影响不断显现，相关经济效应也具有显著性。

就共建"一带一路"倡议与保险业主题下的相关研究而言，这些研究主要集中在以下三方面：第一，保险业服务共建"一带一路"倡议的总体设计，如相关研究认为，未来相当长一段时期内，"一带一路"沿线国家较高的风险状态将是常态，因而需要有效运用保险这一现代化的风险管理工具，并且需要建立"政府＋市场"的风险管理制度框架（孙祁祥、锁凌燕等，2017；陈春萍、罗龙林，2017；王军杰、石林，2019）。第二，"一带一路"倡议下中国保险业的发展，该领域的部分研究重点关注了我国唯一政策性保险机构——中国出口信用保险公司，助力"一带一路"建设的经验和未来方向（王毅，2017；郭聪聪，2019）；还有部分研究认为，"一带一路"倡议为我国保险业的国际化提供了重要平台，我国商业性保险跟进以支持"一带一路"建设有着现实必要性，需要从产品、服务、投资多角度入手来利用"一带一路"倡议推动我国保险业的国际化（袁成，

2017;姜波,2016;赵威,2018);除了这些定性分析之外,一些基于我国各省级单位面板数据的实证检验发现,出口信用保险对扩大出口贸易规模具有显著正向作用(魏巧琴,2017),"一带一路"倡议对我国沿线省(区、市)保费收入增长的影响显著(吴望春、李春华,2018)。第三,"一带一路"沿线国家保险业的发展,如袁成、郭杰(2018)将研究视角从中国转向了"一带一路"沿线国家,并结合相关面板数据检验了沿线经济体保险业发展的影响因素。

综上,共建"一带一路"倡议提出十年来有关经济影响和经济效应逐步显现,有关"一带一路"经济影响和经济效应的检验也成为学术界所关注的热点问题。在此背景下,作为金融业重要组成部分的保险业与"一带一路"建设的金融需求高度契合,沿线经济体政府层面也取得了推动保险业服务"一带一路"建设的共识,这便自然而然提出了以下问题:共建"一带一路"倡议是否带动了沿线经济体保险业的发展?如果有,那么效果如何?如果没有,那么阻碍和约束因素是什么?对于这些问题,亟须基于面板数据和科学方法给予实证解答。有鉴于此,本章视2013年"一带一路"倡议的提出为"准自然实验",结合瑞士再保险机构 Sigma 杂志、世界银行世界发展指标(WDI)数据库及世界银行全球治理指标(WGI)数据库等所提供的1998~2018年全球75个经济体的面板数据,基于国务院授权发布的《推动共建丝绸之路经济带和21世纪海上丝绸之路的愿景与行动》和相关研究中对"一带一路"沿线国家(地区)的界定,进而将75个样本经济体区分为34个沿线经济体和41个非沿线经济体,运用双重差分倾向得分匹配法(PSM – DID)检验了"一带一路"倡议对沿线经济体保险业发展的影响。

该部分研究可能的贡献主要有:第一,目前相关研究重点关注"一带一路"倡议对中国各领域的影响,但从沿线经济体和开放视角所开展的研究较少,不过按照决策层对共建"一带一路"倡议是"交响乐"而不是"独奏曲"的基本定位,这便要求不仅要评估"一带一路"倡议对我国各领域的影响,也要关注其对沿线经济体的影响,因而本章在一定程度上有助于拓展该领域的研究视角。第二,共建"一带一路"倡议有关经济效应的取得显然是政府推动与市场跟进相互作用的结果,仅从经济方面分析可能遗漏重要变量,本章将政府作用与市场作用结合起来梳理了共建"一带一路"倡议对沿线经济体保险业"促进效应"和"拖累效应"相互作用的逻辑框架,从而更符合"一带一路"建设的实际。第三,本章视共建

"一带一路"倡议的提出为"准自然实验"，运用 PSM – DID 方法检验该倡议的政策效应，有助于克服选择性偏误所导致的内生性问题，因而所得出的结论相对稳健。第四，本章将定性逻辑框架梳理和定量实证检验结合起来，有助于探明"一带一路"倡议"促进"或"拖累"沿线经济体保险业发展的关键因素，进而提出具有针对性地推动沿线经济体保险业发展和"一带一路"倡议行稳致远的政策建议，具有一定现实价值。

第二节　逻辑架构

就"一带一路"倡议对沿线经济体保险业的影响而言，在不同的逻辑和分析视角下，可能产生"促进效应"和"拖累效应"两种不同的经济效应。

一、促进效应

根据相关研究及主流观点，"一带一路"倡议对沿线经济体保险业的发展具有正向作用，本章将该效应定义为"促进效应"。具体而言，"促进效应"形成的可能逻辑主要有以下几方面：

第一，有力政策的推动。从最初中国勾勒出共建"一带一路"倡议的大致范围到有 150 多个国家、30 多个国际组织签署了 200 多份共建"一带一路"合作文件（截至 2023 年底），共建"一带一路"倡议载入联合国决议等国际组织的重要文件，充分说明政府之间沟通以及由此带动的各领域沟通一直是推动"一带一路"建设的重要工作机制与关键保障。在保险领域，中国等 26 国财政部所共同核准的《"一带一路"融资指导原则》也说明，加强沿线经济体保险业之间的合作及探讨保险业服务"一带一路"建设的路径，一直是"一带一路"建设中政策沟通的重要内容。因此，共建"一带一路"倡议下有效的政策沟通成为沿线经济体保险业发展的重要推动力。

第二，基本属性的驱动。"一带一路"建设中所面临的风险多元且复杂，因而需要作为风险管理特殊行业的保险业提供全方位的保障与服务。另外，目前"一带一路"倡议以基础设施建设为主要领域，需要大额度以及可靠稳定的资金来源，而保险资金正好具有来源稳定、金额巨大、长期保值增值等特点，从而共建"一带一路"倡议下的基础设施建设资金需求特征与保险资金供给特征相吻合（姜波，2016；赵威，2018）。因此，保险业的基本属性和资金特征契合"一带一路"建设需要，也成为共建"一带一路"倡议促进沿线经济体保险业发展的内生驱动力。

第三，联合支持的撬动。以"亚投行"为例，相关资料显示①，截至2023年10月10日，亚投行已累计批准236个项目，累计批准融资总额450亿美元。协同世界银行、项目所在国金融机构和项目公司等机构联合支持具体项目成为亚投行主要工作方式，这也是共商共建共享基本建设原则的重要体现。多机构协同支持具体项目建设的工作方式，一则有利于撬动国际知名保险机构和项目所在国保险机构等服务"一带一路"建设；再则有利于建立风险共担、收益共享的合作机制；三则有利于为各经济体、各机构之间的交流、学习和共享搭建平台，进而有助于撬动保险市场、推动沿线经济体保险业的发展（赵威，2018；郭聪聪，2019）。

第四，显著进展的带动。《共建"一带一路"倡议：进展、贡献与展望》系统梳理了"一带一路"倡议提出以来在各领域所取得的进展，显而易见，相关进展的取得必然离不开保险业的保驾护航（姜波，2016；王毅，2017）。相关研究也表明，"一带一路"倡议对促进公司投资、降低跨国投资风险、缓解企业融资约束等具有显著作用（陈胜蓝、刘晓玲，2018；孙焱林、覃飞，2018；徐思、何晓怡等，2019），这些显著效应的产生必然有沿线经济体劳动力、资本、技术等生产要素的共同参与（翟东升、王森，2017），也离不开沿线经济体本土和国际保险机构的支持。因此，基于宏观层面和微观层面显著的经济效应，在一定程度上可以推论"一带一路"倡议对沿线经济体保险业发展的带动作用。

二、拖累效应

"一带一路"倡议推进中不可避免地会受到一些现实因素的拖累，这也在一定程度上制约了"一带一路"倡议对沿线经济体保险业"促进效应"的形成。总体来看，"一带一路"倡议下保险业发展"拖累效应"的主要来源有以下几方面。

第一，风险复杂性的约束。"一带一路"沿线主要是发展中经济体和

---

① 根据"亚投行"官网相关数据整理。

新兴经济体，并且人口众多、文化差异明显、宗教关系和地缘政治经济关系复杂，因而"一带一路"建设中需要面对来自政治、经济、法律、社会文化等多方面的风险（肖钢，2019）。另外，中国社会科学院发布的《中国海外投资国家风险评级报告（2019）》① 中所分析的 35 个"一带一路"沿线国家中，仅有 1 个经济体为低风险级别，27 个经济体为中等风险级别，而高风险级别经济体的数量达到了 7 个。因此，"一带一路"沿线国家多元化、复杂化和高等级的风险，对保险业的参与和保险机构的经营能力提出了考验，也成为"促进效应"形成和显现的系统性制约因素。

第二，发展滞后性的约束。市场经济发展程度对保险业发展水平具有显著影响（孙祁祥、郑伟等，2010），但"一带一路"倡议所涉及的主要是发展中和新兴经济体，其经济发展水平、市场经济发育程度、金融市场发展水平均比较有限（巴曙松、王志峰，2015；陈春萍、罗龙林，2017），这也综合影响了沿线国家保险业的整体发展水平。就"一带一路"沿线国家保险市场的整体发展而言，袁成、郭杰（2018）的定量测度表明，沿线经济体保险业的发展处于全球的中下水平，部分经济体保险业的功能也尚未得到有效发挥。因此，沿线经济体相对落后的经济发展水平和保险业发展水平，成为"促进效应"形成和显现的关键性制约因素。

第三，协作复杂性的约束。"一带一路"倡议下基础设施建设等项目中，往往既需要项目公司、投融资机构和保险公司之间的对接与协调，还需要直保公司承接风险、再保机构分担直保风险、出口信用保险保障各机构的经营活动等，仅凭单一机构无法有效分散可能面临的多元风险（赵威，2018）。另外，"一带一路"倡议下往往需要跨国合作支持具体项目，但沿线经济体在语言沟通、文化理念、保险监管制度等方面均存在一定的差异，从而加大了各机构之间的协调成本（袁成，2017）。总之，共建"一带一路"倡议下，需要不同职能的保险公司和不同经济体的保险机构有机开展合作，但该合作往往具有较高的复杂性，进而成为共建"一带一路"倡议带动沿线经济体保险业发展的基础性制约因素。

第四，效应显现期的约束。与共建"一带一路"倡议缓解企业融资约束、促进公司投资以及推动一国或更小行政单位保险业发展等较微观领域的研究不同，"一带一路"倡议所涉及的沿线经济体较多，对不同经济体保险业发展的影响也存在一定差异，而共建"一带一路"倡议对沿线经济

---

① 2019 年度中国海外投资国家风险评级发布 ［EB/OL］. (2019 - 01 - 10). http：//www. iwep. org. cn/xsjl/xsjl_yth/201901/t20190111_4810159. shtml.

体保险业发展整体经济效应的产生也不是一蹴而就的，需要更长时期才能显现出具体经济效应。另外，"一带一路"倡议提出至今仅十年，部分经济体与中国签署共建"一带一路"合作文件的时间还不长，而具体经济效应和保险业发展总体效果的形成往往需要政策沟通、合作项目签署与实施、政策性保险跟进、商业性保险参与、多元合作与全方位撬动等多个阶段，因而在较短的时间内难以形成和显现有关经济效应。

三、最终效应

在前文所述的"促进效应"和"拖累效应"共同作用下，共建"一带一路"倡议对沿线国家保险业发展的最终效应及其决定可表示为图8-1。

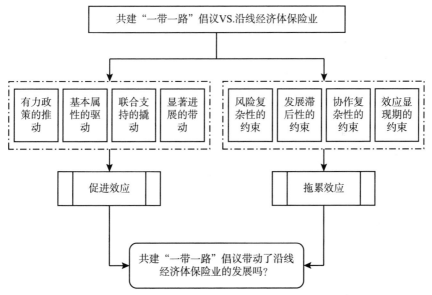

图8-1　共建"一带一路"倡议对沿线国家保险业发展作用机制

如图8-1所示，无论共建"一带一路"倡议是"促进"还是"拖累"沿线经济体保险业的发展均有着比较充分的理论依据和现实基础，那么"促进效应"与"拖累效应"相互作用下的最终效应如何呢？为了获得对该问题的直观判断与启示，本章拟根据瑞士再保险 Sigma 杂志所提供的以美元计保费收入数据和世界银行世界发展指标（WDI）数据库所提供的物价指数、人口与 GDP 数据，收集和计算了 1998～2018 年全球 75 个国家实际保费收入、保险密度和保险深度，具体结果如图 8-2 所示。

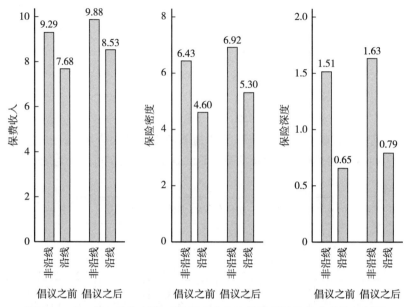

图 8-2 "一带一路"倡议对沿线国家保险业发展最终效应的统计判断

注：（1）图形上方的数据是相关指标自然对数的均值；（2）将 2013 年及之前定义为"倡议之前"、2014 年及之后定义为"倡议之后"；（3）75 个样本国家、41 个沿线国家、34 个非沿线国家的具体名称，见本章第三节样本选择与数据描述部分的说明。

如图 8-2 所示，从动态变化来看，"一带一路"倡议提出后，非沿线经济体和沿线经济体实际保费收入自然对数的均值较之前分别提高了 0.59 和 0.85，保险密度自然对数的均值较之前分别提高了 0.49 和 0.70，保险深度自然对数的均值较之前分别提高了 0.12 和 0.14。因此，尽管"一带一路"沿线国家保险业整体发展水平较之非沿线经济体更为落后，但"一带一路"倡议提出后，由保费收入、保险密度和保险深度所表征的沿线经济体保险业发展速度都要高于非沿线经济体。由此而来的问题是，2014 年及之后沿线经济体保险业更快的发展速度在统计上究竟显著不显著？该更快速度的发展究竟是不是共建"一带一路"倡议所引起的？为了回答这些问题，需要客观地评价"促进效应"和"拖累效应"作用下所形成的最终效应，这也将为推动沿线经济体保险业的发展和"一带一路"倡议的行稳致远提供理论依据和政策启示。

第三节 研 究 设 计

一、模型设定

本章视"一带一路"倡议是在沿线国家所进行的"准自然实验",拟运用双重差分法（Difference in Difference，DID）来评估这种政策的效果。具体的,以国务院授权发布的《推动共建丝绸之路经济带和21世纪海上丝绸之路的愿景与行动》中所勾勒的"一带一路"沿线国家为处理组并赋值为 $G_i = 1$,以处理组之外的其他国家为控制组并赋值为 $G_i = 0$。同时,以"一带一路"倡议提出的2013年为时间节点,将2013年及之前定义为实验前并赋值为 $D_t = 0$,2014年及之后定义为实验后并赋值为 $D_t = 1$。基于实验分组（G_i）和实验分期（D_t）两个维度,可将样本国家划分为倡议提出前的控制组（$D_t = 0$，$G_i = 0$）、倡议提出前的处理组（$D_t = 0$，$G_i = 1$）、倡议提出后的控制组（$D_t = 1$，$G_i = 0$）、倡议提出后的处理组（$D_t = 1$，$G_i = 1$）四组子样本。参考刘瑞明和赵仁杰（2015）、袁航和朱承亮（2018）等相关研究,本章拟建立式（8.1）所示的基准回归模型：

$$y_{it} = \beta_0 + \beta_1 G_{i,t} + \beta_2 D_{i,t} + \beta_3 G_{i,t} D_{i,t} + \sum \beta_j X_{it} + \varepsilon_{it} \qquad (8.1)$$

式（8.1）中,下标 i 和 t 分别表示第 i 个经济体和第 t 年,X 表示一系列控制变量,β_j 为各控制变量的系数,ε 为随机扰动项,被解释变量 y 是度量保险业发展情况的指标。另外,基准回归模型（8.1）中相关参数的含义如表8-1所示。

表8-1 DID 模型各参数的含义

变量	倡议提出前（$D_t = 0$）	倡议提出后（$D_t = 1$）	差分
沿线国家（$G_i = 1$）	$\beta_0 + \beta_1$	$\beta_0 + \beta_1 + \beta_2 + \beta_3$	$\Delta y_{1,t} = \beta_2 + \beta_3$
非沿线国家（$G_i = 0$）	β_0	$\beta_0 + \beta_2$	$\Delta y_{0,t} = \beta_2$
差分	$\Delta y_{i,0} = \beta_1$	$\Delta y_{i,1} = \beta_1 + \beta_3$	$\Delta\Delta y = \beta_3$

资料来源：作者根据双重差分法的含义整理所得。

如表 8 - 1 所示，对于处理组（$G_i = 1$），"一带一路"倡议提出前后保险业的发展情况分别是 $\beta_0 + \beta_1$ 和 $\beta_0 + \beta_1 + \beta_2 + \beta_3$，倡议提出前后保险业发展的变化幅度为 $\Delta y_{1,t} = \beta_2 + \beta_3$；对于控制组（$G_i = 0$），倡议提出前后保险业的发展情况分别是 $\Delta y_{i,0} = \beta_0$ 和 $\Delta y_{i,1} = \beta_0 + \beta_2$；倡议提出前后，保险业发展的变化幅度为 $\Delta y_{0,t} = \beta_2$。"一带一路"倡议提出前（$D_t = 0$），沿线和非沿线经济体保险业的发展情况分别是 $\beta_0 + \beta_1$ 和 β_0，因而两者的差异 $\Delta y_{i,0} = \beta_1$；在倡议提出后（$D_t = 1$），沿线和非沿线经济体保险业的发展情况分别是 $\beta_0 + \beta_1 + \beta_2 + \beta_3$ 和 $\beta_0 + \beta_2$，因而两者的差异 $\Delta y_{i,1} = \beta_1 + \beta_3$。特别地，"一带一路"倡议提出前后、沿线和非沿线经济体保险业发展的差异为 $\Delta\Delta y = \beta_3$。由此可以看出，β_3 反映了"一带一路"倡议对沿线经济体保险业发展的最终效应，若 $\beta_3 > 0$，表示最终效应与"促进效应"的方向相同；反之则表示最终效应与"拖累效应"的方向相同。

运用 DID 方法评估政策效应最重要的前提是处理组与控制组具有共同趋势，也就是说，如果没有共建"一带一路"倡议，沿线经济体和非沿线经济体保险业的发展随着时间推移并没有系统性差异。不过，现实中受各种复杂因素的影响，该共同趋势假设往往无法完全满足。因此，本章拟使用詹姆斯·赫克曼等（James J. Heckman et al.，1997，1998）所提出的、更具优势的双重差分倾向得分匹配法（Propensity Score Matching – Difference in Difference，PSM – DID），来检验共建"一带一路"倡议对沿线经济体保险业发展的影响。PSM – DID 方法的基本思想来源于匹配估计量，也就是在明确区分"一带一路"沿线经济体和非沿线经济体的前提下，假设经济体 i 属于处理组，于是在控制组中寻找到某经济体 j，并使个体 i 和 j 可观测变量的取值尽可能匹配（即 $x_i \approx x_j$）。根据可忽略性假设，当经济体的个体特征对是否提出"一带一路"倡议的作用完全取决于可观测的控制变量时，个体 i 和 j 进入处理组的概率相近，从而也具有可比性。PSM – DID 方法有效解决了控制组和处理组在受到共建"一带一路"倡议政策冲击前不具备共同趋势所引起的估计偏误等问题。在具体检验中，结合 logit 回归与核匹配（Kernel）估计倾向得分，并在基准模型估计的基础上开展一系列检验来分析结果的稳健性。

二、变量选择

第一，被解释变量：保险业发展。相关研究中，主要使用保费收入

（insu）、保险密度（dens）和保险深度（dept）来衡量经济体保险业的发展情况。具体来看，保费收入是绝对量指标，侧重从总量规模角度衡量保险业的发展状况；保险密度是保费收入与当地人口之比，侧重反映居民的风险防范意识和保险消费意识情况；保险深度是保费收入与 GDP 之比，主要反映保险业在国民经济中的地位和重要程度（卓志、朱衡，2017）。考虑到发展是一个包含数量、质量和结构等多维度的概念，本章选择这三个指标为被解释变量来开展实证检验。

第二，关键解释变量："一带一路"倡议对沿线经济体的影响（$G_{i,t} \times D_{i,t}$）。按照（8.1）式所示的模型设计，用虚拟变量 $D_{i,t}$ 表示"一带一路"倡议是否提出，用虚拟变量 $G_{i,t}$ 表示是否为"一带一路"沿线经济体，本章所关注的"一带一路"倡议对沿线经济体保险业发展的最终效应是实验分组（$G_{i,t}$）和实验分期（$D_{i,t}$）两个虚拟变量的交互乘积项。

第三，控制变量。根据前文对"一带一路"沿线经济体保险业发展有关"促进效应"与"拖累效应"的分析可以发现，沿线经济体保险业的发展不仅与经济因素相关，同样还受政治稳定性、政府效率等一系列非经济因素的影响。有鉴于此，本章基于指标含义和数据可得性等方面的考虑，主要从经济因素和政府治理情况两方面来控制可能影响经济体保险业发展的相关因素。在经济因素方面，参考孙祁祥、郑伟等（2010）、袁成、郭杰（2018）的相关研究，拟选择实际人均 GDP（pgdp）来衡量经济发展水平，用进出口额占 GDP 百分比（trad）来衡量对外贸易情况，用城镇人口占总人口的百分比（curban）来衡量城镇化水平，用非劳动年龄人口与劳动年龄人口之比（nowk）所计算的抚养比来衡量人口年龄分布状况。在政府治理方面，选择世界银行对全球 200 多个经济体的居民、企业、商业信息提供商、非政府组织和公共部门，所组织的大样本调查进而合成的六个维度综合指数来衡量政府治理不同方面的具体情况。根据世界银行全球治理指标（Worldwide Governance Indicators，WGI）数据库的定义[①]，所选择的政府治理指标及其含义是：（1）政治稳定性（stab），主要衡量一国政府当局稳定程度和暴力推翻的可能性；（2）政府效率（effc），反映政府当局政策制定和执行情况、公共服务提供情况；（3）监管质量（regu），反映政府当局制定和执行有利于市场化和私营部门发展政策的能力；（4）法治规则（rlaw），衡量经济主体对法律、契约的遵守情况以及

[①] 根据世界银行"全球治理指标（WDI）"数据库相关数据整理得出。

对知识产权的保护情况；（5）话语权和问责制（voice），反映一国公民的话语权和影响力；（6）控制腐败能力（corup），衡量政府控制为了私利而行使公共权力的程度，控制为了精英和私人利益"俘获"国家的程度。可以看出，这六个指标从总体上勾勒出了"一带一路"倡议推进和保险业发展的基本政府治理环境和制度水平。

三、样本选择与数据描述

相关经济体的保费收入数据是本章被解释变量的基础数据，因而保费收入数据的时间范围和所涉及的经济体在很大程度上决定了本章的时间范围和样本选择。本章从瑞士再保险的 sigma 杂志收集了 1998～2018 年有关经济体以美元计保费收入的数据，剔除时间序列上严重缺失的经济体之后，共获得了全球 75 个经济体的完整数据，这也初步决定了本章的样本范围。在 PSM - DID 模型控制组和处理组的设计上，国务院授权发布的《推动共建丝绸之路经济带和 21 世纪海上丝绸之路的愿景与行动》中，勾勒出了"一带一路"沿线经济体的大致范围，相关研究中也进一步明确了沿线经济体的具体名称（巴曙松、王志峰，2015；徐思、何晓怡等，2019），本章基于政策文件和相关研究将上述 75 个经济体进一步区分为沿线经济体和非沿线经济体两组①，这也分别构成了本节的处理组和控制组。

本章的主要数据来源如下：保费收入数据是从瑞士再保险的 sigma 杂志整理获得；从世界银行世界发展指数（World Development Indicators，WDI）数据库获得了这 75 个经济体的物价指数、人口和 GDP 数据，进而计算实际保费收入、保险密度和保险深度。对于解释变量，考虑到 2013 年 9 月和 10 月才正式提出"一带一路"倡议，有关经济效应的产生也有一定"时滞"，本章将 2013 年及之前的 $D_{i,t}$ 取值为 0，2014 年及之后 $D_{i,t}$ 取

---

① "一带一路"沿线经济体包括：阿联酋、阿曼、埃及、巴基斯坦、保加利亚、波兰、俄罗斯、菲律宾、哥斯达黎加、捷克、科威特、克罗地亚、黎巴嫩、罗马尼亚、马来西亚、孟加拉国、塞浦路斯、沙特阿拉伯、斯里兰卡、斯洛伐克、斯洛文尼亚、泰国、土耳其、乌克兰、新加坡、匈牙利、伊朗、以色列、印度尼西亚、约旦、越南、中国等。

非"一带一路"沿线经济体包括：阿尔及利亚、阿根廷、爱尔兰、奥地利、澳大利亚、巴拿马、巴西、比利时、丹麦、德国、多米尼加、厄瓜多尔、法国、芬兰、哥伦比亚、韩国、荷兰、加拿大、肯尼亚、卢森堡、马耳他、美国、秘鲁、摩洛哥、墨西哥、南非、尼日利亚、挪威、葡萄牙、日本、瑞典、瑞士、突尼斯、乌拉圭、西班牙、希腊、新西兰、牙买加、意大利、英国、智利等。

值为 1；将所界定的 34 个沿线经济体的 $G_{i,t}$ 取值为 1，41 个非沿线经济体的 $G_{i,t}$ 取值为 0；由此便可获得本章所关注的关键解释变量 $G_{i,t} \times D_{i,t}$。对于控制变量，实际人均 GDP、进出口额占 GDP 百分比、城镇人口占比、非劳动年龄人口占比均来自世界银行 WDI 数据库；政治稳定性、政府效率、监管质量、法治规则、话语权和问责制、控制腐败能力等六个指标均来自世界银行全球治理指标（WGI）数据库。

根据数据收集情况，政府治理六个指标的时间范围均为 1998～2017 年，而其余指标的时间范围为 1998～2018 年。需要说明的是，本章使用插值法对极个别缺失值进行了补充；为了减少异方差的影响，本章对相关数据均取了自然对数；政府治理六个指标的取值范围为（−3，3），本章对这六个指标的基本数据统一加上 3 使之转化为正数，随后对这些正数取自然对数。上述变量的描述性统计结果如表 8 − 2 所示。

表 8 − 2　　　　　　　　　　变量描述性统计结果

变量	样本量	均值	标准差	最小值	最大值
prem	1575	8.7304	2.0687	3.2189	14.2003
dens	1575	5.7428	2.1047	−1.0417	11.0653
dept	1575	1.1544	0.9908	−4.8595	4.3061
pgdp	1575	9.1977	1.3203	5.8531	11.6854
trad	1575	4.327	0.5896	2.7996	6.0927
curban	1575	4.1882	0.349	2.9012	4.6052
nowk	1575	3.5095	0.1411	2.6481	3.8812
voice	1500	1.1774	0.317	0.0887	1.5688
stab	1500	1.0717	0.4117	−1.6609	1.5603
effc	1500	1.2563	0.2506	0.5796	1.6932
regu	1500	1.2458	0.2623	0.2468	1.6602
rlaw	1500	1.2176	0.2828	0.4529	1.6293
corup	1500	1.2059	0.3052	0.4078	1.6993

资料来源：据 Stata16.0 计算所得。

第四节　实证检验及结果分析

一、基准模型检验

本章首先运用双重差分法（DID）对模型（8.1）进行回归，具体结果如表 8-3 所示。其中，模型（1）（3）（5）是未加入控制变量的回归结果，模型（2）（4）（6）是加入控制变量的回归结果；模型（1）（2）的被解释变量为保费收入（prem），模型（3）（4）的被解释变量为保险密度（dens），模型（5）（6）的被解释变量为保险深度（dept）。

表 8-3　　　　　　　　　　双重差分回归结果

变量	prem		dens		dept	
	(1)	(2)	(3)	(4)	(5)	(6)
D	0.5857 *** (3.6130)	0.4235 *** (3.3721)	0.4843 ** (3.1127)	0.1213 *** (3.4288)	0.1180 (1.5244)	0.1210 *** (3.4295)
G	-1.6069 *** (-14.7611)	-0.5646 (-1.7289)	-1.8297 *** (-16.5490)	-0.4775 *** (-3.7945)	-0.8589 *** (-16.8651)	-0.4583 *** (-3.7444)
G × D	0.2623 (1.2622)	-0.2858 ** (-2.7281)	0.2168 (1.0274)	-0.0933 (-1.4798)	0.0189 (0.1795)	-0.0930 (-1.4635)
pgdp		0.7311 *** (3.6147)		1.0191 *** (11.2605)		0.0236 (0.2628)
trad		-1.4102 *** (-5.3403)		0.3200 ** (2.5946)		0.3212 ** (2.6186)
curban		-0.7383 (-1.3658)		-0.1095 (-0.5898)		-0.1171 (-0.6309)
nowk		-2.2853 (-1.9036)		-0.4674 (-1.0174)		-0.4595 (-0.9967)
voice		-0.3538 (-0.5196)		0.8281 *** (4.6714)		0.8508 *** (4.8615)

续表

变量	prem		dens		dept	
	（1）	（2）	（3）	（4）	（5）	（6）
stab		－ 0. 9008 ** （ － 2. 7526）		－ 0. 2391 * （ － 2. 2607）		－ 0. 2406 * （ － 2. 2789）
effc		8. 4859 *** （5. 5835）		3. 2511 *** （5. 6812）		3. 2735 *** （5. 7463）
regu		－ 0. 0392 （ － 0. 0431）		－ 0. 1365 （ － 0. 3649）		－ 0. 1381 （ － 0. 3710）
rlaw		0. 1198 （0. 0688）		－ 0. 0091 （ － 0. 0140）		－ 0. 0606 （ － 0. 0941）
corup		－ 3. 9705 ** （ － 3. 1240）		－ 1. 0560 * （ － 2. 2052）		－ 1. 0320 * （ － 2. 1589）
Constant	9. 2911 *** （106. 9160）	14. 8090 ** （2. 6258）	6. 4335 *** （80. 0282）	－ 6. 0682 ** （ － 2. 9862）	1. 5137 *** （40. 9161）	－ 1. 5274 （ － 0. 7507）
R － squared	0. 1584	0. 6272	0. 1898	0. 9320	0. 1859	0. 6958
N	1575	1500	1575	1500	1575	1500

　　注：括号内为 t 值；﹡、﹡﹡、﹡﹡﹡分别表示在 10%、5% 和 1% 的水平上显著；所有回归都采用稳健标准误。

　　如表 8 - 3 所示的回归结果①，就"一带一路"倡议是否提出（D）及其作用而言，除结果（5）之外，其余五个结果中该系数至少在 5% 的水平上显著为正，并且加入控制变量从而能够较好减少估计偏误。结果（2）（4）（6）中该系数均在 1% 的水平上显著，说明 2014 年之后 75 个样本经济体的保费收入、保险密度和保险深度发展显著加快，不过也不能将该结论简单归因于共建"一带一路"倡议的作用。就是否为沿线经济体（G）及其作用而言，结果（3）（4）（5）（6）表明该系数在 1% 的水平上显著为负，说明沿线经济体的保险密度和保险深度较之非沿线经济体更低；结果（1）（2）中该系数为负，但加入控制变量的结果（2）不显著；六个

　　① 考虑到加入交互项（G×D）之后，自变量 G 与 D 的回归系数不能直接解读，因而本研究对 G 与 D 去均值后并引入交互项进行回归，最终符号方向与表 8 - 2 所示的情况均相同、显著性也均不低于表 8 - 2 中的显著性，从而亦可基于表 8 - 2 来解释 G 与 D 的作用。为了便于展示本研究所关注的交互项（G×D）及其作用，表 8 - 2 依然展示初始的回归结果。

回归结果中 G 的系数为负，说明沿线经济体保险业的规模、居民的风险意识和保险业在国民经济中的地位，以及这三个指标所反映的保险业综合发展水平要低于非沿线经济体，与前文所梳理的"拖累效应"中沿线经济体主要为新兴和转型经济体、受发展滞后性约束的预期相符。就本章所关注的共建"一带一路"倡议是否提出以及是否为沿线经济体两者的交互项（G×D）而言，结果（2）中该项在 5% 的水平上显著为负，其余五个结果中该项均不显著，这说明共建"一带一路"倡议提出后"拖累效应"对沿线经济体保费收入有显著负向影响；不过，无论该交互项的系数是不显著还是显著为负，均表明共建"一带一路"倡议提出后沿线经济体的保费收入、保险深度和保险密度并无显著正向变化。需要说明的是，加入控制变量的结果（2）（4）（6）中，G 的系数一致为负、D 的系数一致在 1% 的水平上显著为正，从而说明交互项系数（G×D）为负主要是 G 所引起，这说明沿线经济体保险业发展水平滞后成为"拖累效应"形成的关键原因，但 2014 年之后已有力量推动沿线经济体保险业发展滞后的现状逐步改观；在此情形下，该交互项对实际保费收入（prem）的影响能否从目前的显著为负转变为显著为正，对保险密度（dens）和保险深度（dept）的影响能否从目前的不显著在未来转变为显著为正，均将值得期待。总体来看，基于 DID 方法的检验结果表明，本章并没有发现共建"一带一路"倡议对沿线经济体保险业的显著促进作用，不过随着共建"一带一路"倡议更深入地推进和沿线经济体各领域参与积极性的不断提高，共建"一带一路"倡议是否能够促进沿线经济体保险业的动态发展仍待进一步检验。

就相关控制变量而言，实际人均 GDP 对保费收入、保险密度的影响在 1% 的水平上显著为正。贸易额占 GDP 比重对保险密度和保险深度的影响在 5% 的水平上显著为正，但对保费收入有显著负向影响。政府效率对三个被解释变量的影响均在 1% 的水平上显著为正，公众的话语权和影响力对保险深度和保险密度的影响在 1% 的水平上显著为正。政府控制腐败能力对三个被解释变量的影响至少在 10% 的水平上有显著负向影响。

二、稳健性检验

（一）PSM - DID 检验

运用双重差分法（DID）检验有关政策效应，需满足控制组与处理组具有共同趋势的基本假定，但现实中受不可控因素的干扰，该假定往往难以得到完全满足。有鉴于此，本章对所涉及的保费收入（prem）、保险密度（dens）和保险深度（dept）三个关键被解释变量，根据是否为"一带一路"沿线国家作了分组，并以绘图的形式直观展示控制组（G = 0，非沿线经济体）和处理组（G = 1，沿线经济体）的变化趋势，具体如图 8 - 3 所示。

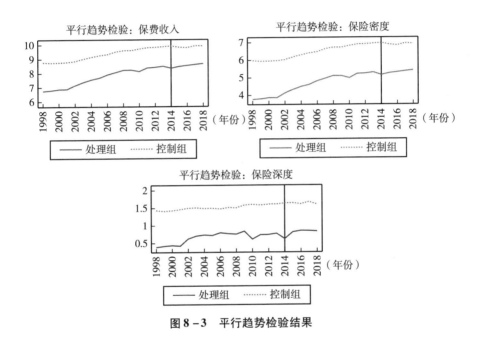

图 8 - 3   平行趋势检验结果

如图 8 - 3 所示，处理组和控制组的保费收入、保险密度、保险深度在总体趋势基本一致的前提下，部分年份的变化和波动却存在一定差异，从而说明直接进行 DID 检验的结果可能存在一定偏误。为了排除系统性误差对控制组与处理组的趋势所造成的影响，本章进一步运用 PSM – DID 方法对基准模型的估计结果作稳健性检验。在具体检验中，先通过估计 Logit 模型来计算每个样本所对应的倾向得分，其中被解释变量为经济体是否为"一带一路"沿线经济体的虚拟变量，解释变量是前文基准回归模型中的有关控制变量；随后，从非"一带一路"沿线经济体中，选取一组与沿线经济体在倾向得分上较为接近的经济体作为对照组，按照 1 : 1 的比例作近邻有放回匹配。结果显示，匹配后的沿线经济体与非沿线经济体之间的偏差显著降低，并且这些经济体协变量的均值在 5% 的水平上均不存在显著性差异，从而说明匹配效果比较理想。基于新样本，本章重新检验共建"一带一路"倡议与沿线经济体保险业发展之间的关系，限于篇幅，本章不再列示相关控制变量，具体检验结果如表 8-4 所示。

表 8-4　　　　　　　　　　　　PSM-DID 检验结果

变量	prem		dens		dept	
	（1）	（2）	（3）	（4）	（5）	（6）
G	-0.2550 (-0.5136)	-0.2680 (-0.7307)	-0.6815 (-1.1976)	-0.4627 ** (-3.2014)	-0.5575 * (-1.9728)	-0.4478 ** (-3.1582)
D	0.9871 *** (5.1610)	0.7479 * (2.4107)	0.8823 ** (2.7517)	0.2620 * (2.1032)	0.3704 * (2.2094)	0.2573 * (2.0951)
G×D	-0.1730 * (-2.3239)	-0.3921 (-1.3187)	-0.2102 (-0.7815)	-0.1968 (-1.2656)	-0.2432 (-1.3976)	-0.1943 (-1.2531)
Constant	7.9392 *** (16.9150)	16.5616 ** (2.6429)	5.2853 *** (10.1883)	-6.8853 *** (-3.7397)	1.2123 *** (4.6531)	-2.4068 (-1.3104)
控制变量	否	是	否	是	否	是
R-squared	0.0448	0.4152	0.0459	0.9129	0.0781	0.6392
N	856	856	856	856	856	856

注：括号内为 t 值；*、**、*** 分别表示在 10%、5% 和 1% 的水平上显著；所有回归都采用稳健标准误。

如表 8-4 所示的 PSM-DID 检验结果，可以得出以下结论：第一，从是否为"一带一路"沿线经济体（G）虚拟变量的作用来看，六个回归结果的系数均为负，并且结果（4）和（6）中该系数在 5% 的水平上显著，从而也说明了前文所梳理的"拖累效应"对沿线经济体保险密度和保险深度的制约作用显著。第二，从是否提出"一带一路"倡议（D）虚拟变量的作用来看，六个模型的估计结果均为正，并且均至少在 10% 的水平上显著，从而说明 2014 年之后 75 个样本经济体保险业更为快速的增长。第三，从是否为沿线经济体与倡议是否提出交互项（G×D）的作用来看，仅结果（1）中该项在 10% 的水平上显著为负，其余五个结果中该系数也均为负，但不显著。将表 8 - 3 与表 8 - 4 所示的回归结果结合起来看，尽管变量 G、D 和 G×D 对三个被解释变量作用的显著性有一定差异，但作用方向总体相同，因而在使用 PSM - DID 检验之后，依然没有找到"一带一路"倡议显著带动沿线经济体保险业发展的经验证据，前文基准模型检验的结论依然成立。

（二）调整样本时期的检验

前文运用 DID 和 PSM - DID 方法检验的时间范围为 1998～2018 年，其中，"一带一路"倡议提出之前（$D_t = 0$）的时间范围为 1998～2013 年，该时间范围主要刻画中长期的经济环境；"一带一路"倡议提出之后（$D_t = 1$）的时间范围为 2014～2018 年，但该时间范围所反映的仅是短中期的经济环境；较大的时间范围差异，可能难以避免因经济环境与趋势差异所引起的估计结果偏误（胡咏梅、唐一鹏，2018）。有鉴于此，本章进一步平衡"一带一路"倡议提出前后的时间范围，取"一带一路"倡议提出前后各五年的样本（2009～2013 年，$D_t = 0$；2014～2018 年，$D_t = 1$）进行基准模型的稳健性检验，运用 DID 方法的具体检验结果如表 8 - 5 所示。

表 8 - 5　　　　　　　　　调整样本时期的检验结果

变量	prem		dens		dept	
	(1)	(2)	(3)	(4)	(5)	(6)
D	0.1082 (0.5470)	0.0630 (0.4839)	0.0598 (0.3138)	0.0452 (0.7350)	0.0371 (0.3856)	0.0460 (0.7506)
G	-1.4331*** (-7.9551)	-0.7328*** (-4.4657)	-1.6846*** (-9.1155)	-0.5326*** (-8.5042)	-0.8555*** (-9.0737)	-0.5156*** (-8.3607)
G×D	0.0885 (0.3501)	-0.0376 (-0.1894)	0.0717 (0.2780)	-0.0340 (-0.3782)	0.0155 (0.1175)	-0.0329 (-0.3679)
Constant	9.7685*** (68.4130)	9.9093*** (5.1092)	6.8580*** (50.3732)	-8.2703*** (-10.4588)	1.5947*** (23.5208)	-3.6526*** (-4.5893)
控制变量	否	是	否	是	否	是

续表

变量	prem		dens		dept	
	(1)	(2)	(3)	(4)	(5)	(6)
R–squared	0.1305	0.5621	0.1719	0.5621	0.1739	0.6744
N	750	675	750	675	750	675

注：括号内为 t 值；*** 表示在 1% 的水平上显著；所有回归都采用稳健标准误。

如表 8–5 中的回归结果所示，调整样本时间范围之后，六个回归结果中是否为"一带一路"沿线经济体（G）的虚拟变量均在 1% 的水平上显著为负，与之前的检验结果相同。是否提出"一带一路"倡议（D）的虚拟变量均不显著，该结论与前文检验结果有一定差异，可能原因是 2008 年的全球性"金融海啸"导致 2008 年之前和 2008 年之后样本经济体保险业发展趋势存在一定差异。就本研究所关注的交互项（G×D）而言，六个回归结果中该项的系数也均不显著，从而改变时间范围的 DID 检验依然没有找到"一带一路"倡议促进沿线经济体保险业发展的经验证据，也印证了前文主要结论的稳健性。

（三）双侧缩尾的检验

考虑到 75 个样本经济体在经济发展水平和保险业发展水平等方面均存在一定的差异，该差异可能使得对外生政策冲击的过度敏感或过度不敏感，进而导致前文相关检验结果存在偏误。有鉴于此，本章综合考虑经济体保险业规模、人口和经济总量等方面的差异，运用实际保费收入、保险密度和保险深度三个指标做 10 分位数和 90 分位数的双侧缩尾处理，在剔除两端样本的影响之后，对剩余样本进行双重差分回归，具体检验结果如表 8–6 所示。

表 8–6　　　　　　　　双侧缩尾的检验结果

变量	prem		dens		dept	
	(1)	(2)	(3)	(4)	(5)	(6)
D	0.4966 *** (3.6007)	0.3745 *** (4.0082)	0.3899 ** (2.8699)	0.0889 * (2.1405)	0.0796 (1.3584)	0.0820 * (2.3282)

续表

变量	prem		dens		dept	
	(1)	(2)	(3)	(4)	(5)	(6)
G	− 1.4002 *** (− 14.6533)	− 0.5465 *** (− 6.2910)	− 1.6097 *** (− 16.8146)	− 0.3432 *** (− 9.3113)	− 0.7479 *** (− 18.1566)	− 0.3567 *** (− 12.1723)
G × D	0.2320 (1.2676)	− 0.2463 (− 1.6725)	0.1647 (0.8915)	− 0.1238 * (− 2.1528)	0.0196 (0.2421)	− 0.0844 (− 1.6856)
Constant	9.1664 *** (122.5572)	14.2861 *** (10.2785)	6.3938 *** (88.9269)	− 4.1469 *** (− 9.0132)	1.4749 *** (48.9425)	− 1.3038 ** (− 2.7596)
控制变量	否	是	否	是	否	是
R − squared	0.1567	0.6050	0.1914	0.9340	0.2133	0.7470
N	1575	1500	1575	1500	1575	1500

注：括号内为 t 值；*、**、*** 分别表示在 10%、5% 和 1% 的水平上显著；所有回归都采用稳健标准误。

如表 8 - 6 所示，双侧各 10 分位数缩尾处理之后的 DID 检验结果表明，是否为沿线经济体（G）的虚拟变量依然在 1% 的水平上显著为负。结果（1）和结果（2）一致表明，共建"一带一路"倡议是否提出（D）的虚拟变量在 1% 的水平上对保费收入有显著正向影响；加入控制变量的结果（4）和结果（6）表明，D 对保险密度和保险深度在 10% 的水平上有显著正向影响。本章所关注的交互项（G × D）仅有结果（4）中在 10% 的水平上显著为负，在其余五个结果中均不显著，但该不显著及显著为负并不是共建"一带一路"倡议促进沿线经济体保险业发展的经验证据，也说明了前文相关检验结论的稳健性。

三、动态作用检验

现实经济中，即使一国所出台的针对国内的政策，政策效应的大小也取决于地方政府的配套支持、组织协调与项目本身特征等因素，并且从政策出台、实施再到相关效应的产生往往存在一定的"时滞效应"。由此类推，对于跨越几大洲、涉及多个经济体的共建"一带一路"倡议，有关经济效应的产生往往需要经历高层政策沟通、沿线经济体响应、配套项目落地等多个环节，因而共建"一带一路"倡议促进沿线经济体保险业发展经济效应的形成也受"时滞"的影响，很可能会随着时间推移而逐步显现。有鉴于此，本章就共建"一带一路"倡议对沿线经济体保险业的影响作了动态作用检验，具体结果如表 8-7 所示。

表 8-7   动态作用检验结果

变量	prem		dens		dept	
	(1)	(2)	(3)	(4)	(5)	(6)
G	-1.6069 *** (-3.8837)	-0.8798 * (-2.1837)	-1.8297 *** (-4.3094)	-0.7384 *** (-5.6068)	-0.8589 *** (-4.4791)	-0.7231 *** (-5.5241)
D	0.5857 *** (9.2527)	0.2202 *** (4.4284)	0.4843 *** (8.3202)	0.1171 ** (2.6847)	0.1180 ** (2.8162)	0.1170 ** (2.6831)
g×d1	0.0905 (0.5725)	-0.2923 (-1.7770)	0.0668 (0.4408)	-0.2733 (-1.6897)	-0.1525 (-0.9321)	-0.2724 (-1.6841)
g×d2	0.2075 (1.9276)	-0.0763 (-1.1246)	0.1717 (1.7502)	-0.0728 (-1.1597)	0.0388 (0.5379)	-0.0716 (-1.1447)
g×d3	0.2749 * (2.4392)	0.0077 (0.1061)	0.2281 * (2.2150)	-0.0077 (-0.1155)	0.0777 (1.0182)	-0.0063 (-0.0953)
g×d4	0.3407 ** (3.0539)	0.0103 (0.1344)	0.2845 ** (2.7514)	-0.0254 (-0.3654)	0.0729 (0.9678)	-0.0240 (-0.3471)
g×d5	0.3976 *** (3.6135)		0.3327 ** (3.2496)		0.0577 (0.7713)	
Constant	9.2911 *** (27.1530)	8.2057 *** (3.7729)	6.4335 *** (20.3120)	-1.6627 (-0.9084)	1.5137 *** (10.3607)	2.9077 (1.5884)
控制变量	否	是	否	是	否	是
R-squared	0.1603	0.6512	0.1916	0.9209	0.1882	0.6448
N	1575	1500	1575	1500	1575	1500

注：括号内为 t 值；*、**、*** 分别表示在 10%、5% 和 1% 的水平上显著；所有回归都采用稳健标准误。

如表 8-7 所示的动态作用检验结果中，本章重点关注是否为"一带一路"沿线经济体与共建"一带一路"倡议提出后时间变迁的交互项（g×d1 ~ g×d5）。具体来看，未加入控制变量的结果（1）和（3）中，从 2016 年开始该项的系数分别在 10%、5% 和 1% 的水平上显著为正，这表明在不考虑其他因素影响的情形下，共建"一带一路"倡议对沿线经济体保费收入和保险密度的正向作用逐步显著；不过，在加入控制变量从而能够较好避免因遗漏变量所导致估计偏误的结果（2）（4）中，该项的作用并不显著。另外，尽管结果（1）~（4）所反映的动态作用在显著性上有一定差异，但交互项的系数随着时间推移一致表现出逐步增大的态势，同时考虑到沿线经济体保险业发展落后的现状，该逐步增大的趋势也在一定程度上说明了"促进效应"作用的逐步增强。从比较视角来看，针对国内相关政策动态作用的检验结果重点关注"显著性"和"可持续性"两个维度，如刘瑞明和赵仁杰（2015）、李斌和杨冉等（2019）的研究结果表明，第一年就能看出显著正向影响但随着时间推移可能转化为不显著，从而具有"立竿见影"但"不可持续"的双重特征；而袁航和朱承亮（2018）的研究结果则是缓慢显示出显著正向影响，但随着时间推移该显著性并不能维持，从而具有"姗姗来迟"和"不可持续性"的特征。总体来看，动态作用检验结果表明，共建"一带一路"倡议促进沿线经济体保险业发展已然具有"姗姗来迟"的特征，那么，随着时间的进一步推移和共建"一带一路"倡议的深入推进，表8-7中未加入控制变量的结果（1）（3）中该系数的显著性能不能维持，加入控制变量的结果（2）（4）中该系数能否从负转正、从不显著转为显著，对保险深度影响的结果（5）（6）中该系数能否从负转正、从不显著转为显著，从而使共建"一带一路"倡议对沿线经济体保险业的发展具有"显著"和"可持续"的正向影响将值得期待。

四、机制甄别

前文基准模型检验、稳健性检验和动态作用检验的结果一致表明，本章并没有发现共建"一带一路"倡议显著促进沿线经济体保险业发展的经验证据。由此所形成的问题自然而然是，既然共建"一带一路"倡议促进沿线经济体保险业的发展具有理论依据和现实基础，但计量经济检验的结果却表明"促进效应"并不显著，那么究竟是何种因素"拖累"了共建"一带一路"倡议促进沿线经济体保险业的发展？为了回答此问题，本章利用共建"一带一路"倡议是否提出和是否为沿线经济体的交互项（G×D），对前文已提出的可能影响经济体保险业发展的所有控制变量进行回归，并以此来甄别"拖累效应"形成的可能机制与渠道，具体检验结果如表8-8所示。

表 8－8 政策机制甄别检验结果

变量	pgdp (1)	trad (2)	curban (3)	nowk (4)	voice (5)	stab (6)	effc (7)	rlaw (8)	corup (9)
G	-0.9614*** (-3.4280)	0.2482 (1.9497)	-0.2171** (-2.6557)	-0.0663* (-2.1972)	-0.3044*** (-4.6627)	-0.1795* (-2.2101)	-0.1756** (-3.2640)	-0.1744** (-2.8659)	-0.2351*** (-3.6562)
D	0.3663*** (10.2664)	0.0316 (1.1197)	0.0472*** (6.3289)	0.0037 (0.3681)	0.0159 (1.2563)	0.0156 (0.7350)	-0.0134 (-1.4426)	0.0105 (1.2444)	-0.0258** (-2.8536)
G×D	0.2002*** (3.3397)	-0.0072 (-0.1546)	0.0201 (1.2331)	-0.0447* (-2.2965)	-0.0446* (-2.2731)	-0.0522 (-1.1388)	0.0414** (2.8164)	0.0009 (0.0614)	0.0331* (2.0204)
Constant	9.5247*** (50.1539)	4.2077*** (49.7378)	4.2732*** (103.9578)	3.5435*** (239.7063)	1.3162*** (35.9512)	1.1547*** (22.7866)	1.3348*** (32.9660)	1.2945*** (27.2396)	1.3147*** (27.6527)
R - squared	0.1415	0.0438	0.0967	0.0808	0.2431	0.0535	0.1117	0.0944	0.1396
N	1575	1575	1575	1575	1500	1500	1500	1500	1500

注：括号内为 t 值；*、**、*** 分别表示在 10%、5% 和 1% 的水平上显著；所有回归都采用稳健标准误。

如表 8 - 8 所示的政策机制甄别检验结果中，就是否为沿线经济体（G）的系数而言，除结果（2）中该系数为正但不显著之外，其余八个结果中该系数至少在 10% 的水平上显著为负，说明沿线经济体在经济发展和政府治理方面较之非沿线经济体更为落后的现状。就共建"一带一路"倡议是否提出（D）的系数而言，2014 年之后 75 个样本经济体实际人均GDP（pgdp）和城镇化水平（curban）均有所提高，而控制腐败能力（corup）有所下降。本章所关注的交互项（G×D）及其作用方式，可以分为作用不显著、显著正向作用和显著负向作用三个基本类别。其中，共建"一带一路"倡议对沿线经济体经济发展水平（pgdp）、政府效率（ef-fc）和控制腐败能力（corup）具有显著的正向作用，这在一定程度上说明"一带一路"建设中设施联通和资金融通等因素对沿线经济体经济发展水平的促进作用，有关政策沟通等机制对沿线经济体政府效率的正向影响，有关建设项目推进中的严格把关和建设"廉洁之路"对沿线经济体控制腐败能力的正向影响，而这些因素共同成为推动沿线经济体保险业发展的关键力量。另外，共建"一带一路"倡议对沿线经济体贸易情况（trad）、城镇化水平（curban）的影响不显著，对抚养比（nowk）的影响在 10%的水平上显著为负，这在一定程度上说明"一带一路"建设中尚未带动城镇化水平、抚养比等社会化和市场化力量推动沿线经济体保险业发展的良性机制。共建"一带一路"倡议对沿线经济体政治稳定性（stab）和法治化水平（rlaw）的影响不显著，对话语权和问责制（voice）的影响在10% 的水平上显著为负，这在一定程度上说明需全面评估"一带一路"建设中来自政治、法律等方面的风险，需进一步带动民间交流和往来进而营造带动沿线经济体保险业发展的环境基础。

第五节　结论与政策建议

一、主要结论

本章在构建共建"一带一路"倡议对沿线经济体保险业发展"促进效应"和"拖累效应"逻辑框架的基础上，结合 1998～2018 年 34 个沿线经济体和 41 个非沿线经济体的面板数据，利用双重差分倾向得分匹配方法（PSM – DID）检验了共建"一带一路"倡议对沿线经济体保险业发展的最终效应，并进行了相关稳健性检验、动态作用检验和机制甄别检验。主要结论为：第一，基准模型检验和稳健性检验结果表明：尽管共建"一带一路"倡议提出后保险业发展的速度加快，但主要受沿线经济体经济发展水平和保险业发展水平滞后等因素的"拖累"，共建"一带一路"倡议促进沿线经济体保险业发展的最终效应并不显著。第二，共建"一带一路"倡议提出的动态作用检验结果表明：共建"一带一路"倡议促进沿线经济体保险业发展的动态作用不显著，但作用强度逐步增大，也说明共建"一带一路"倡议对沿线经济体保险业的"促进效应"逐步增强。第三，机制甄别检验结果表明：共建"一带一路"倡议对沿线经济体的经济发展水平、政府效率和控制腐败能力有显著正向影响，这些因素也成为推动共建"一带一路"相关经济效应产生的重要力量；不过，共建"一带一路"倡议对沿线经济体的城镇化水平、抚养比、话语权与问责制等变量的影响不显著或有负向影响，说明共建"一带一路"倡议带动市场力量、民间交流促进沿线经济体保险业发展的作用机制还有待进一步开发。

二、政策建议

保险业作为风险管理特殊行业的自身属性和保险资金的特征等，共同决定了保险业服务"一带一路"建设的现实必要性，而共建"一带一路"倡议也必将为沿线经济体保险业的发展提供重要契机。根据本研究的主要结论，为了更好助力共建"一带一路"倡议促进沿线经济体保险业的发展，提出以下政策建议。

第一，加强政策沟通。中国是"一带一路"倡议的提出者，也是"一带一路"建设的重要推动者，同样是沿线经济体金融合作的引领者，这就决定了中国必须在促进沿线经济体保险业发展中扮演关键角色。因此，应在"一带一路"国际合作高峰论坛等合作机制与合作平台上，进一步开展推动沿线经济体保险业合作的专题研讨及分论坛，进一步凝聚促进沿线经济体保险业发展、发挥保险业服务"一带一路"建设功能的共识；应在落实与沿线经济体所签署的合作文件时，进一步重视保险业的作用和保险机构功能的发挥；牵头搭建并加强与"一带一路"沿线国家保险监管部门的沟通与联系，建立双边、多边务实监管合作机制。

第二，组建行业联盟。本章的实证检验表明，共建"一带一路"倡议尚未有效带动市场力量促进沿线经济体保险业的发展。不过，共建"一带一路"倡议目标宏伟、所涉及的经济体众多，这就决定了"一带一路"建设的动力机制必须由"政府推动"向"市场主动"的方向演进，也要求服务"一带一路"建设的保险业应该沿着政策性保险机构带动向商业性保险机构主动参与的路径演进。有鉴于此，应发挥中国作为共建"一带一路"倡议发起国的优势，有机整合中国出口信用保险公司及各商业性保险机构、再保险机构的资源与优势，共同打造中国面向"一带一路"沿线国家的保险和投资共同体；在此基础上，探索联合沿线经济体的保险机构建立"一带一路"国际保险共同体和投资共同体，以提升整体承保和服务能力，同时撬动沿线经济体保险业的发展。

第三，具体项目带动。本章的机制甄别的检验发现，市场化、社会化的参与有限成为共建"一带一路"倡议影响沿线经济体保险业发展的重要"拖累"因素。考虑到具体项目是共建"一带一路"倡议的关键"着力点"，也是与沿线经济体接洽的重要平台，而这些项目往往是政策性金融、多边性金融、商业性金融、项目公司、东道国金融机构等多机构协同支持的结果。有鉴于此，由于东道国政府、东道国金融机构与项目执行公司等主体对具体项目的信息更为对称，在必要情形下可进一步依托当地政府、金融机构、项目公司的本土优势，适当要求东道国与项目公司参与并尽可能提高资金投入比重，适当要求东道国保险机构的参与，进而实现缓解信息不对称、节约运营成本、撬动沿线经济体保险业发展的多元目的。另外，为"一带一路"沿线国家提供保险服务的机构较多，其中不乏一些实力雄厚、经验丰富、抵御风险能力较强的国际著名保险机构，应以这些多边协作支持具体项目的现实基础，适当邀请东道国保险机构参与多机构所支持的项目，提高沿线经济体保险机构的国际化水平。

第九章

中国企业对"一带一路"沿线的投资效应评估

第一节　引言与文献综述

一、引言

共建"一带一路"倡议是我国构建高水平全面开放新格局的重点举措，是我国推动构建人类命运共同体的关键实践平台，也是完善全球发展模式和治理体系的重要载体。我们需要回应的关键问题是：中国企业对"一带一路"沿线的投资效应究竟是"发展馅饼"还是"债务陷阱"？基于微观经验数据廓清并回答该问题，对巩固共建"一带一路"倡议前10年的成果，为下一阶段高质量共建"一带一路"营造良好的舆论环境，为共建"一带一路"倡议走深走实和行稳致远，具有十分重要的理论与现实意义。但目前的相关研究要么侧重定性说明，要么侧重单一案例解读，要么基于宏观层面数据或部分行业微观数据展开分析，明显缺乏基于全领域微观数据的严谨因果关系识别，这也为本研究的边际贡献留下了空间。

二、文献综述

从相关文献来看，所谓"债务陷阱论"抑或"发展馅饼说"总体上可归结为共建"一带一路"倡议的政策效应。随着共建"一带一路"倡议的推进和可使用数据的不断增加，针对"一带一路"倡议政策效应评估的研究成果不断涌现，大量实证检验发现了共建"一带一路"倡议的多方面正向政策效应，主要有：对我国全要素生产率提升、人民币国际化水平推进等领域的正向政策效应（王桂军、卢潇潇，2019；曹伟、冯颖姣，2020），对沿线经济体在减贫、包容性增长、股票市场一体化、民生福祉、产业结构优化、国际收支顺差、经济增长规模与质量等领域的正向政策效应（张原，2018；牛华、毕汝月，2020；陈雅、许统生，2020；吕炜、李晓伟，2021），对全球在贸易成本下降、经济增长、"免疫"恐怖袭击等领域的正向政策效应（Ruta & Herrera，2019；Baniya & Rocha，2019；Soyres & Mulabdic，2019）。不过，除这些支持"一带一路"倡议具有显著正向政策效应的相关研究之外，仍有一些研究广泛渲染"一带一路"倡议的负向效应（Overholt，2015；Akhtaruzzaman，2017；Etzioni，2020）；还有一些研究则认为，中国向"一带一路"沿线经济体大规模基础设施联通项目所提供的高额贷款，实质上是在故意设置"债务陷阱"（Cheng，2016；Orphanides A.，2017；Hurley & Morris，2019；Ghosal & Miller，2019）。对于共建"一带一路"倡议为"债务陷阱"的论调，相关学者从不同视角给予了回应，根据所使用研究方法的不同，回应"债务陷阱论"的研究总体上可区分为以下三类：第一，定性分析。一些研究通过对发展中国家债务危机发展模式、国际政治经济关系的分析，指出所谓"债务危机论"忽视了参与国在"一带一路"倡议中的主观能动性、东道国内部经济的敏感性和脆弱性，并且与国际传播格局有重要关系（张帅、储斌，2020；王秋彬、李龙龙，2020；许少民、李江，2020；钟飞腾、张帅，2020）。第二，基于宏观层面数据的定量分析。一些研究基于国家层面的宏观经济数据，视"一带一路"倡议为准自然实验或政策冲击，实证检验了共建"一带一路"倡议推进与沿线经济体债务负担之间的关系，并总体上得到了"一带一路"倡议有助于降低沿线国家债务风险的结论（邱煜、潘攀，2019；鲍洋，2020；杨权、汪青，2021；邱煜、潘攀，2021）。第三，基于微观层面数据的定量分析。对于"债务陷阱论"，金刚和沈坤荣（2019）重点以中国企业对沿线经济体交通行业的大型投资项目为样本进行实证检验，其结论支持了中国企业在"一带一路"沿线的投资总体上表现为"发展效应"；另外，还有以中国企业对沿线经济体能源行业的大型投资项目为样本开展实证检验，研究结论支持了中国企业在"一带一路"沿线的投资总体上表现为"促进效应"（肖建忠、肖雨彤等，2021）。

梳理文献发现，绝大多数研究肯定了共建"一带一路"倡议对我国、沿线经济体和全球经济社会等领域的正向政策效应，但也有相关研究宣扬"债务陷阱论"等负向政策效应，而回应"债务陷阱论"的相关文献依然有如下拓展之处：第一，相关定性分析能够提供比较系统的视角，但缺乏严谨的因果关系识别。第二，基于宏观层面数据定量分析的相关研究，前提假定之一是中国企业投资所引发的债务规模较大，甚至超出东道国财政收入或 GDP，才使得债务风险积累到了一定程度并得以爆发；前提假定之二是沿线国家所接受的投资主要甚至唯一来源于中国，从而忽视了其他国家向沿线国家的投资；显而易见，这两个前提条件都不符合"一带一路"倡议下我国对外投资和沿线国家的实际情况。第三，处于舆论旋涡中的具体投资项目是相关国家、媒体和智库兴风作浪、推波助澜的"证据"，因而基于中国企业微观投资项目层面数据的回应是理想视角，但基于微观层面数据的相关研究仅仅关注单一且具体的交通或能源行业，事实上共建"一带一路"倡议下中国企业向沿线经济体的投资涉及了 10 余个行业，因而舍弃"全领域"而基于单个行业的分析未免对外媒等留下了广泛的"猜想"空间。

基于上述认识，本章拟基于中国企业对"一带一路"沿线国家投资的"全领域"微观项目层面数据，运用"三重差分法（DDD）"作严谨的因果关系识别，以直接、全领域判断中国企业对"一带一路"沿线国家的投资效应究竟是"债务陷阱"还是"发展馅饼"？总体来看，本章的边际贡献主要有以下三方面：第一，基于外媒紧盯"问题项目"而兴风作浪的现实，本章基于由美国企业研究所和美国传统基金会发布的"中国全球投资跟踪"（China Global Investment Tracker）数据库，梳理出中国企业向"一带一路"沿线所提供的微观项目层面数据开展分析，一方面是直接瞄准"债务陷阱论"源头作出的回应，另一方面是基于国外数据库回击国外的论点显然能够增强回击的可信度。第二，与单独分析交通或能源等行业不同，本章以中国向沿线经济体投资项目所分布的全部领域为研究对象，从而样本更为全面且避免了局部样本所留下的遐想与猜想空间。第三，与定性推断、回归分析不同，本章视共建"一带一路"倡议为准自然实验，运用"三重差分法"识别并检验了共建"一带一路"倡议究竟引致了"债务陷阱"抑或是"发展馅饼"，科学的方法与大样本数据相结合能够严谨地揭示"因果关系"。

第二节　特征性事实

根据外媒及相关研究所宣扬的"债务陷阱论"核心观点,"债务陷阱"的构筑一般需要以下两个步骤。步骤1:中国对"一带一路"沿线国家基础设施等领域的投资项目显著增加,进而形成构筑"债务陷阱"的载体;步骤2:投资项目中问题投资项目也显著增加,进而形成事实上的"债务陷阱"。显然,若步骤1成立且步骤2不成立,即共建"一带一路"倡议下中国向沿线经济体增加投资项目的同时并没有导致问题投资增加,明确昭示共建"一带一路"倡议为沿线经济体提供了共同发展机遇而非地缘政治工具,也说明外媒所宣讲的"债务陷阱论"不成立,共建"一带一路"倡议的政策效应总体上表现为"发展馅饼"。若步骤1和步骤2同时成立,即共建"一带一路"倡议下中国向沿线经济体增加投资项目的同时问题投资亦随之增加,便事实上说明可通过终止问题投资项目或迫使东道国让渡项目控制权乃至主权以换取债务减免(Cheng,2016;Hurley & Morris,2019;金刚、沈坤荣,2019;李向阳,2020),构筑"债务陷阱"的目的也得以实现,也说明共建"一带一路"倡议的政策效应总体上表现为"债务陷阱"。按照该思路,本章在实证检验之前,首先从"中国全球投资跟踪"数据库中梳理出中国企业向"一带一路"沿线经济体投资的全领域微观项目层面数据,描述中国企业对沿线经济体投资的统计特征性事实,以期为判断共建"一带一路"倡议下中国企业对沿线经济体的投资效应提供初步的经验证据。

一、总投资及问题投资情况

图9-1报告了2005~2019年中国企业对外大型投资总额及问题投资次数的年度变化情况。从图9-1可以发现如下明显现象:第一,图9-1中左图表明,自2013年"一带一路"倡议提出后,我国企业对外投资额快速增长,2017年投资总额超过3000亿美元,尽管2018年、2019年该投资总额有所下降,但与2014年及之前相比,该投资总额仍居于高位;快速增长的中国企业对外投资总额可能促进东道国的经济增长,并由此成为东道国的"发展馅饼"。第二,图9-1中右图表明,2014~2017年中

国企业对沿线经济体的投资项目中，问题投资项目数量呈上升态势，可能与左图所示的投资总量快速增加相关；2017 年之后问题投资项目数量则呈现出明显的下降趋势，这可能因为随着共建"一带一路"倡议深入推进，沿线经济体对其国际公共产品属性的认识不断加深，我国在沿线经济体的投资项目进展顺利。总体来看，共建"一带一路"倡议下我国企业对外投资总额和问题投资次数的变化趋势明显倾向于支持"发展馅饼说"，但具体结论仍有待严谨的因果识别来回答。

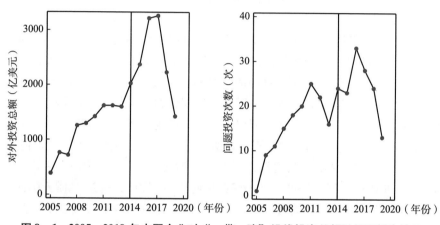

图 9 - 1   2005～2019 年中国企业对"一带一路"沿线投资总额及问题投资情况

二、分行业投资与问题投资情况

需要说明的是，"中国全球投资跟踪"数据库中详细记录了农业、化工、能源、娱乐、金融、健康、物流、金属、房地产、技术、旅游、交通、公共事业以及其他行业 14 个行业的投资情况，由于化工、娱乐、健康、物流、旅游、公共事业 6 个行业的投资项目数较少且考虑到篇幅限制，本章将这 6 个行业统一合并到其他行业中予以反映。为了了解中国企业对外投资的行业分布及问题投资的行业分布情况，图 9 - 2 侧重从行业分布方面报告了 2005～2019 年中国企业对沿线经济体的投资总额及问题投资情况，具体可以发现以下两个明显的特征性事实：第一，中国企业投资总额的行业分布（图 9 - 2（a）至（h））表明，共建"一带一路"倡议提出后，除农业和金属行业外，中国企业对沿线经济体相关行业的投资总额均出现不同程度的增长，故而从总体上可能支撑"发展馅饼说"。第二，中国企业问题投资的行业分布（图 9 – 2 （i）至（p））表明，中国企业对外投资中问题投资项目数基本保持在个位数以内，并未呈现出居高不下或增长趋势，而是呈现更为明显的波动态势；特别是 2014 年后中国企业在能源行业、金属行业的问题投资数还出现一定下降，总体上并不能为"债务陷阱论"提供经验证据。

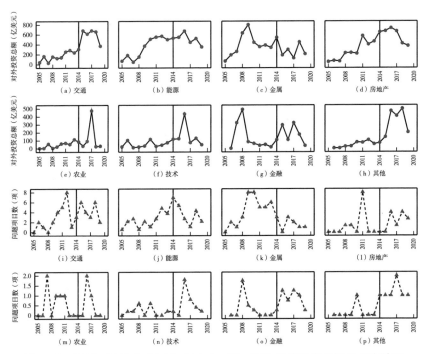

图 9 – 2　2005 ~ 2019 年中国企业对"一带一路"沿线投资的行业分布情况

三、沿线与非沿线经济体的投资及问题投资情况

图 9 – 3 报告了 2005 ~ 2019 年中国企业在"一带一路"沿线与非沿线经济体投资及问题投资次数情况，可以发现以下特征：第一，自 2014 年后，中国对沿线经济体的投资次数呈逐年上升趋势，对非沿线经济体投资次数波动性较大且下降较为明显。第二，2014 年后，中国企业对沿线经济体的问题投资次数未呈现明显上升态势，反而出现一定下降；且这样的问题投资次数明显低于非沿线经济体，说明我国对沿线经济体的投资项目有更好的管控，未有故意制造"债务陷阱"的主观意愿。综上可见，共建

"一带一路"倡议提出后，中国企业对沿线经济体的投资次数快速增长的特征总体上支持了"发展馅饼说"，而问题投资次数呈下降态势的特征则并不支持"债务陷阱论"。

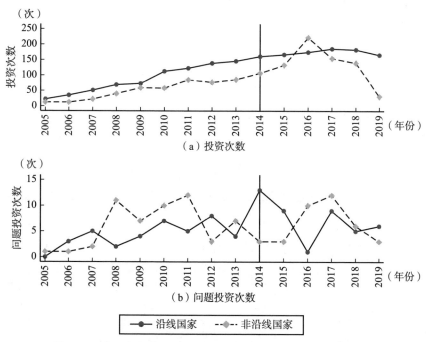

（a）投资次数

（b）问题投资次数

图9-3 中国企业在"一带一路"沿线经济体与非沿线经济体
投资次数与问题投资次数情况

综上，以上三方面的经验证据，从不同视角支持了中国企业对沿线经济体的投资效应为"发展馅饼"，而所谓通过"一带一路"倡议来制造"债务陷阱"的论调并未得到基于统计描述特征性事实的初步支持。

第三节 研究设计

一、模型设定

为实证检验中国企业对"一带一路"沿线国家的投资效应究竟是

"发展馅饼"抑或"债务陷阱",本章参考劳拉·赫林和桑德拉·庞塞特
(Laura Hering & Sandra Poncet,2014)、金刚和沈坤荣(2019)的研究,
建立如式(9.1)所示的"三重差分"模型[①]:

$$y_{ikt} = \alpha \cdot OBOR_i \times Invest_k \times Post_t + X_{ikt} + v_{it} + \lambda_{kt} + \theta_{ik} + \varepsilon_{ikt} \qquad (9.1)$$

式(9.1)中,y 为被解释变量,i 为东道国、k 为行业、t 为年份,
$OBOR_i$ 表示东道国 i 是否为"一带一路"沿线国家、$Invest_k$ 表示中国企业
在 k 行业是否有投资、$Post_t$ 是表征在"一带一路"倡议提出之前还是之后
的二值变量。v_{it} 是"经济体(i)+年份(t)"的二维联合固定效应,λ_{kt} 为
"行业(k)+年份(t)"的二维联合固定效应,θ_{ik} 为"经济体(i)+行业
(k)"的二维联合固定效应,ε_{ikt} 则表示误差项。在开展实证检验时,考虑
到可能因异方差以及中国企业在不同沿线经济体的投资可能存在空间相关
性,本章将标准误聚类在"行业—年份"层面;另外,为了减少因遗漏变
量可能对估计结果可靠性的影响,本章加入经济体自然、经济、社会等方
面的必要控制变量(X_{ikt})予以处理。

运用式(9.1)所示的"三重差分"模型来检验究竟是"发展馅饼
说"还是"债务陷阱论"需要以下步骤。步骤1:对被解释变量 y 取投资
额、投资次数,若核心解释变量 $OBOR_i \times Invest_k \times Post_t$ 的估计系数显著为
正,则总体上说明"一带一路"倡议提出后中国企业对沿线经济体相关行
业的投资额、投资次数呈现出显著增加;步骤2:对被解释变量 y 取问题
投资次数、问题投资次数占比,若核心解释变量 $OBOR_i \times Invest_k \times Post_t$ 的
系数不显著或显著为负,则表明"一带一路"倡议提出后中国企业对沿线
经济体具体行业的问题投资未见显著增加甚至显著减少。显然,若实证检
验支持以上两个步骤,则能够得出共建"一带一路"倡议下中国企业对沿
线经济体的投资成为这些经济体的"发展馅饼";若实证检验支持步骤1但
不支持步骤2,则基于微观项目的经验证据并不能直接否认"债务陷阱论"。

二、变量选择及数据来源说明

(一)被解释变量

根据构筑"债务陷阱"的基本逻辑,步骤1要求中国企业在 i 东道

---

① 本章设计"三重差分"模型的基本考虑是后文检验行业异质性的需要,加之以"三重差
分"丰富样本量的需要。

国、k 行业、t 年份的投资总额（investment$_{ikt}$）、投资次数（investnum$_{ikt}$）
为被解释变量，步骤 2 要求问题投资次数（troublenum$_{ikt}$）、问题投资次数
比例（troubleratio$_{ikt}$）为被解释变量，这四个变量总体上构成本研究的被
解释变量。被解释变量的数据来自"中国全球投资跟踪"数据库。"中国
全球投资跟踪"数据库共收集了 2005 年以来，中国企业在 154 个经济体
对外投资额超过 1 亿美元的 3986 笔投资或承包工程项目的具体情况
（2022 年 1 月 15 日下载），涉及 14 个行业、154 个经济体，详尽记录了每
笔的投资时间、投资主体、股权比例、投资是否出现问题、东道国是否为
"一带一路"沿线经济体等内容。考虑到 2020 年 1 月以来新冠肺炎疫情对
全球经济社会各领域，尤其是对外投资等方面的影响，因此剔除 2020 年
以来的 374 个项目，以 2005～2019 年的 3612 个中国企业对外投资项目为
研究对象。需要说明的是，该数据库所收集的每笔投资额均大于 1 亿美
元，因而可能"遗漏了"小于 1 亿美元的投资，但该特征恰好契合我们的
研究目的，主要原因有：一是本章构建了"经济体（i）+ 行业（k）+ 年
份（t）"的三维平衡面板数据，最终形成了 32550 个（154 个经济体、14
个行业、15 年）样本观测值，这 154 个经济体中既有沿线经济体，也有
非沿线经济体，因而数据口径一致且具有可比性；二是本章的目的是检验
"债务陷阱论"是否成立，而构筑"债务陷阱"的前提恰恰是投资额甚至
庞大到引致东道国无力偿还，因而超过 1 亿美元的大额投资恰好符合该
需要。

（二）核心解释变量

第一，是否为沿线经济体（OBOR$_i$）。"中国全球投资跟踪"数据库
中，详细且完备地记录了中国企业每项投资的东道国是否为"一带一路"
沿线国家，本章据此记录来取值；当东道国为沿线经济体时赋值 1，否则
赋值 0。

第二，所在经济体、行业、年份中是否有投资（Invest$_k$）。"中国全球
投资跟踪"数据库中详细记录了农业（Agriculture）、化工（Chemicals）、
能源（Energy）、娱乐（Entertainment）、金融（Finance）、健康
（Health）、物流（Logistics）、金属（Metals）、房地产（Real estate）、技术
（Technology）、旅游（Tourism）、交通（Transport）、公共事业（Utilities）
以及其他行业（Other）14 个行业的投资情况。根据研究需要，在基准检
验中，当中国企业在任意行业中存在投资（invest）时赋值 1，否则取 0；

在排除经济体层面样本等检验时，视情况设定该取值。

第三，是否在共建"一带一路"倡议提出之后（$post_t$）。鉴于共建"一带一路"倡议分别于 2013 年 9 月和 10 月提出，且到 2014 年 3 月才被正式写入政府工作报告，加之"一带一路"有关政策效应的显现存在一定"时滞"，因此本章以 2014 年为区分共建"一带一路"倡议提出的时间节点；当投资年份在 2014 年之后，即"一带一路"倡议提出之后，则取值为 1，否则取值为 0。可以看出，核心解释变量 $OBOR_i \times Invest_k \times post_t$ 的取值仅有 0、1 两种结果，若该取值为 1 则表示在共建"一带一路"倡议提出后（$post_t = 1$）中国企业对该沿线经济体（$OBOR_i = 1$）的相应行业（$Invest_k = 1$）有投资；若该取值为 0，可能性是非沿线经济体（$OBOR_i = 0$）、中国企业未在该行业投资（$Invest_k = 0$）、倡议之前（$post_t = 0$）这三种原因的组合。

（三）控制变量与工具变量

为避免遗漏变量对估计结果的干扰，本章加入以下三个控制变量：（1）中国企业投资的东道国是否为 WTO 成员方（WTO_i）。数据来源为 WTO 官方网站。（2）东道国自然资源禀赋（res_i）。用矿石和金属出口占总出口的比例来表征，数据来源是世界发展指标（WDI）数据库。（3）东道国人均 GDP（$pgdp_i$），数据来源依然为世界银行 WDI 数据库。本章选择中国北京与东道国首都的地理距离（distance），作为具体经济体能否成为"一带一路"沿线经济体的工具变量，数据来源为法国国际信息与展望研究中心（CEPII）数据库。控制变量与工具变量均取样本即期 2019 年的值。

三、数　据　描　述

对于以上各变量及数据来源，首先获得被解释变量的基础数据，运用"插值法"补齐个别缺失数据，以被解释变量的数据匹配各解释变量、控制变量和工具变量的数据，并进一步构建"经济体（i）+ 年份（t）+ 行业（k）"的三维平衡面板数据。根据数据处理结果投资总额（$investment_{ikt}$）、投资次数（$investnum_{ikt}$）、问题投资次数（$troublenum_{ikt}$）和问题投资次数比例（$troubleratio_{ikt}$）四个被解释变量，均为 2005 ~ 2019 年"经济体 - 行业 - 年份"层面的值，其中 $investment_{ikt}$ 取对数形式。相关变量的统计描述结果如表 9 - 1 所示。

表 9 - 1　　　　　　　　　　变量统计描述结果

是否为沿线经济体	变量名称	样本量	均值	标准误	最小值	最大值
OBOR$_i$ = 0	investment	20580	0.191	0.704	0	4.634
	investnum	20580	0.108	0.501	0	10
	troubleratio	20580	0.005	0.062	0	1
	troublenum	20580	0.008	0.118	0	6
	distance	20580	3.980	0.218	2.908	4.283
	res	20580	1.752	0.702	0.627	3.046
	pgdp	20580	3.752	0.702	2.627	5.046
	wto	20580	0.837	0.370	0	1
OBOR$_i$ = 1	investment	11970	0.193	0.711	0	4.389
	investnum	11970	0.116	0.570	0	20
	troubleratio	11970	0.004	0.057	0	1
	troublenum	11970	0.008	0.103	0	3
	distance	11970	3.732	0.178	3.069	4.174
	res	11970	1.861	0.493	0.757	2.793
	pgdp	11970	3.861	0.493	2.757	4.793
	wto	11970	0.825	0.380	0	1

第四节　实证检验及分析

一、基准回归检验

根据研究设计，本章首先对式（9.1）所示的计量经济模型进行了基准回归，结果如表 9 - 2 所示。表 9 - 2 中，模型（1）和（2）、（3）和（4）、（5）和（6）、（7）和（8）的被解释变量分别为投资总额（investment$_{ikt}$）、投资次数（investnum$_{ikt}$）、问题投资次数（troublenum$_{ikt}$）和问题投资次数比例（troubleratio$_{ikt}$）。回归结果（1）（3）（5）（7）有固定效应但没有控制联合固定效应，回归结果（2）（4）（6）（8）则进一步控制了联合固定效应[1]。

---

① 说明：回归结果（1）（3）（5）（7）中，OBOR × post × invest 与前三个解释变量 OBOR × post、invest × post、OBOR × invest 存在多重共线性问题，STATA 软件对相关结果进行了自动剔除。

表 9 - 2　　基础模型回归结果

变量	investment (1)	investment (2)	investment (3)	investnum (4)	troublenum (5)	troublenum (6)	troubleratio (7)	troubleratio (8)
OBOR × post	-0.101*** (-3.692)		-0.053*** (-3.310)		-0.004** (-2.908)		-0.002** (-3.005)	
invest × post	2.008*** (-11.804)		1.440*** (-5.058)		0.155 (-1.234)		0.073 (-1.153)	
OBOR × invest	2.211*** (-46.725)		1.305*** (-25.412)		-0.091*** (6.064)		-0.047*** (7.416)	
OBOR × post × invest		2.546*** (-33.280)		1.671*** (-7.876)		0.174 (-1.497)		0.083 (-1.383)
WTO × invest × post	0.054 (-0.549)	-0.025 (-0.390)	-0.091 (-1.087)	-0.105* (-1.985)	-0.023 (-0.785)	-0.032 (-1.123)	-0.0003 (-0.014)	-0.003 (-0.123)
res × invest × post	-0.318* (-1.882)	0.022 (-0.343)	-0.132 (-0.701)	0.029 (-0.185)	0.071 (-1.592)	0.073 (-1.681)	0.039 (-1.600)	0.040 (-1.519)
pgdp × invest × post	0.083 (-0.781)	-0.027 (-0.654)	-0.006 (-0.052)	-0.041 (-0.419)	-0.059 (-1.403)	-0.055 (-1.618)	-0.031 (-1.257)	-0.028 (-1.340)
country FE	是	否	是	否	是	否	是	否
sector FE	是	否	是	否	是	否	是	否

续表

变量	investment		investnum		troublenum		troubleratio	
	(1)	(2)	(3)	(4)	(5)	(6)	(7)	(8)
year FE	是	否	是	否	是	否	是	否
c – y FE	否	是	否	是	否	是	否	是
c – s FE	否	是	否	是	否	是	否	是
s – y FE	否	是	否	是	否	是	否	是
R – squared	0.498	0.446	0.339	0.414	0.040	0.186	0.037	0.160
N	32550	32549	32550	32549	32550	32549	32550	32549

注：(1) Controls 包括 wto×invest×post、res×invest×post，pgdp×invest×post；(2) c – y FE 表示 "经济体 – 年份" 联合固定效应，c – s FE 表示 "经济体 – 行业" 联合固定效应，s – y FE 表示 "行业 – 年份" 联合固定效应；(3) 所有回归均为聚类到 "行业 – 年份" 层面的稳健标准误；(4) *、**、*** 分别是在 10%、5% 和 1% 的水平上显著；(5) 无特殊说明，以下检验结果中相关标识的含义相同。

　　如表 9 - 2 所示的基准回归结果，可以得出如下结论：第一，控制联合固定效应的回归结果（2）（4）表明，OBOR × post × invest 的估计系数分别为 2.546 和 1.671，且在 1% 的水平显著，说明同时具有统计显著性和经济显著性，这表明共建"一带一路"倡议提出后我国企业对沿线经济体的投资额与投资次数分别增长 254% 与 167%；但能否排除"债务陷阱论"，仍需开展"步骤 2"的实证检验。第二，控制联合固定效应的回归结果（5）（7）显示，OBOR × post × invest 的系数在 10% 的水平上依然不显著，这表明共建"一带一路"倡议提出后中国企业对沿线经济体的问题投资次数、问题投资次数占比的增加并不显著；这也说明前文提出的"步骤 2"成立。从而共建"一带一路"倡议为"债务陷阱"的论调得不到经验证据支持。第三，未控制联合固定效应的回归结果（1）（3）也表明，共建"一带一路"倡议提出之后中国企业对沿线经济体的投资额和投资次数均显著增加，回归结果（5）（7）也未支持问题投资次数和问题投资占比显著提升的结论。综合以上三方面，基准回归检验说明了"步骤 1"成立且"步骤 2"不成立，因而严谨的因果识别支持了中国企业对沿线经济体的投资表现为"发展馅饼"而非一些外媒所宣讲的"债务陷阱"，可能原因在于：共建"一带一路"倡议作为中国参与国际公共产品供给的重要平台，始终秉承构建人类命运共同体的宏伟理念，践行共商共建共享的全球治理观，恪守互利共赢的经济发展观，构建了开放包容的区域经济合作机制，在完善基础设施、拉动经济增长等方面取得了丰硕成果，开辟了国际合作新范式，将发展红利全方位惠及到了沿线经济体（De Soyres，2018；石静霞，2021；吕越，2022）。

二、稳健性检验

　　为了检验上述基准回归结论是否具有稳健性，本章进一步做排除年份、行业、经济体和其他政策效应方面的稳健性检验。

（一）排除年份层面样本偏差的干扰

　　考虑到不同年份的样本可能干扰本章实证检验关键结论的稳健性，有鉴于此，本章通过选择不同年份区间的样本进行稳健性检验，具体结果如表 9 - 3 所示①。

---

　　① 受篇幅所限，此表仅列示不同被解释变量下核心解释变量（OBOR × invest × post）的回归系数及相关参数，其他结果备索。无特别说明，以下同。

表 9-3   排除年份层面样本偏差干扰的检验结果

被解释变量	解释变量及参数	2006 ~ 2019 年	2005 ~ 2018 年	2010 ~ 2019 年	2009 ~ 2019 年	2010 ~ 2018 年
		（1）	（2）	（3）	（4）	（5）
investment	OBOR × invest × post	2.527 *** (0.779)	2.515 *** (0.650)	2.433 *** (0.984)	2.469 *** (0.981)	2.376 *** (0.839)
investnum	OBOR × invest × post	1.667 *** (0.214)	1.592 *** (0.177)	1.748 *** (0.282)	1.745 *** (0.281)	1.670 *** (0.240)
troublenum	OBOR × invest × post	0.172 (0.115)	0.199 (0.129)	0.203 (0.136)	0.193 (0.131)	0.236 (0.153)
troubleratio	OBOR × invest × post	0.823 (0.592)	0.965 (0.666)	0.924 (0.703)	0.870 (0.661)	0.109 (0.803)
	controls	是	是	是	是	是
	c - y FE	是	是	是	是	是
	c - s FE	是	是	是	是	是
	s - y FE	是	是	是	是	是
	N	30379	30379	21700	23870	19530

注：括号内为 t 值；*** 表示在 1% 的水平上显著。

如表 9-3 所示的回归结果，可以得出如下结论：第一，在 5 个样本区间中，核心解释变量 OBOR × invest × post 对被解释变量 investment 与 investnum 的影响均在 1% 的水平上显著，这表明共建"一带一路"倡议提出之后中国企业对沿线经济体的投资额、投资次数均表现出显著的增加；第二，在 5 个样本区间中，尽管核心解释变量 OBOR × invest × post 对被解释变量 troublenum 与 troubleratio 的影响系数为正，但即使在 10% 的显著水平下依然未通过检验，从而未能支持共建"一带一路"倡议致使沿线经济体问题投资次数、问题投资占比显著增加的结论。可见，排除年份层面样本偏差干扰的实证检验与基准检验的结论一致，表明共建"一带一路"倡议下中国企业对沿线经济体的投资效应为"发展馅饼"而非"债务陷阱"。

（二）排除行业层面样本偏差的干扰

本章基准检验针对的是中国企业投资所分布的全部 14 个行业，为排除行业因素对检验结论的干扰，本章依次剔除不同行业的样本进行稳健性检验，具体结果如表9-4所示。

表9-4 排除行业层面样本偏差干扰的结果

剔除的行业	investment (1)	investnum (2)	troublenum (3)	troubleratio (4)
公用事业 (Utilities)	2.537*** (0.082)	1.676*** (0.220)	0.175 (0.122)	0.084 (0.063)
旅游业 (Tourism)	2.534*** (0.093)	1.719*** (0.265)	0.189 (0.143)	0.098 (0.708)
技术 (Technology)	2.558*** (0.077)	1.674*** (0.216)	0.175 (0.115)	0.085 (0.060)
房地产 (Real_estate)	2.594*** (0.065)	1.764*** (0.203)	0.197 (0.126)	0.094 (0.065)
其他 (Other)	2.569*** (0.089)	1.637*** (0.282)	0.224 (0.133)	0.107 (0.689)
金属 (Metals)	2.548*** (0.082)	1.677*** (0.223)	0.175 (0.118)	0.083 (0.061)
物流 (logisics)	2.539*** (0.084)	1.721*** (0.216)	0.191 (0.123)	0.091 (0.634)
康养 (Health)	2.554*** (0.079)	1.704*** (0.209)	0.180 (0.012)	0.086 (0.062)
金融 (Finance)	2.555*** (0.078)	1.668*** (0.209)	0.175 (0.116)	0.084 (0.060)
休闲 (Entertainment)	2.556*** (0.076)	1.676*** (0.211)	0.167 (0.116)	0.074 (0.059)
能源 (Energy)	2.536*** (0.079)	1.680*** (0.215)	0.178 (0.118)	0.086 (0.061)
化工 (Chemicals)	2.520*** (0.079)	1.656*** (0.222)	0.183 (0.119)	0.087 (0.062)

续表

剔除的行业	investment	investnum	troublenum	troubleratio
	（1）	（2）	（3）	（4）
农业 （Agriculture）	2.545 *** (0.007)	1.658 *** (0.211)	0.166 (0.117)	0.075 (0.060)
controls	是	是	是	是
c‑y FE	是	是	是	是
c‑s FE	是	是	是	是
s‑y FE	是	是	是	是
N	30224	30224	30224	30224

注：括号内为 t 值；*** 表示在 1% 的水平上显著。

如表 9-4 所示的排除行业层面样本偏差干扰的实证检验结果，可以得出如下结论：第一，在依次剔除不同行业的情形下，核心解释变量 OBOR × invest × post 对被解释变量 investment、investnum 的影响系数均在 1% 的水平上显著，表明共建"一带一路"倡议提出之后中国企业对沿线经济体多个行业的投资额、投资次数均表现出显著的增加。第二，在依次剔除不同行业的情形下，核心解释变量 OBOR × invest × post 对被解释变量 troublenum、troubleratio 的影响系数即使在 10% 的水平上依然未通过检验，从而未能支持共建"一带一路"倡议致使沿线经济体相关行业问题投资次数、问题投资占比显著增加的结论。可见，排除行业层面样本偏差干扰的检验结果依然支持了基准检验的结论，表明我国企业对"一带一路"沿线国家的投资在行业分布上具有普惠性，共建"一带一路"倡议下中国企业对沿线经济体的投资效应为"发展馅饼"而非"债务陷阱"。

（三）排除经济体层面样本偏差干扰

受历史、地理、国际关系等多重因素的影响，中国企业对外投资可能对特定经济体具有偏好性，为排除该偏好对基准检验结果的可能影响，本章运用依次剔除这 154 个经济体的样本进行稳健性检验①。从检验结果可得到如下结论：在依次剔除不同经济体样本的情形下，核心解释变量

---

① 此处依次剔除了 154 个经济体，反映检验结果的表格逾 300 行，受篇幅所限，检验结果不再列示，备索。

OBOR × invest × post 对被解释变量 investment、investnum 的影响系数均在 1% 的水平显著,核心解释变量 OBOR × invest × post 对被解释变量 trouble-num、troubleratio 的影响系数即使在 10% 的显著水平下依然未通过检验。因此,未能发现我国企业对"一带一路"沿线国家的投资受到经济体层面因素干扰,我国企业对外投资没有因为制度、意识形态等问题给特定东道国带来明显的差异化效应,共建"一带一路"倡议下中国企业对沿线经济体的投资效应为"发展馅饼"而非"债务陷阱"的基准检验结论依然成立。

(四)排除其他政策效应

从现实层面来看,考虑到也可能存在其他政策使"一带一路"沿线国家更容易获得来自中国企业的投资或者导致问题投资的出现。如东道国税收协定网络的广度,可能因为能够替代东道国制度环境的不足,进而影响中国企业投资东道国的选择和进入(邓力平,2019)。具体而言,制度环境可能对企业的对外投资产生一定影响,沿线经济体良好的制度环境能够加快中国企业"走出去"、提升绩效水平,因而能够对东道国带来更加积极的政策效应(吕越,2019;邓轶嘉,2021),如中国与其他经济体签订避免双重征税协定可能会对我国企业对外投资对象的选择产生一定影响(Weyzig,2013)。为排除这些政策与制度环境对基准回归结果的可能影响,本章进一步以中国与相关经济体是否签订了避免双重征税协定(tax)构造虚拟变量,将签订避免双重征税协定(tax)与前文已经定义的投资时间(post)和是否存在投资(invest)相乘,建立三重交叉项 tax × post × invest,并将该交叉项作为控制变量放入模型(1)进行回归,具体回归结果如表 9 - 5 所示。

表 9 - 5 　　　　　　　　排除其他政策效应检验结果

变量	investment	investnum	troublenum	troubleratio
	(1)	(2)	(3)	(4)
OBOR × post × invest	2.533 *** (0.709)	1.660 *** (0.202)	0.173 (0.116)	0.085 (0.059)
tax × invest × post	0.664 (0.082)	0.059 (0.133)	0 —	− 0.013 (0.012)

变量	investment	investnum	troublenum	troubleratio
	（1）	（2）	（3）	（4）
controls	是	是	是	是
c - y FE	是	是	是	是
c - s FE	是	是	是	是
s - y FE	是	是	是	是
N	32549	32549	32549	32549
R - squared	0.446	0.414	0.186	0.160

注：括号内为 t 值；*** 表示在 1% 的水平上显著。

如表 9 - 5 所示，可以得出如下结论：第一，此处构建的三重交叉项 tax × post × invest 对四个被解释变量的作用均未通过显著性检验，这说明本章主要结论未受到避免双重征税协定的干扰。第二，核心解释变量 OBOR × invest × post 对被解释变量 investment、investnum 的影响系数均在 1% 的水平上显著，核心解释变量 OBOR × invest × post 对被解释变量 troublenum、troubleratio 的影响系数即使在 10% 的显著水平上依然未通过检验。由此可见，中国企业对"一带一路"沿线国家的投资并未受到双重征税协定的影响，排除政策因素干扰后基准检验的结论依然成立，共建"一带一路"倡议下中国企业对沿线经济体的投资效应为"发展馅饼"而非"债务陷阱"。

三、识别策略检验

（一）平行趋势检验

本章基准回归检验结论成立的前提假设是：沿线经济体（处理组，$OBOR_i = 1$）与非沿线经济体（控制组，$OBOR_i = 0$）满足平行趋势假定。本章以 2005 年为基准年，将式（1）中的 post 变量换成表征样本期间各年份的虚拟变量并进行回归（仇娟东、葛立方，2020），以检验中国企业在沿线与非沿线经济体对外投资方面的事前平行趋势。具体结果如图 9 - 4 所示，其中虚线表示 95% 的置信区间。

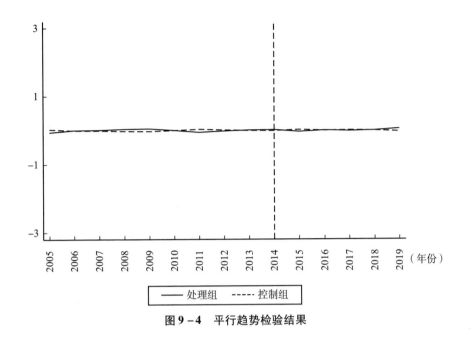

图9-4　平行趋势检验结果

　　如图9-4所示的平行趋势检验结果，可以看出处理组与控制组满足平行趋势假定，因而本章运用三重差分法做基准回归检验和稳健性检验的前提成立。

（二）工具变量法

　　考虑到中国企业的对外投资并非是随机投资，也就是说本章选取的样本在一定程度上并非具有随机性，因而基准回归检验结果的可靠性可能遭受内生性问题的影响，鉴于此，本章尝试运用工具变量法来强化实证检验结果的说服力。本章选取中国企业对外投资东道国首都与中国首都之间的地理距离（distance），作为该经济体是否为"一带一路"沿线国家（OBOR）的工具变量。主要原因为：一是该距离与相关经济体能否成为"一带一路"沿线国家的概率呈负相关关系，因而符合工具变量选择的相关性要求；二是与国际贸易不同，地理距离并不会引起额外的投资成本，因而符合工具变量严格外生性的要求。基于此，对该距离作对数处理后进入模型，具体估计结果如表9-6所示。

表9-6　　　　　　　　　　工具变量法检验结果

变量	investment		investnum		troublenum		troubleratio	
	(1)	(2)	(3)	(4)	(5)	(6)	(7)	(8)
distance × invest × post	0.068 *** (0.002)	0.068 *** (0.002)	0.359 *** (0.003)	0.357 *** (0.003)	0.030 (0.021)	0.030 (0.017)	0.017 (0.009)	0.017 (0.018)
OBOR × invest × post		1.257 *** (0.426)		0.995 *** (0.070)		0.117 (0.122)		0.050 (0.042)
controls	是	是	是	是	是	是	是	是
c – y FE	是	是	是	是	是	是	是	是
c – s FE	是	是	是	是	是	是	是	是
s – y FE	是	是	是	是	是	是	是	是
N	29792	29792	29792	29792	29792	29792	29792	29792
R – squared	0.925	0.927	0.652	0.654	0.222	0.222	0.202	0.202

注：括号内为 t 值；*** 表示在1%的水平上显著。

　　如表9-6所示的结果，总体上可得出如下结论：第一，本章在检验结果（1）（3）（5）（7）中只加入了工具变量，结果表明 distance × invest × post 对中国企业投资额和投资次数的影响在1%的水平上显著为正，但对问题投资次数、问题投资次数占比的影响均不显著，从而依然支持了共建"一带一路"倡议为"发展馅饼"而非"债务陷阱"。第二，检验结果（1）~（4）表明，当没有控制共建"一带一路"倡议对中国企业对外投资的影响时，地理距离（distance）对中国企业对外投资的影响为负且通过了1%的显著性检验；当控制共建"一带一路"倡议对中国企业对外投资的影响时，地理距离对我国企业在"一带一路"沿线国家投资的影响为正且通过了1%的显著性检验，该结果在一定程度上验证了地理距离影响中国企业对外投资。总之，工具变量法的回归结果依然支持了基准检验结果，也说明基准检验结果具有稳健性。

第五节 拓展性讨论

一、"一带"与"一路"对比

就共建"一带一路"倡议而言，2013 年 9 月习近平总书记提出建设"新丝绸之路经济带"，本章简称为"一带"（OB）；2013 年 10 月习近平总书记提出建设"21 世纪海上丝绸之路"，本章简称为"一路"（OR）。由于"一带"（OB）沿线经济体与"一路"（OR）沿线经济体在制度、资源禀赋、经济发展程度等方面存在着较大差异，因此有必要将两者进行区分研究。因此，本章进一步区分"一带"与"一路"经济体并做地区异质性检验，具体结果如表 9 - 7 所示。

表 9 - 7 "一带一路"倡议政策效应的地区异质性："一带"与"一路"的对比

变量	investment	investnum	troublenum	troubleratio
	（1）	（2）	（3）	（4）
OB × post × invest	0. 222 *** (0. 054)	0. 234 *** (0. 067)	0. 011 (0. 024)	− 0. 003 (0. 012)
OR × post × invest	0. 164 * (0. 082)	0. 113 * (0. 060)	− 0. 038 (0. 039)	− 0. 032 (0. 020)
controls	是	是	是	是
c − y FE	是	是	是	是
c − s FE	是	是	是	是
s − y FE	是	是	是	是
N	32549	32549	32549	32549
R − squared	0. 437	0. 407	0. 184	0. 158

注：括号内为 t 值；＊和 ＊＊＊分别表示在 10% 和 1% 的水平上显著。

如表 9 - 7 所示，可以得出如下结论：第一，当被解释变量是中国企业对外投资额（investment）与对外投资次数（investnum）时，OB × invest ×

post 的估计系数均显著为正且通过 1% 水平的显著性检验，而 OR × invest × post 的估计系数显著为正且通过了 10% 水平的显著性检验；当被解释变量调整为问题投资次数（troublenum）、问题投资占比（troubleratio）时，OB × invest × post 与 OR × invest × post 的估计系数均未能通过 10% 水平的显著性检验；这表明，无论对于"一带"沿线经济体还是"一路"沿线经济体，中国企业投资的政策效应均是"发展馅饼"而非"债务陷阱"。第二，就中国企业在"一带"沿线和"一路"沿线投资的比较而言，在"一带"沿线的投资额（investment）、投资次数（investnum）均在 1% 的水平上显著，并且该系数大于"一路"沿线经济体的该系数，这表明共建"一带一路"倡议下中国企业对"一带"沿线经济体所带来的"发展馅饼"效应要高于对"一路"沿线经济体的该效应。

二、集约边际与广延边际

前文的实证检验发现：共建"一带一路"倡议推动了我国企业对沿线经济体的投资，共建"一带一路"倡议也体现出明显的"发展馅饼"效应，但该政策效应所产生的具体机制又如何呢？为了回答该问题，本章进一步探究共建"一带一路"倡议的政策效应究竟来源于集约边际还是广延边际。具体而言，集约边际（Intensive Margin）是指已经在沿线经济体投资的中国企业继续加大投资；广延边际（Extensive Margin）则是通过吸引更多中国企业新进入沿线经济体来加大投资。本章依据"中国全球投资跟踪"数据库，构建"经济体—行业—年份"三维面板数据集来检验中国企业对沿线经济体投资政策效应的机制，具体结果如表 9-8 所示。

表 9-8　　　　　　　　　　政策效应机制检验

变量	原有企业				新入企业			
	(1)	(2)	(3)	(4)	(1)	(2)	(3)	(4)
	investment	investnum	troublenum	troubleratio	investment	investnum	troublenum	troubleratio
OBOR × invest × post	5.284 ***	1.727 *	0.416	0.216	6.772 ***	0.904	0.850	(0.318)
	(0.618)	(0.986)	(0.410)	(0.124)	(0.480)	(0.984)	(0.738)	(0.243)
controls	是	是	是	是	是	是	是	是
country FE	是	是	是	是	是	是	是	是

续表

变量	原有企业				新入企业			
	(1)	(2)	(3)	(4)	(1)	(2)	(3)	(4)
	investment	investnum	troublenum	troubleratio	investment	investnum	troublenum	troubleratio
year FE	是	是	是	是	是	是	是	是
N	2319	2319	2319	2319	2319	2319	2319	2319
R－squared	0.489	0.077	0.310	0.081	0.415	0.183	0.236	0.817

注：括号内为 t 值；＊和＊＊＊分别表示在 10% 和 1% 的水平上显著。

如表 9－8 所示的政策效应机制检验结果所示，可以得到如下结论：第一，无论是原有企业还是新入企业，OBOR×invest×post 对我国企业对外投资额（investment）的影响均在 1% 的水平上显著，但对问题投资（troublenum）、问题投资占比（troubleratio）的影响均不显著，该结果同样支持了"一带一路"的政策效应为"发展馅饼"而非"债务陷阱"的结论。第二，被解释变量为投资次数（investnum）时，原有企业的估计系数通过了 10% 的显著性检验而新入企业并未通过，该结果在一定程度上反映出"一带一路"倡议的政策效应更多来源于集约边际而非广延边际，该结论也印证了我国企业对外投资中"深耕细作、笃行致远"的行为逻辑。

第六节 结论与政策建议

一、主要结论

本章聚焦回答共建"一带一路"倡议下中国企业对沿线经济体的投资效应究竟是"发展馅饼"抑或"债务陷阱"的核心问题，基于"中国全球投资跟踪"数据库的全领域微观项目层面的大样本数据，构造了中国企业对外投资的"经济体（i）+年份（t）+行业（k）"的三维平衡面板数据，运用三重差分（DDD）模型实证检验并识别了共建"一带一路"倡议提出后，中国企业对沿线经济体相关行业的投资额、投资次数以及问题投资次数、问题投资次数占比的因果关系。实证检验结果显示：共建"一带一路"倡议显著促进了中国企业对沿线经济体的投资，同时并没有显著增加问题投资的次数和比例，说明共建"一带一路"倡议给沿线经济体的投资效应体现为"发展馅饼"而非"债务陷阱"。经排除年份、行业、经济体、其他政策效应层面样本异质性的稳健性检验表明，该"发展馅饼说"而非"债务陷阱论"的结论依然成立。拓展性讨论结果依然支持基准检验的结论，同时说明中国企业对"一带"沿线经济体所带来的"发展馅饼"效应要高于对"一路"沿线经济体的该效应，并且主要通过集约边际而非广延边际来产生该效应。

二、政策建议

为减少"债务陷阱论"等不实非议，进而为高质量共建"一带一路"倡议提供良好的舆论环境，根据实证检验的结果，本章提出如下政策建议。

第一，投资项目全生命周期管理，实现"软实力"输出。软实力对提升经济体形象、赢得国际竞争优势、营造良好的外部环境、源源不断创造隐性价值具有重要作用。高质量共建"一带一路"倡议，既需要展示我国的"硬实力"，也需要展现我国的"软实力"。我国改革开放 40 余年来，在高质量建设大型基础设施项目等方面形成了一套可复制、可借鉴、可推广的项目全生命周期管理的经验，但我国境外投资建设的一些项目却不得不面临构筑"债务陷阱"等不实舆论。另外，在"一带一路"倡议的国际宣传层面，东道国媒体对"一带一路"倡议及相关建设项目所进行的宣传较少，且涉及普通民众的宣传缺乏针对性；而我国媒体更侧重于宣传我国企业"走出去"的效应与成就，针对具体项目所产生的相关效应进行的宣传仍有不足。有鉴于此，需要借鉴我国大型基础设施建设项目全生命周期管理的能力和知识体系，一是切实改善境外个别项目开发质量不高和招商效果欠佳的状况；二是需进一步增强与东道国的战略互信，与东道国一道提高项目开发、管理与运营水平，共建成功运营的基础设施建设项目，强化以东道国语言等多种形式进行有针对性的宣传表达，彰显我国与沿线经济体一道"共商共建共享"的诚意和我国大型基础设施建设等领域相关项目经营管理的软实力；三是加强媒体与智库合作，持续加强"一带一路"新闻合作联盟建设，推动各国新闻媒体开展联合采访制作、人员培训交流等合作，有效发挥广播电视的桥梁纽带作用，展现我国的"软实力"。

同时积极与各国智库和研究机构开展合作，组织开展联合研究、对话和论坛，支持学术成果联合出版，推动更多智库、专家学者加入"一带一路"国际智库合作委员会、"一带一路"智库合作联盟等。

第二，加强国际资金应用，构建多渠道协同资金供给机制。"一带一路"沿线主要是发展中经济体，而沿线大多数经济体的资金实力和资金配置效率比较有限；不过，世界银行、亚洲开发银行等国际金融机构资金实力雄厚、投资经验丰富、资金使用效率高，其虽有意愿参与共建"一带一路"倡议但实际参与程度却不足，这综合导致目前"一带一路"沿线的建设项目仍以我国的开发性金融和政策性金融投资为主。更重要的是，缺乏其他资金供给主体参与、相对单一的资金来源，在一定程度上成为"债务陷阱论"形成的关键原因。在后续高质量共建"一带一路"倡议中，应通过多双边合作平台，鼓励亚洲基础设施投资银行等多边开发机构与沿线国家开展联合融资；在融资结构上，应进一步改变以银行贷款等间接融资为主的模式，要加快完善资本市场、着力发展直接融资，增强企业特别是民营企业参与沿线经济体项目建设的意愿与能力；在融资模式上，规范实施股权投资、政府和社会资本合作（PPP）项目融资等方式，充分发挥公共资金的牵动作用，动员长期资本及私人部门资本参与。以 PPP 模式支持"一带一路"倡议下的基础设施建设项目，实质上是以"国际语言"推动国际项目，具有比较容易找到合作基础等诸多优势，可适当邀请当地机构和多边金融机构等主体共同支持具体项目。同时，支持共建国家政府和信用等级较高的企业以及金融机构在中国境内发行人民币债券。鼓励符合条件的中国境内金融机构和企业在境外发行人民币债券和外币债券，在共建国家使用所筹资金。

第三，从源头上减少问题投资，助力"一带一路"倡议稳中求进。外媒紧盯中国企业极个别的因各种原因暂时搁浅的"一带一路"沿线投资项目"大作文章"并进一步衍生出"债务陷阱论"，有鉴于此，在高质量共建"一带一路"倡议中，应重点解决导致问题投资产生的相关因素，从源头上减少问题投资、化解投资风险，也是防止"授人以柄"。本章的实证检验表明，共建"一带一路"倡议下中国企业在不同地区、不同行业投资所带来的政策效应有一定异质性，因此在以降低投资风险为主要原则的前提下，应使相关行业的企业减少在特定地区的投资，扩大对沿线经济体的投资范围，通过分散化、多元化的投资来化解可能密集于具体行业的投资风险。应加强与沿线经济体的交流沟通，不断强化双边投资协定机制，以双边高层对话为契机、相关国际峰会为载体，积极化解中国企业对外投资所面临复杂制度环境所带来的风险。要审慎评估中国企业抗风险能力与投资东道国风险环境水平，特别要根据抗风险能力筛选"走出去"到"一带一路"沿线投资的企业，也要以有效措施鼓励走出去企业"深耕细作、笃行致远"，减少因自身抵御能力不足造成问题投资发生。

第十章

共建"一带一路"倡议的进展、经验与展望

　　当前,人类发展当前面临重大挑战。世界经济脆弱性更加突出,地缘政治局势紧张,全球治理出现赤字。个别国家热衷"筑墙设垒",强推"脱钩断链",面对霸权主义、单边主义、保护主义等行径,中国始终倡导开放融通,增进团结合作,顺大势、行大义、谋大同,不断拓展构建人类命运共同体的思想内涵和实践路径。党的十八大以来,面对复杂多变的国际国内形势,以习近平同志为核心的党中央站立时代潮头,心系人类未来,统筹中华民族伟大复兴战略全局和世界百年未有之大变局,高瞻远瞩地提出推动共建"一带一路"的重大合作倡议,倡导推动更加包容、更加普惠、更有韧性的全球发展,与国际社会的需求高度契合,受到国际社会广泛认同和赞誉。共建"一带一路"倡议通过文明互鉴、开放合作的底色连接起沿线国家,通过共商共建共享增强各国实现发展动能,为合作共赢开辟广阔空间,为全球发展持续注入动力。

　　2023 年是共建"一带一路"倡议提出十周年。十年来,共建"一带一路"倡议的朋友圈越来越大,合作质量越来越高,发展前景越来越好。截至 2023 年 12 月 31 日,中国已同 153 个国家和 32 个国际组织签署 200余份共建"一带一路"合作文件,基本形成了"六廊六路多国多港"的互联互通架构。党的二十大报告在总结新时代十年伟大变革及其所取得的巨大成就时明确指出,共建"一带一路"成为深受欢迎的国际公共产品和国际合作平台。党的二十大报告对我国迈上全面建设社会主义现代化国家新征程、向第二个百年奋斗目标进军的各项战略任务和重点工作进行了部署,提出要继续"推动共建'一带一路'高质量发展"。共建"一带一路"倡议已成为跨越地理限制、突破文化差异、融合发展需求的开放式、

全球性合作平台，并将扎扎实实地为世界经济复苏、全球治理格局变革、人类命运共同体构建作出重要贡献。在新发展阶段，回顾共建"一带一路"倡议的发展历程，分析其取得的实践成就，提炼其涵盖的宝贵经验，并对未来发展趋势进行合理展望，对继续推动高质量共建"一带一路"倡议具有重要的意义。

第一节 共建"一带一路"倡议的发展历程

党的十八大以来，国家基于国内外宏观经济发展形势以及在丝路精神文化遗产传承的历史节点上，创造性地提出了共建"一带一路"倡议，是党中央坚持"创新、协调、绿色、开放、共享"发展理念的重要国家战略体现。在倡议提出十周年之际，全面总结共建"一带一路"倡议发展历程及趋势，有助于深刻理解当前共建"一带一路"倡议面临的发展问题及经验教训，为在新发展阶段把握发展趋势和政策改革提供决策参考。总的来看，共建"一带一路"倡议发展经历了萌芽肇始期、大写意时期、工笔画时期和高质量发展期。

一、萌芽肇始期

2013 年秋，习近平主席先后提出共同建设"丝绸之路经济带"和共同建设 21 世纪"海上丝绸之路"重大倡议，掀开了中国与世界共同发展的崭新篇章。2013 年 9 月 7 日，习近平主席在哈萨克斯坦纳扎尔巴耶夫大学发表了题为《弘扬人民友谊 共创美好未来》的重要演讲。2013 年 10 月 3 日，习近平主席在印度尼西亚国会发表题为《携手建设中国—东盟命运共同体》的讲话。2014 年 11 月 4 日中央财经领导小组第八次会议上，习近平指示要加快研究"一带一路"的规划，发起设立亚洲基础设施投资银行和设立丝路基金，以金融为突破口加快"一带一路"沿线产业和贸易合作。2014 年 12 月 29 日，丝路基金在北京正式成立，标志着共建"一带一路"倡议正式进入实际发展阶段。

在此时期，我国面对的主要挑战，一是"逆全球化"的国际形势。世界各国经济面临着就业不充分、内需不振、出口竞争加剧等一系列宏观问题。以美国为代表的西方经济体实行量化宽松政策，将自身经济恢复成本转嫁给其他国家的"以邻为壑"思想逐渐盛行，同时伴随着贸易摩擦不断加剧，西方国家通过全球化建立的国际秩序逐渐失效，各国宏观政策和贸易政策协调难度加大，"逆全球化"发展趋势凸显。党的十八大准确研判了"逆全球化"的国际发展新形势，在十八大报告中明确提出要适应经济全球化新形势，实行更加积极主动的开放战略，完善互利共赢、多元平衡、安全高效的开放型经济体系。我国应对"逆全球化"趋势的战略是坚持更加开放的发展理念，这也为共建"一带一路"这一对外开放发展倡议指明了方向。二是深刻认识了国内经济发展的新变化。从改革开放到党的十八大召开，我国经济经历了几十年的高速发展期，传统的经济发展模式弊端逐渐显现，包括经济结构不合理带来的增长效率下降、国际贸易仍然处于价值链低端、过剩的产能和产品需要加快出清等一系列宏观问题。党的十八大深刻认识了国内宏观经济发展的新变化，一方面提出了以"三去一降一补"为核心的供给侧结构性改革，从内部解决经济结构的矛盾；另一方面审时度势，放眼国际市场寻求合作，十八大报告明确提出了要"统筹双边、多边、区域次区域开放合作，加快实施自由贸易区战略，推动同周边国家互联互通"。因此加快对外开放以及周边沿线国家的互联互通逐渐成为解决国内经济发展矛盾的重要路径之一。由此，共建"一带一路"倡议借由国内国际两大战略性拐点肇始而出。

二、"大写意"时期

2015 年 3 月 28 日，国家发展改革委、外交部、商务部联合完成了"一带一路"的国家顶层规划设计，并发布了《推动共建丝绸之路经济带和 21 世纪海上丝绸之路的愿景与行动》。2016 年 8 月 17 日，习近平主席在推进"一带一路"建设工作座谈会上发表重要讲话，强调以钉钉子精神抓下去，一步一步把"一带一路"建设推向前进，让"一带一路"建设造福沿线各国人民，这进一步坚定了国际社会对推进"一带一路"建设的信心。2016 年 11 月 17 日，第七十一届联合国大会协商一致通过第 A/71/9 号决议，这是联合国大会首次在决议中写入中国的"一带一路"倡议，决议得到 193 个会员国的一致赞同，体现了国际社会对共建"一带一路"倡议的普遍支持。2017 年 5 月 14 日，习近平主席在北京出席"一带一路"国际合作高峰论坛开幕式，并发表题为《携手推进"一带一路"建设》的主旨演讲。中国共产党第十九次全国代表大会通过了《中国共产党章程

（修正案）》的决议，将推进"一带一路"建设写入党章。

在此时期，我国面对的主要挑战，一是国际贸易投资环境恶化。根据商务部数据，2015 年和 2016 年中国与"一带一路"沿线国家贸易增长率分别为 -8.1%、6.32%，宏观贸易投资环境的恶化为共建"一带一路"倡议带来了投资和贸易压力。二是国际金融合作进展缓慢。2015 年 12 月中国与 57 国成立亚洲基础设施投资银行，随后获得了快速发展，2016 年为"一带一路"项目提供融资 17.3 亿美元，2017 年为 24 亿美元，2018年为 45 亿美元。从总量上看亚投行的融资能力在不断提高，但其国际合作进程仍然缓慢，主要表现为国际资金来源渠道有待拓宽，与国际金融机构的合作有待加强，融资服务和产品有待改善创新。三是能源合作体系有待完善。共建"一带一路"倡议的目标之一是建设我国能源安全的国际合作体系，并根据不同能源分布规划建设以天然气和石油为主动脉的中蒙俄经济走廊、中国 - 中亚 - 西亚经济走廊等，但这些经济走廊仍然需要提高基础设施建设水平，拓展能源合作深度，保障能源供应的持续性和稳定性。

三、"工笔画"时期

2018 年 8 月 27 日，习近平出席"一带一路"倡议工作 5 周年会议并发表讲话，总结了"一带一路"倡议五周年的发展成果。2019 年 4 月 26日，第二届"一带一路"国际合作高峰论坛开幕式在北京举行，国家主席习近平出席开幕式并发表主旨演讲；4 月 27 日，在北京雁栖湖国际会议中心举行圆桌峰会，国家主席习近平主持会议并致开幕辞。

在此时期，我国面对的主要挑战，一是基础设施质量有待优化。"一带一路"倡议构建了"六大经济走廊"的区域互联互通格局，六大区域间的基础设施投资建设规模庞大，但中国与部分沿线国家的经贸水平并不足以支持建设大量基础设施。二是国际产能合作有待深化。2016 年后，我国企业在"一带一路"沿线国家的产业合作园区建设脚步放缓，随着国内产业结构的转型升级，要提高国际产能合作的效率，一方面要调整原有的布局；另一方面根据"一带一路"沿线国家产业发展新形势创新产能合作方式，提高产业附加值。三是人民币国际化进程缓慢。中国与共建"一带一路"倡议沿线国家进行的人民币跨境结算仅仅占区域内贸易额的24.6%，人民币的支付和结算功能与贸易体量并不匹配。

四、高质量发展期

2021 年 11 月 8 日 – 11 日党的十九届六中全会上，审议通过《中共中央关于党的百年奋斗重大成就和历史经验的决议》中指出，我国坚持共商共建共享，推动共建"一带一路"高质量发展，推进一大批关系沿线国家经济发展、民生改善的合作项目，建设和平之路、繁荣之路、开放之路、绿色之路、创新之路、文明之路，使共建"一带一路"成为当今世界深受欢迎的国际公共产品和国际合作平台。2021 年 11 月 19 日，习近平总书记在北京出席第三次"一带一路"建设座谈会并发表重要讲话强调，完整、准确、全面贯彻新发展理念，以高标准、可持续、惠民生为目标，巩固互联互通合作基础，拓展国际合作新空间，扎牢风险防控网络，努力实现更高合作水平、更高投入效益、更高供给质量、更高发展韧性，推动共建"一带一路"高质量发展不断取得新成效。2023 年 10 月 18 日，习近平出席第三届"一带一路"国际合作高峰论坛开幕式并发表题为《建设开放包容、互联互通、共同发展的世界》的主旨演讲。习近平总结共建"一带一路"十年来取得的成绩和经验，宣布中国支持高质量共建"一带一路"的八项行动，强调中方愿同各方深化"一带一路"合作伙伴关系，推动共建"一带一路"进入高质量发展的新阶段，为实现世界各国的现代化作出不懈努力。

在此时期，我国面对的主要挑战，一是世界进入新的动荡变革期，大国博弈竞争加速升级，地缘政治局势持续紧张，全球经济复苏道阻且长，冷战思维、零和思维沉渣泛起，全球可以预见和难以预见的风险显著增加，人类面临前所未有的挑战。二是贸易结构不均衡。首先是贸易产品结构不均衡。蕴含高贸易附加值的以文化和旅游为核心的第三产业服务贸易比重亟待提高。其次是贸易对象分布不均衡。我国的贸易伙伴国主要分布在东南亚，应不断拓宽贸易伙伴国的分布广度和贸易深度，进一步优化贸易结构。三是投资结构单一。我国在共建"一带一路"倡议沿线国家投资模式和投资结构相对单一，主要集中在能源领域和交通运输基础设施建设领域。四是推动人民币国际化进程缓慢。人民币在"一带一路"沿线的跨境结算进程与贸易投资发展速度不匹配，且沿线国家在人民币金融交易市场的参与度较低。五是企业投资环境面临诸多挑战。"一带一路"沿线不同国家因地理位置、政治制度和历史发展的不同而具有不同的法律体系、社会和文化制度，这些不利因素都对中国企业到 "一带一路" 沿线国家进行投资带来了一定的挑战和困难。

第二节 共建 "一带一路" 倡议的实践成就

共建 "一带一路" 倡议以 "五通" 为主要内容，扎实推进国际合作，全面提升合作水平，这为我们全面评估共建 "一带一路" 倡议的实践成就提供了有益的方向。为此，主要基于 "五通" 视角，对共建 "一带一路" 倡议建设所取得的实践成就进行梳理总结，从而得以描绘共建 "一带一路" 倡议实施效果的全部图景。

一、政策沟通凝聚共识

共建 "一带一路" 符合世界发展需求，顺应国际社会期待，始终保持强大韧性和旺盛活力。近十年来共建 "一带一路" 倡议大家庭的 "朋友圈" 越来越大、合作质量越来越高、发展前景越来越好。首先是朋友圈日益扩大。我国已先后与 152 个国家、32 个国际组织签署 200 余份共建 "一带一路" 合作文件。其次是发展规划对接日益深化。与非盟、摩洛哥、古巴等签署共建 "一带一路合作规划"。共建 "一带一路" 国际合作平台目前所凝聚的国家数量，已超过了世界国家总数的 70%，这些国家（包括中国在内）的人口和国土面积都分别占到了世界总量的约 65%，GDP 则占世界总量的近 40%。通过共建 "一带一路" 倡议，中国客观上已深度融入一个巨大的新的国际体系之中，这对于促进中国在新征程上 "形成更大范围、更宽领域、更深层次对外开放格局" 将直接产生巨大的积极影响。在共建 "一带一路" 框架和 "共商共建共享" 的合作原则指导下，各参与国和国际组织本着平等相待、互利共赢的原则，就各国经济发展中遇到的问题、发展规划和应对政策进行深入充分的交流探讨协商，制定经济合作的相应规划和措施。

二、设施联通硕果累累

十年来，在各方共同努力下，"六廊六路多国多港" 互联互通架构基本形成并不断完善，一大批务实合作项目加速落地，共建"一带一路"倡议不断彰显强大韧性和旺盛活力。首先是合作项目成效显著。中老铁路累计发送旅客突破 900 万人次。其于 2021 年 12 月开通运营，是共建"一带一路"倡议与老挝"变陆锁国为陆联国"战略的对接项目，也是共建"一带一路"倡议提出后首条以中方为主投资建设、全线采用中国技术标准、使用中国设备并与中国铁路网直接联通的国际铁路；柬埔寨第一条高速公路金港高速向公众开放 3 个月通车已超 100 万辆；孟加拉国帕德玛大桥的建成，为其带来每年 1.5% 的 GDP 增长，受益人口超过 8000 万人；巴基斯坦卡洛特水电站的运转，预计每年可节约标准煤约 140 万吨，减少二氧化碳排放 350 万吨，满足 500 万人的用电需求；东南亚首条高速铁路——雅万高铁成功试验运行等强项目、技术的"破坏性"和地域嵌入程度的变革性项目进展顺利。其次是已蜕变为支撑性项目的中欧班列稳定运行。中欧班列通达欧洲 25 个国家的 200 多个城市，86 条时速 120 公里的运行线路穿越亚欧腹地主要区域，物流配送网络覆盖欧亚大陆；截至 2023 年 6 月底，中欧班列累计开行 7.4 万列，运输近 700 万标箱，货物品类达 5 万多种，涉及汽车整车、机械设备、电子产品等 53 大门类，合计货值超 3000 亿美元。中欧陆海快线从无到有，成为继传统海运航线、陆上中欧班列之外中欧间的第三条贸易通道，2022 年全通道运输总箱量超过 18 万标箱，火车开行 2600 余列。西部陆海新通道铁海联运班列覆盖中国中西部 18 个省（区、市），货物流向通达 100 多个国家的 300 多个港口。最后是一般性项目的"丝路海运"航线持续织密。截至 2023 年 6 月底，"丝路海运"航线已通达全球 43 个国家的 117 个港口，300 多家国内外知名航运公司、港口企业、智库等加入"丝路海运"联盟。"海上丝绸之路海洋环境预报保障系统"持续业务化运行，范围覆盖共建国家 100 多个城市。① 共建"一带一路"倡议实施十年来，中国政府通过向周边国家供给能源开发等基础设施建设公共产品，帮助周边国家建立起以铁路、公路、航运、航空、管道、空间综合信息网络等为核心的全方位、多层次、复合型基础设施网络。这大大降低了相关国家间商品、服务、资金、信息、技术等交易的成本，有效促进了跨区域资源要素的有序流动和优化配置，实现了中国与区域各国的互利合作、共赢发展。

① 十年共建结硕果　携手共进向未来　扎实推进高质量共建"一带一路"行稳致远 [EB/OL]. (2023 - 08 - 24). https：//www. drc. jiangxi. gov. cn/art/2023/8/24/art_14586_4577065. html.

三、贸易畅通质效双升

十年来，共建"一带一路"倡议的合作稳步推进，为各国及世界经济发展提供新动能。据中国海关总署发布数据，2013 年至 2022 年，中国与共建"一带一路"倡议沿线国家的进出口年均增长 8.6%，2022 年中国与沿线国家贸易继续保持了快速增长，进出口 13.83 万亿元，比上年增长 19.4%，高出整体增速 11.7 个百分点。共建"一带一路"倡议提出以来，中国与沿线国家的贸易往来日益紧密。首先，贸易投资规模稳步提升。2013～2022 年，中国与共建国家进出口总额累计 19.1 万亿美元，年均增长 6.4%；与共建国家双向投资累计超过 3800 亿美元，其中中国对外直接投资超过 2400 亿美元；中国在共建国家承包工程新签合同额、完成营业额累计分别达到 2 万亿美元、1.3 万亿美元。① 其次，自由化便利化水平持续提升。辐射"一带一路"的自由贸易区网络加快建设；中国与共建国家贸易安全与通关便利化合作持续深化；贸易新业态快速发展，"丝路电商"成为新亮点。再其次，国际经贸盛会持续释放活力。进博会、广交会、消博会、服贸会等国际经贸盛会为贸易畅通打造长期平台。最后，境外经贸合作园区互惠共赢。境外经贸合作园区累计投资 430.8 亿美元，为当地创造 34.6 万个就业岗位。中白工业园、柬埔寨西哈努克港经济特区、中埃（及）泰达苏伊士经贸合作区发挥重要作用。

四、资金融通稳步推进

从理论上讲，资金供给演进趋势需从政府支持开始，到政策性/开发性的金融与多边性金融（亚洲基础设施投资银行、丝路基金）进入，再到商业性金融入场，直至最后吸纳游离的社会资本参与，塑造出一个良性的资金供给循环。十年来，共建"一带一路"倡议稳步推进，已取得坚实的基础。首先，人民币国际化水平不断提升。截至 2023 年 6 月底，中国累计与 20 多个共建国家建立了双边本币互换安排，在 17 个共建国家建立了人民币清算安排。其次，多边金融机构共同参与。一是亚投行，二是丝路基金与欧洲投资基金设立的中欧共同投资基金，三是多边开发融资合作中

---

① 十年共建结硕果 携手共进向未来 扎实推进高质量共建"一带一路"行稳致远 [EB/OL]. (2023 - 08 - 24). https://www.drc.jiangxi.gov.cn/art/2023/8/24/art_14586_4577065.html.

中心（MCDF）基金等多边金融机构，共同助力资金融通稳步推进。最后，融资平台融资制度的建设。中国积极参与现有各类融资安排机制，与世界银行、亚洲开发银行等国际金融机构签署合作备忘录，与国际金融机构联合筹建多边开发融资合作中心，与欧洲复兴开发银行加强第三方市场投融资合作，与国际金融公司、非洲开发银行等开展联合融资，有效撬动市场资金参与。

五、民心相通持续深入

民心相通领域体现了中国开放融通的胸怀。中国以开放促合作、以合作谋发展，展现推动建设开放型世界经济的诚意与担当。首先是携手抗疫。中国同 31 个合作伙伴共同发起共建"一带一路"倡议疫苗合作伙伴关系倡议，为世界人民谋福祉，得到国际社会的广泛赞誉。其次是打造"发展带"。一大批"小而美、见效快、惠民生"的农业、医疗、减贫项目增进共建国家民众的获得感。如"鲁班工坊"教育合作和文化交流品牌，采取学历教育与职业培训相结合的方式，中方教师并不直接给学生上课，而是用中国标准培训当地教师，再由当地教师教授学生，旨在在认同的基础上，将中国职业教育优秀成果与其他国家分享。中国迄今已在国外建设 23 个鲁班工坊，开设数控机床、光伏发电、3D 打印、工业机器人等前沿专业，不断为当地培养职业技术人才。中医药海外中心的合作共建，不仅助力深化全球卫生治理合作，也促进了各国民众对中国文化的理解和认同。"万村通"项目，2015 年中非合作论坛约翰内斯堡峰会提出的中非人文领域合作举措之一，旨在为非洲 1 万个村庄接入卫星数字电视信号。布隆迪援布高级农业专家技术合作项目，解决了地处非洲大陆东部山区因稻瘟病减产甚至绝收的历史难题，并实现部分稻种本土化生产等项目。最后是共建幸福路。在共建"一带一路"倡议的过程中涌现了一大批民生合作项目、合作伙伴关系与艺术节等，伴随着沿线旅游、教育行业的繁盛，中国与沿线国家的人民对彼此的认同感与日俱增。同时，中国通过与相关国家互办艺术节、文化节等，为国家间政府和民间文化交流互动和国际理念海外传播搭建了实践平台。在教育方面，中国政府设立"丝绸之路"中国政府奖学金项目，与共建"一带一路"国家签署高等教育学历学位互认协议和互免签证协定，方便相关国家民众来华学习和交流。

第三节　共建"一带一路"倡议的主要经验

一、坚持党的领导

坚持党的领导是中国外交的灵魂。共建"一带一路"倡议十年来取得了诸多的进展和成就，其内在理念不只源于"丝绸之路"平等互利、友好往来、文明互鉴的历史传统，亦是"改革开放"精神与区域协调发展等中国式现代化经验的总结，更是中国积极参与全球治理、维护全球发展的大国责任担当，而这一切的根本保证在于坚持党的领导。首先，中国共产党是中国社会主义事业的领导核心，保证了共建"一带一路"倡议的正确方向和稳定性。在此背景下，中国需要建立更加紧密的国际联系和伙伴关系，以促进国际合作和共同发展。因此，党的领导可以确保倡议不会偏离自身的政治经济目标，并且能够确保相关的舆论环境与政策体系适应各种复杂现实情况，为中国特色大国外交取得历史性成就、推动中国与世界关系发生历史性变革提供了根本的政治保障。其次，党的领导可以确保中国的经济发展和国际地位得到更好地提升。在共建"一带一路"倡议中，中国需要投资大量资金来建设基础设施和推动经济发展，然而，这可能会给中国带来一些经济和政治风险。党的领导可以通过制定正确的经济和外交政策，以确保中国能够继续稳步增长，并在国际上更具竞争力。因此，党的领导对于中国实现"一带一路"倡议目标至关重要。最后，坚持党的领导也是中国智慧、中国方案的一项重要价值观。中国共产党不仅是中国历史和文化的重要组成部分，还代表了中国社会主义事业的未来方向。中国共产党是为中国人民谋幸福的政党，也是为人类进步事业而奋斗的政党，始终把为人类作出新的更大的贡献作为自己的使命。中国共产党所对应的"为人类谋解放，为世界谋大同"思想理念和价值观也被融入到共建"一带一路"倡议中，这有助于推动全球治理进步，推动人类共同发展。

综上所述，党的十八大以来，全方位、多层次、立体化的外交布局得以顺利开展，外交决策机制实现了由单一决策向多层次综合性决策的转变，对外工作队伍建设不断加强，根本原因都在于坚持党的集中统一领导。在新时代加强党的集中统一领导，必将为中国特色大国外交战略目标的实现提供坚强保障。

二、独具中国理念

共建"一带一路"倡议作为重要的国际公共品平台，可以解决全球治理的供给不足问题，是现存多边机制规则的完善。共建"一带一路"倡议是中国面向世界范围所提供的新型国际公共产品，在理念、机制、模式等多个层面上取得了创新与突破，不仅具备非竞争性、非排他性、可持续性等一般的公共产品特性，而且还带有明显的中国特色、中国风格、中国气派。在理念创新上，共建"一带一路"倡议秉持"合作共赢"的外交理念，以构建人类命运共同体为最终目标，在这个战略目标的指导下，先后确立了互信、互利、平等、协作的新安全观，互利共赢的经济发展观，亲诚惠容的周边外交观，实现了共商、共建、共享的全球治理观与美美与共的文明观。这不仅是中国为世界各国所提供的一种在精神上的"国际公共物品"，同时也是中国在思想上的重大革新。正确义利观是"一带一路"国际合作的核心价值旨向之一。义利观强调，只有在尊重彼此的利益的基础上，两个或多个国家之间的合作才能够取得真正的成功。这个理念与中国传统文化中的"天下为公""和谐共处"等价值观相契合。此外，义利观也有助于促进沿线国家之间的合作和发展。通过"一带一路"倡议，中国能够与沿线国家分享自己的技术、人才和资源，同时也可以从这些国家中学习到新的经验和知识。这样的结果有助于加强各国之间的联系，并形成更加友好和有利于合作的氛围。中国政府在处理"义"与"利"之间的关系时，坚持认为可欲的义利兼得必须通过义利兼顾来达致。中国政府提倡树立、弘扬和实践义利观，主张义利并举，以"以义为本、弘义融利"为宗旨。正确的义利观不仅决定了"一带一路"存在的合法性，而且决定了"一带一路"发展的可持续性。就此而言，能否真正贯彻正确义利观是"一带一路"建设成功与否的标志之一。

三、供给模式创新

中国作为具有世界影响力的大国，在设计和制定共建"一带一路"倡议区域性公共产品供给模式上，超越了以欧盟和美国为代表的超国家权威与霸权国供给模式，与诸如"东盟模式"这种以小国集团（国际组织）

为主导的多边合作供给模式，积极开创平等参与下的"多边合作供给"的区域性公共产品供给新模式。

首先金融创新。共建"一带一路"倡议建立了一系列金融机构和基金以促进沿线国家之间的投资和贸易，有力推进了金融创新。其中，中国建设了亚洲基础设施投资银行、丝路基金等多个机构，为共建"一带一路"倡议提供了重要的融资支持。此外，共建"一带一路"倡议还推进了"人民币国际化"，使中国的货币在海外的流通量增加。

其次知识创新。共建"一带一路"倡议在教育、文化、科技等领域进行了大量的合作与交流，推动了知识创新。例如，中方向沿线国家提供了许多奖学金和交流机会，同时也在当地开设多个孔子学院和文化中心。此外，倡议还推动了科技合作，特别是在能源、环保、新材料等领域进行了大量合作研究，推动了科技进步。

再其次制度创新。共建"一带一路"倡议通过各种形式实现了沿线国家之间的政策协调和合作。例如，中方和沿线国家签署了一系列双边和多边协议，构建了一批自由贸易区、经济合作区和产业园区等创新机制。这些机制规范了投资和贸易的行为，降低了政策风险，促进了经济合作，使得沿线国家之间的合作更加有序、高效和可持续。

最后国际公共产品供给模式创新。在共建"一带一路"倡议的推进过程中，中国坚持"引导而不是主导"的原则，坚持各国平等参与、共同协商，积极推进与沿线各国的战略对接与协作，共同解决公共物品缺位的问题。区域公共物品供给模式是一种突破"中央——外围"关系的新型"多方协作提供"格局，是一种不同于以往的"中心—边缘"的"多边合作供给"新模式。面对各国文化和发展阶段迥异的复杂现实，欲达到国际公共产品最优化的生产与分配，共建"一带一路"倡议提供的多边合作供给模式就是中国贡献的方案与智慧。拓展与深入合作的背景下打造利益共同体是高质量共建"一带一路"倡议的稳固支撑。

四、统筹国内全局

共建"一带一路"倡议在新时期"党中央统揽政治、外交、经济社会发展全局作出的重大战略决策，是实施新一轮扩大开放的重要举措，也是营造有利周边环境的重要举措，构建开放型经济新体制，形成全方位开放格局具有重要意义"。通过统筹国内全局，可以整合中央和地方的资源和力量、促进各地方和各部门的协同配合、提高决策效率和执行力,为共建"一带一路"倡议的顺利实施提供坚实支持和保障。

首先,统筹国内全局体现在从经济角度能够有效整合中央和地方政府的资源和力量,形成全国性的经济发展合力,有助于推动共建"一带一路"倡议的顺利实施。中央和地方政府可以通过互相协作,减少重复建设和浪费,将资源和资金投入到更加有利于共建"一带一路"倡议的领域和项目上,为沿线国家提供更好的服务和支持。同时,统筹规划还可以促进中西部地区和东部沿海地区的协调发展,缩小地区间的差距,实现全国范围内的经济一体化。

其次,统筹国内全局体现在促进政府部门之间的协同配合。在实现共建"一带一路"倡议的过程中,不同的部门和机构需要密切协调、无缝衔接,才能确保项目的高效推进和顺利完成。例如,在基础设施建设方面,需要交通运输、能源、水利、通信等多个部门的协作;在贸易投资方面,需要商务、海关、税务等多个部门的配合。如果各部门之间没有良好的协调和沟通,就会出现信息不畅、进度拖延等问题,从而影响到共建"一带一路"倡议的整体进展。

最后,统筹国内全局体现在提高中央和地方政府的决策效率和执行力。在共建"一带一路"倡议的推进过程中,中央和地方政府需要做出众多的决策,并将这些决策转化为具体的行动计划和工作方案,然后由各级政府和有关部门落实。如果中央和地方政府之间没有良好的沟通和协调,就会出现决策混乱、责任不明等问题,从而影响到共建"一带一路"倡议的实施效率和成果。

五、助益世界格局

当今世界是一个变革的世界,面对推动全球治理变革、塑造更加公正合理的国际新秩序的大势,中国一方面坚持做现有国际秩序的维护者与全球治理的合作者,另一方面又充当引领更加公正合理国际秩序和新型国际关系的塑造者,这是当代中国对自身核心利益的理性追求,也是真正的负责任全球大国勇于担当的应有之义。国际组织已经成为政府部门、企业部门之后的共建"一带一路"倡议合作第三大参与主体。共建"一带一路"倡议不仅仅是一个单纯的经济合作计划,还涉及政治、文化等多个领域,并且具有深远的国际影响力。因此,推动世界格局对共建"一带一路"倡议的伟大实践至关重要。

首先，从地缘政治角度来看，随着共建"一带一路"倡议的不断推进，中国在世界舞台上的地位逐渐提升，成为全球治理体系中的重要参与者和贡献者。同时，共建"一带一路"倡议也为周边国家和沿线国家带来了实实在在的利益，促进了这些国家之间的互利合作和共同发展。共建"一带一路"倡议作为一种新型的全球公共物品供应模式，其与生俱来的国际性和开放性，将供需双方有机地联系在一起，创新地构成了一条国际公共物品供需一体化的新途径。通过共建"一带一路"倡议的推进，中国与周边国家和沿线国家建立了更加紧密的联系，增强了区域安全和稳定，为推动世界格局变化和全球治理变革做出了积极贡献。

其次，从全球治理角度来看，推动世界格局变化和全球治理变革可以帮助共建"一带一路"倡议更好地融入和影响全球治理体系。当前，全球治理体系面临着各种挑战和困难，需要进行改革和调整。共建"一带一路"倡议作为中国对外开放和国际合作的重要举措，可以通过与其他国家和地区的合作，为全球治理体系的改革和调整提供新的思路和方案。同时，共建"一带一路"倡议也将促进参与国家和地区之间的经济联系和文化交流，增加了沟通和协调的机会，有助于缓解全球治理体系中存在的矛盾和分歧。面对全球秩序的转型，中国以全球担当塑造大国形象，顺应世界命运由各国共同掌握、国际规则由各国共同书写、全球事务由各国共同治理、发展成果由各国共同分享的世界期待，推动构建相互尊重、公平正义、合作共赢的新型国际关系，从而引领国际政治经济新秩序的塑造。

最后，从可持续性的角度来看，推动世界格局提高了共建"一带一路"倡议的影响力和可持续性。当前，全球政治和经济格局正在发生深刻变化，各国之间的互动日益紧密。因此，在推进共建"一带一路"倡议的过程中，必须考虑到全球治理的发展趋势和未来走向，以便保持合作的稳定性和可持续性。共建"一带一路"倡议旨在解决世界的多领域赤字与中国的可持续发展，其可以使合作各方的利益与国际公益产品的需要达到和谐统一，从而为全人类谋得更大更好的发展。通过推动世界格局可以为共建"一带一路"倡议的发展提供更加广阔和持久的空间和条件。

第四节　共建"一带一路"倡议的未来趋向

共建"一带一路"倡议已在世界范围内生根发芽，并取得丰硕成果。

根据世界银行的预测报告，共建"一带一路"倡议至 2030 年时将使沿线国家的 760 万居民改变极端贫困的处境，并使 3200 万居民脱离中度贫困的境况。近年来共建"一带一路"倡议向世界昭示了中国铺设的是一条多边主义、互利共赢的道路，实践的是增益人类全体的共同福祉，探索的是人类命运共同体之未来。共建"一带一路"倡议是一种能兼容贸易、金融、货币、发展等治理领域的多边制度，已成为当今世界深受欢迎的国际公共产品和国际合作平台。未来随着合作空间的不断扩大，发展红利的逐步普惠，共建"一带一路"倡议这条世界经济引擎的"发展带"、人类大同命运的"幸福路"也必将变得更加宽广蕃盛。

一、凝聚全球发展共识

当前，全球发展不平等、不平衡现象突出，完善全球经济治理的公共产品稀缺。中国积极提供全球经济治理方面的公共产品，推动实现更加普惠的全球发展。

第一，构建人类命运共同体。作为一个全球化的世界，国家之间的联系日益紧密。因此，共建"一带一路"倡议不仅仅关乎中国和沿线国家的利益，更关系到整个人类社会的发展和繁荣。当前，我们正处于一个全球化和多极化的时代，各国之间的互相依存程度越来越高，而共建"一带一路"倡议以其高效的合作模式，为各国之间的合作积累了经验，在这个背景下，构建人类命运共同体成为了一个重要的概念。习近平总书记多次指出："我们将以中国式现代化推动人类整体进步，以中国新发展为世界带来新机遇，为动荡的世界提供更多稳定性和确定性。""中国将坚持和平发展、开放发展、共赢发展，做全球发展的参与者、推动者，同各国一起实现共同发展。"未来，共建"一带一路"倡议将继续促进各国之间的联系与合作，从而实现构建人类命运共同体的目标。这就需要各国能够树立共赢的思想，抵制单边主义和保护主义，通过互利合作增加彼此之间的互信和理解。只有这样，才能够真正实现一个共同繁荣、和平稳定的世界。

第二，秉持正确义利观。共建"一带一路"倡议是一个合作共赢的过程，在这个过程中，各国之间应该秉持正确的义利观。正确义利观本身作为一种价值层面的公共产品，为以共商共建共享为原则确定国际发展合作的行动方案奠定了理论根基，是对中国社会"立己达人"传统的一种传承与发展，它突破了人们对社会生活的片面认识，也是对社会福利的一种肯定和补充，它能够有效应对因个人理性行动而产生的综合谬误，并有效发挥其对社会福利的补充作用。未来，"一带一路"倡议需要各方相互尊重彼此的文化背景和发展阶段，避免将自己的发展模式强加于他国，同时，要注重平等和公正，以达到最大的合作效果。

第三，共建"绿色一带一路"。共建"一带一路"倡议不仅涉及基础设施建设和交通运输等领域，更重要的是将支持各国的经济发展和增进人民生活水平。在这个过程中，环境保护和可持续发展是一个重要的考虑因素。习近平生态文明思想指出，人与自然是生命共同体，要坚持人与自然和谐共生。未来，共建"一带一路"倡议将更多地关注绿色发展，以及对环境和资源的保护，在共建"一带一路"倡议的过程中，各方应该共同努力，推动绿色低碳发展，减少污染和能源消耗，增加可再生能源使用比例，共同打造一个生态友好的未来。通过推广清洁能源技术、减少排放、提高能源效率等实现沿线国家的绿色发展，同时加强环保合作，制定相关政策和法规，加强对污染和恶性循环的监管和治理。这将有助于增加沿线国家之间的互信和合作，推动共建"一带一路"倡议的可持续发展。

二、拓宽全球发展动力

为应对逆全球化泛起、单边主义横行和保护主义抬头，提出更加注重推进高水平双向开放，构建更高层次对外开放新格局，为开放型世界经济发展提供新动力。拓宽合作领域，在强化传统贸易投资领域合作之外，加强国际安全合作、国际反腐合作、国际科技交流合作，特别是要推动数字创新合作。

第一，是国际公共产品供给不足问题。面对国际公共产品的搭便车与公地悲剧全球范围内国际公共产品供给不足的问题，以习近平为核心的党中央一直以来的态度便是欢迎世界搭乘中国发展的快车与便车，以开放谋共享之果。开放是搭乘中国发展快车、共享中国机遇的应有之意，是共商共建共享全球治理观的生动体现，具有明显的发展导向而非西方世界的规则导向。通过共建"一带一路"倡议可以深化区域合作，促进贸易、投资、人才等要素的高效流通与最优配置，推动形成更加开放、稳定、可持续的全球经济体系，缓解国际公共产品供给不足的问题，使中国的产能优势与发达国家的先进技术与发展中国家的发展需要相结合，通过优势互补，实现在第三方市场上的互利共赢。

第二，是创新驱动问题。在全球环境复杂多变、经济增长动力趋向疲软的今天，世界各国都在积极推进创新驱动战略，加强科技创新、人才培养、知识产权保护等方面的合作，以实现可持续发展。在未来的发展过程中，创新是最重要的增长引擎，我们应该把握好新一轮的技术和产业变化带来的历史性机会，加强在互联网、大数据、5G、人工智能等领域的国际协作，发掘出在新冠疫情后恢复过程中的新动能，加速世界各国的发展，促进发展中国家的跨越发展。要主动开拓更多的合作空间，以更为开放性的思路与行动，推动中国在世界范围内的科学与技术的公开与合作中发挥重要作用。在此基础上，提高我国在世界范围内的科技创新水平，增强其在世界范围内的话语权和主动权。创新驱动战略的实施，有助于促进技术转移和创新输出，推动世界经济高质量发展，使共建"一带一路"倡议得以构建更加开放、互利、共赢的经济合作体系。

第三，是气候变化和绿色发展问题。共建绿色"一带一路"既是大变局下中国主动适应新一轮科技革命和产业变革而进行的国际合作创新之举，也是共建"一带一路"倡议从谋篇布局的初始阶段向精耕细作高质量发展阶段转型升级的必然要求。随着气候变化的加剧，环境污染、资源短缺等问题日益凸显，这些问题不仅影响到各国的可持续发展，也需要全球范围内的合作和协调来解决。面对沿线国家需求对中国经济和碳排放的影响与日俱增的背景，中国企业在共建国家投资建设了一批可再生能源项目，帮助共建国家建设了一批清洁能源重点工程，为所在国绿色发展提供了有力支撑。通过共建"一带一路"倡议来加强环境保护和生态文明建设，使绿色发展在世界范围内得以成功落实，可以提高全球范围内的可持续性和整体福利水平，提高环境治理能力、增进民生福祉。

第四，是工业化与数字经济问题。一是工业化。工业化是关系到经济发展的一个重要环节。发展中国家在其所处的发展阶段以及其特定的国情方面存在差异，因此，推动工业化并不代表都要建立起自己的完善的工业化系统，相反，要与其自身的实际情况相联系，发展具有比较优势的产业，将产业链、供应链、创新链三个链条进行耦合。当前，世界的产业链正处于转型与重构之中，发展中国家应该在这种变化的环境下，加速其工业化的进程，从而更好地融入全球与区域价值链与供应链之中，获得更多的发展机遇与动力。二是数字经济。在技术、资本、人才、标准等方面，发达国家占据主导地位，而发展中国家正面对巨大挑战，而新兴数字经济产业可以使发展中国家抓住新的发展机遇。数字经济必将成为共建"一带一路"倡议的重点合作领域，助力发展中国家抓住科技革命和产业变革带来的机遇，获得更大的发展潜力和韧性。

三、夯实全球发展能力

为做好国际发展援助，提出坚持正确义利观，有原则、讲情谊、讲道义，多向发展中国家提供力所能及的帮助。针对发展中国家所面对的技术性问题，借鉴网上丝绸之路等数字技术提供便利，以及第三次、第四次工业革命等历程与经验，给他们实实在在的发展路径可行性方案。

第一，能夯实全球发展能力、共同推动全球减贫和粮食安全。就目前而言，全球贫困和饥饿现象仍然普遍存在。在共建"一带一路"倡议中，我们应该注重推动贫困地区的经济发展和社会进步，减轻其贫困和饥饿压力，在资源共享、技术交流等领域互相促进，共同打造全球发展伙伴关系。中国减贫所取得的成效，对其他国家或区域的减贫工作具有重要的现实意义。中国是世界减贫工作的推动者和贡献者，必将继续以实际的行动为导向，实实在在帮助世界各地进行减贫工作。此外，通过农业技术的转移和国际援助的加强，控制农业生产和粮食安全问题也是必不可少的，要推动可持续的农业发展，建立一个公平、合理、可持续、稳定的农产品贸易体系，加强对世界食品和农产品的管理，以确保世界食品和农产品的安全。

第二，加强南南、南北合作，打造全球发展伙伴关系。在共建"一带一路"倡议中，南南合作和南北合作都是至关重要的。南南合作是指发展中国家之间的互相支持和合作，中国是世界上最大的发展中国家，将在自己的能力范围内，为发展中国家尤其是最不发达国家提供了尽可能多的援助。南北合作则是指发达国家与发展中国家之间的合作，通过加强南北对话，可以促进建立相互尊重、公平公正、互利双赢的新的国际关系，使所有国家和所有人都能分享发展机遇和成果，避免以邻为壑的零和博弈思维。中国主张加强宏观政策国际协调，发达国家特别是主要大国，应当承担维护世界经济稳定的责任，推动全球治理体系变革。加强南南合作、南北合作两种合作关系，可以促进技术、资金、资源等的共享，从而提高各方的发展能力，实现共同繁荣，同时也为全球发展伙伴关系的建立奠定了坚实基础。

第三，依托双边区域机制，加强重大发展战略协同。在共建"一带一路"倡议中,双边区域机制是非常重要的工具,通过双边区域机制,不同国家可以共同参与到大规模项目的开展中,并分享各自的资源和技术。这样做有助于提高整个地区的经济发展水平,并有助于推动地区内部的经济互补。通过建立自由贸易区、加强政策协调等措施,可以促进地区内外经济的互通,推动各地的共同发展。此外,在重大发展战略的规划和实施过程中,各国也应该加强协同,营造良好的国际环境,共同推动全球发展进程,各国需要在制定投资策略、项目规划、技术研发等方面进行合作和协调,以确保所有参与者都能够从共建"一带一路"倡议中受益。

第四,践行真正多边主义,凝聚国际发展事业合力。践行真正的多边主义与共建"一带一路"倡议作为国际公共产品天然内蕴的非排他性、非竞争性属性具有内在的协调一致特征,助于促进全球治理体系的改革和完善。在多边主义框架下,各国能够平等参与和制定规则,从而保障各方合法权益,可以避免单边主义主导下的局部利益冲突和不公平竞争的情况发生。同时,多边主义还能够促进技术和知识的共享。共建"一带一路"倡议包括了许多跨国项目和大型基础设施建设,其中涉及的各种技术和知识是非常广泛和复杂的。采用多边主义方式,不同国家之间可以分享各自的专业知识和技术经验,从而提升沿线经济带的整体发展水平,在这个层面上,共建"一带一路"倡议通过践行多边主义为促进全球发展事业的发展提供强大的制度保障机制。

四、创造全球发展条件

共建"一带一路"倡议作为一个涉及众多国家和地区的大型计划,需要从创造全球发展条件的层面来助力世界更高效、更可持续地发展。创造全球发展条件不仅包括促进国际间的合作和交流,还包含全球政治格局的稳定与全球贸易机制的创新。

第一,政局稳定,优化资金保障。政治稳定是人类社会发展的基础。共建"一带一路"倡议涉及的区域广泛,涵盖众多国家和地区,在共建"一带一路"倡议中,保持政局稳定非常关键,对于高质量发展的纵深推进具有重要意义。中国愿意与其他国家共同发展,不会如西方国家一样对地缘政治优势孜孜以求,不追求地理上的优越性,不干预其他国家的事务,不将自己的社会体制和发展方式搞对外输出,也不将自己的理念强加给其他国家,而是开创合作共赢的新模式、建设和谐共存的大家庭,打破国家与民族的界限，推进沿线各国的现代化进程。同时，沿线项目的实施与推进需要筹集大量资金，通过政策沟通，可以消除发达国家的战略疑虑，也可以使小国的自身优势得以发挥，使各方资源得以高效率地调动。政局稳定可以为资金的筹集提供有力保障，让各国和机构更加愿意给予投资和支持，减少共建"一带一路"倡议面临的环境不确定性。

第二，减少壁垒，加强市场准入。国家之间的贸易壁垒和市场准入问题一直是制约全球贸易发展的重要因素。如果沿线国家之间存在过多的贸易壁垒，就会影响经济合作和贸易往来的实现。对进口商品进行限制或加税等措施会使得贸易流通受阻，导致价格上涨，甚至引发贸易争端。如果各国政府能够放宽对外资企业的限制，就能吸引更多的投资和技术，促进地区经济的发展。因此，在共建"一带一路"倡议中，需要尽可能打破贸易壁垒，加强市场准入，为各国之间的经济合作提供更好的条件。

第三，互联互通，推动设施建设。增进以基础设施建设为载体的互联互通是共建"一带一路"倡议的核心目标之一。通过将沿线国家的基础设施连通起来，形成网络化、智能化的交通、能源和信息系统，可以实现经济合作和文化交流的深度融合。同时，还需要推动各项设施的智能化和数字化升级，提高运输效率和安全性。通过加强互联互通和设施建设，可以促进各国之间的经济合作，推动贸易往来和投资流动，同时也为人民的文化、教育等方面的交流提供更多机会，亦有助于增进各国之间的相互了解和友谊，不断深化和促进沿线国家之间的联系和合作，推动整个地区的发展和繁荣。

第四，完善机制，有效防范风险。法治化是共建"一带一路"倡议高质量推进的内在要求。随着沿线地区的投资贸易规模越来越大，双方的合作模式也日趋多元化，跨境电子商务、跨境数据流动和跨境数字贸易等新兴产业、新业态和新模式的发展亦随之加快。构建中国制造业主导的"一带一路"沿线产业价值链的相关政策标准、规则和制度都亟待完善。各参与方需要以互利共赢为原则建立有效的合作机制，包括政府间协调机制、企业合作机制、文化交流机制等。这些机制，使每个参与方都能获得实实在在的收益。同时，也要一直秉持风险防范的意识。共建"一带一路"倡议涉及的国家和地区很多，面临的风险也非常复杂，比如，政治风险、商业风险、安全风险等。因此，在推进"一带一路"倡议时，要有完善的风险评估和预警机制，及时发现并解决潜在的风险问题。同时，各参与方还需要共同承担风险，建立共同的风险防范机制，确保项目的安全和可持续性。

五、谋篇全球发展未来

共建"一带一路"倡议的十年，也是全球化与逆全球化、互利共赢与以邻为壑、人类命运共同体与西方单边霸权主义反复博弈的十年。实践证明，共建"一带一路"倡议是逆全球化背景下以发展权为核心议题的价值纲领引领者，是世界经济增长与全球治理体系革新的主要推动者，是百年未有之大变局下国际公共产品的有力提供者。共建"一带一路"倡议必将迎来更加光明的前景，成为促进人类社会发展进步的重要国际合作平台。

第一，推动全球经济包容性增长。共建"一带一路"倡议将通过加强中国与沿线国家之间的经济联系，提高亚洲各国之间的贸易往来，并把更多的机会和福利带给世界其他地区。通过打破经济壁垒、扩大开放市场和促进投资、支持沿线国家的基础设施建设、能源开发等领域，共建"一带一路"倡议可以帮助那些目前缺乏经济发展机会的国家实现自我发展，为全球贫困地区提供更多的机会和福利，有效地促进全球经济的包容性增长，减少贫困和不平等问题，并最终改善全球人民的生活质量。此外，在保持经济联系的同时，也可以拉近人民之间的距离，增进世界和平与发展的进程。

第二，促进革新全球治理体系。共建"一带一路"倡议推动包括中国在内的亚洲国家与发展中国家在全球治理中发挥更加积极的作用，有助于促进全球治理体系的革新。倡议所秉持的"共商共建共享"全球治理观，主张倡导平等协商、共同建设、分享成果，这与目前一些西方国家主导下的全球治理体系不同，使得全球治理体系更加平等和民主化。同时，倡议通过与各国政府、非政府组织、国际组织和企业的交流合作，促进了多边主义发展，打造开放型世界经济，有助于推动全球治理体系革新，从而实现更加公正、平等的全球治理。

第三，着眼落实全球可持续发展。共建"一带一路"倡议将坚持强调可持续发展原则，明确要求在推动基础设施建设、能源互联互通、贸易投资等方面注重环保、节能、低碳等技术手段的运用，以确保经济发展与环境保护相协调。这符合全球可持续发展目标，有助于促进全球可持续发展的落实。同时，通过加强沿线国家之间的交流与合作，提高资源利用效率，推广清洁能源、新能源技术，改善生态环境，增强区域安全，促进社会和谐，有利于实现可持续发展，从长远的发展角度提高沿线区域人民的福祉。

　　共建"一带一路"倡议彰显了中国为民族复兴尽责、为人类进步担当的负责任大国的宏伟使命和博大胸怀。在高质量发展的新时代，中国与各国同行，推动构建人类命运共同体，为建设更加繁荣、文明、绿色的世界贡献力量。在共建"一带一路"倡议的带动下，在中国"亲亲而仁民，仁民而爱物"的义利观浸润下，沿线经济体必将提升合作理念，站在历史正确的一边，站在人类文明进步的一边，推动构建人类命运共同体，创造人类文明新形态。

参 考 文 献

[1] 巴曙松，王志峰．"一带一路"沿线经济金融环境与我国银行业的国际化发展战略 [J]．兰州大学学报（社会科学版），2015，43（5）：38 - 49.

[2] 包许航，叶蜀君．试论开发性金融对提高 PPP 项目落地率的特殊作用——基于三方相互威慑讨价还价模型 [J]．中央财经大学学报，2018（2）：13 - 22.

[3] 鲍洋．"一带一路"倡议会引发"债务陷阱"吗——基于中国对外投资合作的视角 [J]．经济学家，2020（3）：45 - 55.

[4] 蔡宏波，递慧颖，雷聪．"一带一路"倡议如何推动民族地区贸易发展？——基于复杂网络视角 [J]．管理世界，2021，37（10）：73 - 85.

[5] 曹伟，冯颖姣．人民币在"一带一路"沿线国家货币圈中的影响力研究 [J]．数量经济技术经济研究，2020，37（9）：24 - 41.

[6] 曹翔，李慎婷．"一带一路"倡议对沿线国家经济增长的影响及中国作用 [J]．世界经济研究，2021（10）：13 - 24，134.

[7] 陈春萍，罗龙林．"一带一路"与保险业发展 [J]．中国金融，2017（9）：64 - 65.

[8] 陈海涛，徐永顺，迟铭．PPP 项目中风险再分担对私人部门行为的影响——公平感知的多重中介作用 [J]．管理评论，2021，33（8）：53 - 65.

[9] 陈健．"一带一路"引领"双循环"新发展格局的优势与实践路径 [J]．西南民族大学学报（人文社会科学版），2021（2）.

[10] 陈丽君，朱蕾蕊．差序政府信任影响因素及其内涵维度——基于构思导向和扎根理论编码的混合研究 [J]．公共行政评论，2018，11（5）：52 - 69.

[11] 陈胜蓝，刘晓玲．公司投资如何响应"一带一路"倡议？——基于准自然实验的经验研究 [J]．财经研究，2018，44（4）：20 - 33.

［12］陈伟光．共建"一带一路"：一个基于制度分析的理论框架［J］．当代亚太，2021（2）．

［13］陈炜煜，顾煜．我国对"一带一路"沿线国家直接投资风险分析［J］．中国流通经济，2020（10）．

［14］陈雅，许统生．国际贸易对股票市场国际一体化的影响——来自"一带一路"沿线国的证据［J］．南开经济研究，2020（3）：161 – 181．

［15］陈杨，董正斌．开发性金融支持"一带一路"基础设施建设的对策研究［J］．国际贸易，2022（4）：74 – 81．

［16］陈悦，陈超美，刘则渊，等．CiteSpace 知识图谱的方法论功能［J］．科学学研究，2015（2）．

［17］陈智华，梁海剑．"一带一路"倡议与主权债务违约风险研究［J］．亚太经济，2020（4）：18 – 28．

［18］戴翔，宋婕．"一带一路"倡议的全球价值链优化效应——基于沿线参与国全球价值链分工地位提升的视角［J］．中国工业经济，2021（6）：99 – 117．

［19］戴翔，王如雪．"一带一路"、互联互通与 OFDI：中国特色促进机制研究［J］．经济纵横，2021（10）：44 – 58．

［20］戴翔，杨双至．中国"一带一路"倡议的出口促进效应［J］．经济学家，2020（6）：68 – 76．

［21］邓力平，马骏，王智烜．双边税收协定与中国企业"一带一路"投资［J］．财贸经济，2019，40（11）：35 – 49．

［22］邓轶嘉，余姗．"一带一路"倡议下目的国制度环境对企业投资绩效的影响研究［J］．宏观经济研究，2021（3）：52 – 66．

［23］邓忠奇，陈甬军．"一带一路"背景下融资方公私合营模式的资本结构分析［J］．产业经济研究，2018（3）：90 – 102．

［24］杜焕芳，郭诗雅．中国人民大学"一带一路"法律研究中心．全球化困境的跨越与中国"一带一路"倡议［J］．四川大学学报（哲学社会科学版），2022（5）．

［25］范子英，彭飞，刘冲．政治关联与经济增长——基于卫星灯光数据的研究［J］．经济研究，2016，51（1）：114 – 126．

［26］方慧，张潇叶，赵胜立．"一带一路"制造业增加值贸易网络对中国企业对外直接投资的影响研究［J］．南开经济研究，2024（4）：212 – 232．

［27］凤亚红，李娜，左帅.PPP项目运作成功的关键影响因素研究
［J］.财政研究，2017（6）：51－58.

［28］付金存，王岭.契约视角下城市公用事业公私合作的困境与破
解路径［J］.北京理工大学学报（社会科学版），2016，18（4）：64－70.

［29］傅京燕，程芳芳."一带一路"倡议对中国沿线省份产业结构
升级的影响研究［J］.经济经纬，2021，38（3）：66－75.

［30］高国力，黄征学，张燕.促进"一带一路"与三大区域战略对
接［J］.宏观经济管理，2018（8）：15－18.

［31］高华，孙赵航天，程风华.污水处理PPP项目价格形成与动态
调整机制研究［J］.价格理论与实践，2016（11）：130－133.

［32］高小升.欧盟智库对中国"一带一路"倡议动因的分析［J］.
当代世界社会主义问题，2019（2）：160－167.

［33］葛天任，张明."一带一路"精细化发展阶段隐形风险的连锁
机制与精准对策［J］.探索与争鸣，2021（3）：94－103＋179.

［34］耿建新，徐同.PPP模式下的资本偏好研究——以我国PPP模
式污水处理项目为例［J］.会计之友，2018（22）：92－100.

［35］公丕萍，姜超."一带一路"建设对沿线国家经济增长的影响
效果与中介路径［J］.世界地理研究，2021，30（3）：465－477.

［36］龚强，王俊，贾坤.财政分权视角下的地方政府债务研究：一
个综述［J］.经济研究，2011，46（7）：144－156.

［37］龚强，张一林，雷丽衡.政府与社会资本合作（PPP）：不完全
合约视角下的公共品负担理论［J］.经济研究，2019（4）：133－148.

［38］郭爱君，朱瑜珂，钟方雷."一带一路"倡议对我国沿线地区
开放型经济发展水平的影响效应评估［J］.经济问题探索，2019（9）：
59－71.

［39］郭聪聪."一带一路"倡议下出口信用保险经营情况的探究
［J］.上海保险，2019（5）：37－42.

［40］何杨，陈宇."一带一路"沿线国家基础设施投资PPP模式鼓
励政策的比较研究［J］.财政科学，2017（6）：86－91.

［41］和军，王丽佳."一带一路"PPP模式的价值及风险规避［J］.
开发研究，2017（6）：28－34.

［42］贺炎林，张杨，范言慧.经验、产业集聚与"一带一路"PPP
项目的成功率［J］.国际经贸探索，2021，37（3）：47－64.

[43] 胡鞍钢，地力夏提·吾布力，杭承政，等. 一带一路"先行军"与"主力军"[J]. 清华大学学报（哲学社会科学版），2017（3）：5 – 14.

[44] 胡文秀，任思洁. 更好推动"一带一路"交通走廊建设发展[J]. 宏观经济管理，2022（12）.

[45] 胡忆楠，丁一兵，王铁山."一带一路"沿线国家 PPP 项目风险识别及应对[J]. 国际经济合作，2019（3）：132 – 140.

[46] 胡咏梅，唐一鹏. 公共政策或项目的因果效应评估方法及其应用[J]. 华中师范大学学报（人文社会科学版），2018，57（3）：168 – 181.

[47] 黄亮雄，钱馨蓓，隋广军. 中国对外直接投资改善了"一带一路"沿线国家的基础设施水平吗？[J]. 管理评论，2018（3）：226 – 239.

[48] 黄宗智. 中国的新综合性视野和远瞻性愿景："一带一路"倡议与亚投行[J]. 学术月刊，2020，52（7）：93 – 104.

[49] 贾康. 发挥 PPP 创新作用弥补"一带一路"资金缺口[N]. 人民政协报，2017 – 05 – 16（005）.

[50] 姜波. 保险业服务"一带一路"战略的初步探索及发展建议[J]. 清华金融评论，2016（11）：29 – 32.

[51] 姜峰，蓝庆新，张辉. 中国出口推动"一带一路"技术升级：基于 88 个参与国的研究[J]. 世界经济，2021，44（12）：3 – 27.

[52] 姜颖，梁桂阁."一带一路"国际合作研究态势——基于 2013—2021 年 WOS 数据的文献计量分析[J]. 北京交通大学学报（社会科学版），2022（4）.

[53] 金刚，沈坤荣. 中国企业对"一带一路"沿线国家的交通投资效应：发展效应还是债务陷阱[J]. 中国工业经济，2019（9）：79 – 97.

[54] 李斌，杨冉，卢娟. 中部崛起战略存在政策陷阱吗？——基于 PSM – DID 方法的经验证据[J]. 中国经济问题，2019（3）：40 – 53.

[55] 李兵，颜晓晨. 中国与"一带一路"沿线国家双边贸易的新比较优势——公共安全的视角[J]. 经济研究，2018，53（1）：183 – 197.

[56] 李磊，马欢."一带一路"倡议与高质量进口[J]. 南开学报（哲学社会科学版），2022（2）：154 – 169.

[57] 李向阳."一带一路"的高质量发展与机制化建设[J]. 世界经济与政治，2020（5）：51 – 70.

[58] 李向阳. "一带一路"的研究现状评估 [J]. 经济学动态, 2019 (12): 27 – 37.

[59] 李向阳. 中国特色经济外交的理念、组织机制与实施机制——兼论"一带一路"的经济外交属性 [J]. 世界经济与政治, 2021 (3): 4 – 30, 156.

[60] 李晓钟, 毛芳婷. 数字经济对"一带一路"沿线国家创新绩效的影响研究 [J]. 中国软科学, 2023 (1).

[61] 李延喜, 何超, 刘彦文, 等. 对"一带一路"国家直接投资能否促进中国企业创新? [J]. 科学学研究, 2020, 38 (8): 1509 – 1525.

[62] 李延喜, 任艺, 陈利军, 等. 中国 OFDI 提升了东道国社会福利吗? ——来自"一带一路"沿线国家的证据 [J]. 投资研究, 2021, 40 (9): 27 – 45.

[63] 李妍, 刘颖, 李吉栋. 制度环境与 PPP 项目风险分担结构影响研究——基于发展中国家 PPP 项目数据 [J]. 金融与经济, 2021 (9): 24 – 31.

[64] 刘秉镰, 秦文晋. "丝绸之路经济带"倡议的经济效应与开放效应研究 [J]. 兰州大学学报 (社会科学版), 2020 (5).

[65] 刘海猛, 胡森林, 方恺, 等. "一带一路"沿线国家政治 - 经济 - 社会风险综合评估及防控 [J]. 地理研究, 2019 (12).

[66] 刘浩, 陈世金, 陈超凡. "一带一路"沿线国家基础设施 PPP 项目成效分析 [J]. 国家行政学院学报, 2018 (5): 57 – 63.

[67] 刘乐. 联合国与"一带一路"建设 [J]. 国际论坛, 2021 (4).

[68] 刘莉君, 张静静, 曾一恬. 数字经济推动共建"一带一路"高质量发展的效应研究 [J]. 中南大学学报 (社会科学版), 2022 (5).

[69] 刘瑞明, 赵仁杰. 西部大开发: 增长驱动还是政策陷阱——基于 PSM – DID 方法的研究 [J]. 中国工业经济, 2015 (6): 32 – 43.

[70] 刘卫东, 宋周莺, 刘志高, 等. "一带一路"建设研究进展 [J]. 地理学报, 2018 (4).

[71] 刘振, 黄丹华. "一带一路"参与、高管海外背景与企业技术创新 [J]. 管理科学, 2021, 34 (4): 71 – 88.

[72] 陆晓春, 杜亚灵, 岳凯, 等. 基于典型案例的 PPP 运作方式分析与选择——兼论我国推广政府和社会资本合作的策略建议 [J]. 财政研究, 2014 (11): 14 – 17.

[73] 吕炜，李晓伟. "一带一路" 沿线经济体民生发展评估实证 [J]. 数量经济技术经济研究，2021，38（4）：83-102.

[74] 吕越，陆毅，吴嵩博，等. "一带一路" 倡议的对外投资促进效应——基于2005—2016年中国企业绿地投资的双重差分检验 [J]. 经济研究，2019，54（9）：187-202.

[75] 吕越，马明会，李杨. 共建 "一带一路" 取得的重大成就与经验 [J]. 管理世界，2022，38（10）：44-55，95.

[76] 伦晓波，刘颜. 沿着数字 "一带一路" 实现高质量发展 [J]. 上海财经大学学报，2023（1）：64-78.

[77] 罗胜，王煜昊. 空间视角下中国在 "一带一路" 沿线国家OFDI的影响因素分析 [J]. 财经论丛，2021（12）：15-25.

[78] 罗煜，王芳，陈熙. 制度质量和国际金融机构如何影响PPP项目的成效——基于 "一带一路" 46国经验数据的研究 [J]. 金融研究，2017（4）：61-77.

[79] 罗知，李琪辉. "一带一路" 倡议十周年：国际研究现状与展望 [J]. 经济学动态，2023（10）：15-32.

[80] 罗知，王新雅，向婷，等. 基于文本分析视角的 "一带一路" 倡议合作模式研究 [J]. 经济学报，2022（4）：144-166.

[81] 马文涛，马草原. 政府担保的介入、稳增长的约束与地方政府债务的膨胀陷阱 [J]. 经济研究，2018（5）：72-87.

[82] 马晓夏. 中国企业对 "一带一路" 沿线经济体投资的经济效应评估 [J]. 金融发展评论，2021（2）：24-38.

[83] 马艳，李俊，王琳. 论 "一带一路" 的逆不平等性：驳中国 "新殖民主义" 质疑 [J]. 世界经济，2020，43（1）：3-22.

[84] 牛华，毕汝月，蒋楚钰. 中国企业对外直接投资与 "一带一路" 沿线经济体包容性增长 [J]. 经济学家，2020（8）：59-69.

[85] 钮松. "一带一路" 框架下中国与中东国家合作的进程与前景 [J]. 当代世界，2022（11）：64-68.

[86] 潘彬，金雯雯. 货币政策对民间借贷利率的作用机制与实施效果 [J]. 经济研究，2017，52（8）：78-93.

[87] 蒲清平，杨聪林. 构建 "双循环" 新发展格局的现实逻辑、实施路径与时代价值 [J]. 重庆大学学报（社会科学版），2020（6）：24-34.

[88] 蒲小平.“一带一路”十年建设的成就及时代内涵 [J]. 国际论坛，2023（3）：37-51.

[89] 祁瑞华，付豪.“一带一路”智库报告主题挖掘与演化研究 [J]. 智库理论与实践，2022（5）：11-19.

[90] 祁玉清. PPP 项目“风险分担”与“隐性收益保证”的异同分析与政策建议 [J]. 宏观经济研究，2019（11）：97-101，157.

[91] 钱学锋，向波.“双循环”新发展格局与创新 [J]. 北京工商大学学报（社会科学版），2022（6）：101-110.

[92] 钱志清. 高质量发展背景下的 PPP 模式应用 [J]. 国际经济合作，2019（5）：58-65.

[93] 强国令，徐会杰.“一带一路”倡议、公司战略与企业投资 [J]. 经济经纬，2021，38（5）：61-70.

[94] 仇娟东，葛立方，陈军梅.“一带一路”倡议带动了沿线经济体保险业的发展吗？——基于 PSM-DID 方法的实证分析 [J]. 现代财经（天津财经大学学报），2020（2）：84-99.

[95] 邱煜，潘攀.“一带一路”倡议与沿线经济体债务风险：效应及作用机制 [J]. 财贸经济，2019，40（12）：96-111.

[96] 邱煜，潘攀，张玲.“中国方案”果真布局了债务陷阱吗?：来自“一带一路”倡议的经验证据 [J]. 世界经济研究，2021（7）：120-134.

[97] 仇娟东. 共建“一带一路”倡议的金融支持体系建设研究 [M]. 北京：经济学科出版社，2019.

[98] 仇娟东，黄海楠，马赫然. 多边金融机构如何影响 PPP 项目中私人部门的投资额？——来自“一带一路”沿线经济体 3858 个项目的经验证据 [J]. 中国软科学，2021（1）：85-97.

[99] 仇娟东，黄海楠，赵军.“一带一路”沿线国家 PPP 项目发起政府级别如何影响私人部门的投资额：“差序信任”还是“贴近市场”? [J]. 财政研究，2020（1）：96-112.

[100] 区浩驰，郭凯迪，王灿.“一带一路”沿线国家可持续发展综合评价及中国合作建议 [J]. 中国人口·资源与环境，2022（6）：175-184.

[101] 屈廖健，刘宝存.“一带一路”倡议下我国国别和区域研究人才培养的实践探索与发展路径 [J]. 中国高教研究，2020（4）：77-83.

［102］冉奥博，刘守森，王蒲生."一带一路"背景下可持续基础设施的定性评估——以肯尼亚C12公路改造项目为例［J］.中国软科学，2020（6）：112－121.

［103］任保平.共同现代化：推进共建"一带一路"高质量发展的核心逻辑［J］.山东大学学报（哲学社会科学版），2022（4）：69－78.

［104］邵颖红，王嘉铭，邵思云.心理距离、风险分担与PPP项目投资效果——基于"一带一路"39国经验数据的研究［J］.软科学，2021，35（5）：7－12.

［105］沈俊鑫，顾昊磊.供应链治理体系视阈下养老PPP项目落地率影响因素分析［J］.当代经济管理，2020，42（10）：69－76.

［106］沈梦溪.国家风险、多边金融机构支持与PPP项目融资的资本结构——基于"一带一路"PPP项目数据的实证分析［J］.经济与管理研究，2016，37（11）：3－10.

［107］沈言言，刘小川.促进私人部门PPP投资的政府担保政策研究——基于中低收入国家PPP项目的证据［J］.财政研究，2019（5）：33－46.

［108］盛斌，靳晨鑫."一带一路"倡议：引领全球包容性增长的新模式［J］.南开学报（哲学社会科学版），2019（6）：1－10.

［109］施慧洪，黄文礼，孙茜茜."一带一路"倡议对沿线经济体国际收支影响的实证研究［J］.经济与管理研究，2019，40（8）：16－32.

［110］施卫萍，王会花.国际合作理论的中国创新：多文明国际合作理论［J］.社会主义研究，2022（4）：157－164.

［111］石静霞."一带一路"倡议与国际法——基于国际公共产品供给视角的分析［J］.中国社会科学，2021（1）：156－179.

［112］时秀梅，孙梁."一带一路"中私人部门参与PPP项目的影响因素研究［J］.财经问题研究，2017（5）：12－17.

［113］宋伟，贾惠涵.高质量共建"一带一路"的成就、挑战与对策建议［J］.河南社会科学，2022（1）：89－98.

［114］孙吉胜."一带一路"与国际合作理论创新：文化、理念与实践［J］.国际问题研究，2020（3）：1－20.

［115］孙祁祥，锁凌燕，郑伟."一带一路"与新型全球化：风险及应对［J］.中共中央党校学报，2017，21（6）：100－106.

［116］孙昕，克勉，张文中.如何有效吸引私营资本投资绿色基础设

施？——基于"一带一路"沿线国家（地区）的实证研究 [J]. 企业经济，2020，39（10）：13 - 22.

[117] 孙焱林，覃飞. "一带一路"倡议降低了企业对外直接投资风险吗 [J]. 国际贸易问题，2018（8）：66 - 79.

[118] 谈婕，郁建兴，赵志荣. PPP 落地快慢：地方政府能力、领导者特征与项目特点——基于项目的连续时间事件史分析 [J]. 公共管理学报，2019，16（4）：72 - 82.

[119] 唐晓彬，王亚男，张岩. "一带一路"沿线国家投资风险测度研究 [J]. 数量经济技术经济研究，2020（8）：140 - 158.

[120] 童伟，张居营. 中亚国家经济风险对"一带一路"建设的影响 [J]. 东北亚论坛，2020（5）：100 - 115.

[121] 汪炜，乔桂明，胡骋来. "一带一路"沿线国家直接投资对中国经济的拉动效应——基于东道国国家风险视角 [J]. 财经问题研究，2022（11）：77 - 88.

[122] 王桂军，卢潇潇. "一带一路"倡议与中国企业升级 [J]. 中国工业经济，2019（3）：43 - 61.

[123] 王桂军，张辉. "一带一路"与中国 OFDI 企业 TFP：对发达国家投资视角 [J]. 世界经济，2020，43（5）：49 - 72.

[124] 王晖，王松江. 基于 FTA 的 PPP 项目失败关键因素分析 [J]. 云南师范大学学报（哲学社会科学版），2017，49（4）：58 - 67.

[125] 王晖，仲鑫. "一带一路"倡议促进了沿线经济体产业结构升级吗？[J]. 经济与管理研究，2021，42（10）：17 - 35.

[126] 王军杰，石林. 论"一带一路"框架下我国海外投资保险制度的完善与重构 [J]. 财经理论与实践，2019，40（1）：156 - 160.

[127] 王连芬，梁筠怡，陈湘杰，等. 国际贸易中"一带一路"国家需求对中国的经济环境影响 [J]. 系统工程理论与实践，2022（12）：1249 - 1266.

[128] 王岭，闫东艺，周立宏. 财政负担导致基础设施 PPP 项目"落地难"吗？——基于城市面板数据的实证分析 [J]. 财经论丛，2019（8）：104 - 112.

[129] 王秋彬，李龙龙. "中国债务陷阱论"的兴起及其实质 [J]. 吉林大学社会科学学报，2020，60（2）：127 - 134.

[130] 王石锟. 发挥中国金融软实力构建"一带一路"立体金融服

务体系［J］．国际金融，2015（8）：13－17.

［131］王树文．"一带一路"PPP 模式中风险分析及风险规避路径选择［J］．东岳论丛，2016，37（5）：68－75.

［132］王威，夏仕成．基础设施建设投资"走出去"的 PPP 模式选择研究［J］．中央财经大学学报，2020（6）：3－11.

［133］王潇潇，陈淑梅．中国经济增长的外溢效应研究［J］．亚太经济，2019（2）：15－22.

［134］王孝松，周钰丁，肖尧．地缘经济因素的贸易效应——来自"一带一路"沿线国家的证据［J］．经济研究，2022（9）：174－191.

［135］王毅．出口信用保险护航"一带一路"［J］．中国金融，2017（9）：31－33.

［136］王永钦，陈映辉，杜巨澜．软预算约束与中国地方政府债务违约风险：来自金融市场的证据［J］．经济研究，2016，51（11）：96－109.

［137］王媛媛．中国与"一带一路"沿线国家数字经济合作研究［J］．东岳论丛，2022（11）：165－172.

［138］王宗韩，白思俊，郭云涛．"一带一路"基础设施 PPP 项目投资风险研究——以东南亚三国为例［J］．工程管理学报，2021，35（5）：88－93.

［139］卫志民，孙杨．民营企业参与"PPP 项目"的制约因素分析［J］．江苏行政学院学报，2016（3）：56－61.

［140］魏巧琴．中国出口信用保险政策效应及其地区差异性研究［J］．保险研究，2017（3）：16－25.

［141］温忠麟．张雷，侯杰泰，等．中介效应检验程序及其应用［J］．心理学报，2004（5）：614－620.

［142］吴昺兵，贾康．PPP 项目财政支出责任债务风险生成机理的政社博弈分析［J］．经济与管理研究，2022，43（2）：30－47.

［143］吴浩，欧阳骞．高质量共建"一带一路"的理念与路径探析——基于全球治理视角［J］．江西社会科学，2022（7）：197－205.

［144］吴望春，李春华．"一带一路"倡议对沿线省份保费收入增长的影响效果评估——基于双重差分的实证分析［J］．中央财经大学学报，2018（10）：24－32.

［145］吴义东，陈卓，陈杰．地方政府公信力与 PPP 项目落地规模——

基于财政部 PPP 项目库数据的研究 [J]. 现代财经（天津财经大学学报），2019，39（11）：3 – 13.

[146] 习近平谈"一带一路"[M]. 北京：中央文献出版社，2018.

[147] 向辉，俞乔. 债务限额、土地财政与地方政府隐性债务 [J]. 财政研究，2020（3）：55 – 70.

[148] 项松林."一带一路"影响中国和沿线国家出口增长的二元边际——基于双重差分模型的分析 [J]. 财经问题研究，2020（4）：110 – 120.

[149] 肖钢. 加强软联通、共建软环境建立"一带一路"投融资新体系 [J]. 新金融评论，2019（1）：95 – 121.

[150] 肖建忠，肖雨彤，施文雨."一带一路"倡议对沿线国家能源投资的促进效应：基于中国企业对外投资数据的三重差分检验 [J]. 世界经济研究，2021（7）：107 – 119.

[151] 协天紫光，樊秀峰. 中国对外直接投资能否提高东道国居民幸福感——来自"一带一路"沿线微观个体的经验证据 [J]. 国际经贸探索，2021，37（4）：81 – 97.

[152] 徐奇渊."一带一路"沿线国家交通基础设施融资需求测算 [J]. 开发性金融研究，2018（6）：8 – 16.

[153] 徐思，何晓怡，钟凯."一带一路"倡议与中国企业融资约束 [J]. 中国工业经济，2019（7）：155 – 173.

[154] 许培源，姚尧."一带一路"交通基础设施联通的经济效应 [J]. 东南学术，2021（2）：130 – 152.

[155] 许少民，李江."中国债务陷阱外交论"的发展及其谬误 [J]. 国际问题研究，2020（1）：40 – 53.

[156] 杨权，汪青."一带一路"倡议对沿线国家政府债务的影响 [J]. 财政研究，2021（2）：111 – 129.

[157] 杨权，汪青."一带一路"倡议有利于沿线国家外部财富增值吗——基于估值效应的视角 [J]. 国际贸易问题，2021（7）：125 – 141.

[158] 姚冬琴. 专访瑞士再保险亚洲区总裁彭凯彤：至 2030 年，"一带一路"建设将带来 340 亿美元商业保费 [J]. 中国经济周刊，2017（22）：56 – 57.

[159] 叶芳. 多边开发银行参与基础设施项目投资空间分布的影响因素——基于世界银行 PPI 数据库的实证分析 [J]. 财政研究，2017（10）：65 – 75.

[160] 尹晨，周薪吉，王祎馨."一带一路"海外投资风险及其管理——兼论在上海自贸区设立国家级风险管理中心 [J]. 复旦学报（社会科学版），2018，60（2）：139 - 147.

[161] 袁成，郭杰."一带一路"沿线国家保险市场发展差异研究 [J]. 中南财经政法大学学报，2018（2）：106 - 113.

[162] 袁成."一带一路"倡议下我国保险国际化的形势分析 [J]. 保险理论与实践，2017（12）：1 - 10.

[163] 袁航，朱承亮. 西部大开发推动产业结构转型升级了吗？——基于 PSM - DID 方法的检验 [J]. 中国软科学，2018（6）：67 - 81.

[164] 袁佳."一带一路"基础设施资金需求与投融资模式探究 [J]. 国际贸易，2016（5）：52 - 56.

[165] 翟东升，王淼. 夯实"一带一路"倡议的政治经济学理论基础 [J]. 中央社会主义学院学报，2017（5）：25 - 31.

[166] 张东源，王珏. 找准高质量共建"一带一路"的关键点 [J]. 人民论坛，2019（22）：90 - 91.

[167] 张丽平，蓝庆新. 以资本运作推动"一带一路"的互联互通建设 [J]. 南开学报（哲学社会科学版），2016（1）：71 - 76.

[168] 张禄，石磊，戴大双，等. PPP 项目政府担保对项目效率影响研究 [J]. 中国管理科学，2017（8）：89 - 102.

[169] 张鹏飞，黄烨菁. 中国企业参与"一带一路"基础设施建设 PPP 合作模式的影响因素研究——以亚洲发展中国家为合作对象的分析 [J]. 新金融，2019（1）：25 - 31.

[170] 张帅，储斌."债务陷阱"与"债务危机"的发展逻辑——兼及"一带一路"参与国经济体系的开放性 [J]. 东南亚研究，2020（4）：87 - 109.

[171] 张相伟，龙小宁."一带一路"倡议下境外经贸合作区和对外直接投资 [J]. 山东大学学报（哲学社会科学版），2022（4）：79 - 92.

[172] 张馨月，吴信如. 东道国经济政策不确定性对企业 OFDI 的影响研究——基于中国企业大型投资数据库的经验证据 [J]. 工业技术经济，2022，41（5）：78 - 89.

[173] 张雅璇，王竹泉. 从合伙契约到产权重建：走出 PPP 项目落地难的困境 [J]. 财经问题研究，2019（2）：35 - 42.

[174] 张艳艳，于津平，李德兴. 交通基础设施与经济增长：基于

"一带一路"沿线国家铁路交通基础设施的研究 [J]. 世界经济研究，2018 (3)：56 –68.

[175] 张友棠，杨柳. "一带一路"国家金融发展与中国对外直接投资效率——基于随机前沿模型的实证分析 [J]. 数量经济技术经济研究，2020，37 (2)：109 –124.

[176] 张原. 中国对"一带一路"援助及投资的减贫效应——"授人以鱼"还是"授人以渔" [J]. 财贸经济，2018，39 (12)：111 –125.

[177] 张真真. 塔吉克斯坦独立后的政治经济发展 [M]. 上海：上海大学出版社，2017.

[178] 赵蜀蓉，杨科科，龙林岸. "一带一路"基础设施建设中 PPP 模式面临的风险与对策研究 [J]. 中国行政管理，2018 (11)：73 –78.

[179] 赵万里，范英，姬强，等. "一带一路"国家金融风险溢出研究——基于 TENET 网络方法 [J]. 系统工程理论与实践，2022 (1)：24 –36.

[180] 赵威. 保险资产管理助力"一带一路"投资的路径选择 [J]. 清华金融评论，2018 (4)：41 –43.

[181] 赵伟. 国家战略、"一带一路"倡议与西部选择 [J]. 现代经济探讨，2022 (7)：1 –9.

[182] 郑筱筠. "一带一路"沿线国家民族宗教热点问题研究 [J]. 思想战线，2019 (6)：9 –19.

[183] 郑子龙. 政府治理与 PPP 项目投资：来自发展中国家面板数据的经验分析 [J]. 世界经济研究，2017 (5)：62 –77.

[184] 钟飞腾，张帅. 地区竞争、选举政治与"一带一路"债务可持续性——剖析所谓"债务陷阱外交"论 [J]. 外交评论（外交学院学报），2020，37 (1)：20 –64.

[185] 钟准. 安全竞争强度、政党政治与中小国家的大国合作战略 [J]. 外交评论（外交学院学报），2022 (3)：48 –69.

[186] 周华蓉，刘友金，贺胜兵. "新雁行模式"理论与"一带一路"产业发展 [J]. 财经研究，2022 (8)：78 –93.

[187] 周小川. 市场化运作是"一带一路"投融资可持续性的保证 [J]. 中国金融家，2017 (5)：24 –28.

[188] 朱旭峰，吴冠生. 中国特色的央地关系：演变与特点 [J]. 治理研究，2018，34 (2)：50 –57.

[189] 祝继高, 王谊, 汤谷良. "一带一路" 倡议下中央企业履行社会责任研究——基于战略性社会责任和反应性社会责任的视角 [J]. 中国工业经济, 2019 (9): 174 - 192.

[190] 卓志, 朱衡. 宏观经济、保险制度变迁与保险业增长 [J]. 保险研究, 2017 (4): 3 - 14.

[191] Amitai Etzioni. Is China a New Colonial Power? [J]. The Diplomat, 2020 (9): 68 - 79.

[192] Askill H. H.. More for everyone: The effect of local interests on spending on infrastructure [J]. European Journal of Political Economy, 2016, 43: 41 - 56.

[193] Baniya, N. Rocha, M. Ruta. Trade Effects of the New Silk Road: A Gravity Analysis [J]. World Bank Policy Research Working Paper 8694, January 2019.

[194] Baron M., Kenny D.. The moderator-mediator variable distinction in social psychological research: conceptual, strategic and statistical consideration [J]. Journal of personality and social psychology, 1986, 51 (6): 1173 - 1182.

[195] Basılio M. The determinants of private sector and multilateral development agencies participation in infrastructure projects [J]. Technical University of Lisbon, School of Economics and Management (ISEG), 2010.

[196] Biygautane M., Neesham C., Othman K. A., Institutional entrepreneurship and infrastructure public-private partnership (PPP): Unpacking the role of social actors in implementing PPP projects [J]. International Journal of Project Management, 2019, 37 (01): 192 - 219.

[197] Brautigam D. A critical look at Chinese "debt-trap diplomacy": The rise of a meme [J]. Area Development and Policy, 2020, 5 (1): 1 - 14.

[198] Chellance, Brahma, Brahma. China's Debt - Trap Diplomacy [N]. Project Syndicate, 2017 - 01 - 23.

[199] Cheng, L. K. Three questions on China's "Belt and Road Initiative" [J]. China Economic Review, 2016, 40 (9): 309 - 313.

[200] Chung D., Hensher D.. Public private partnerships in the provision of tolled roads: Shared value creation, trust and control [J]. Transportation Research Part A: Policy and Practice, 2018, 118 (8): 341 - 359.

［201］Chung D, Hensher D. Risk Management in Public – Private Partnerships ［J］. Australian Accounting Review, 2015, 25 (1): 13 – 27.

［202］Daniel Treisman. The causes of corruption: a cross-national study ［J］. Journal of Public Economics, 2000, 76 (3): 399 – 457.

［203］Darwin Marcelo, Schuyler House. Effects of Multilateral Support on Infrastructure PPP Contract Cancellation ［J］. World Bank Group Policy Research Paper, 2016 (7), WPS7751.

［204］Demi Chung, David A. Hensher. Public private partnerships in the provision of tolled roads: Shared value creation, trust and control ［J］. Transportation Research Part A: Policy and Practice, 2018, 118 (8): 341 – 359.

［205］De Soyres F. The growth and welfare effects of the belt and road initiative on East Asia Pacific countries ［J］. MTI Practice Note, 2018, 4.

［206］Du J, Zhang Y. Does one belt one road initiative promote Chinese overseas direct investment? ［J］. China Economic Review, 2018, 47: 189 – 205.

［207］Ernest Tambo, Christopher Khayeka Wandabwa, Grace Wagithi Muchiri, Yun – Na Liu, Shenglan Tang, XiaoNong Zhou. China's Belt and Road Initiative: Incorporating public health measures toward global economic growth and shared prosperity ［J］. Global Health Journal, 2019, 3 (2): 46 – 49.

［208］E. Tambo, Christopher Khayeka – Wandabwa, Grace Wagithi Muchiri. China's Belt and Road Initiative: Incorporating public health measures toward global economic growth and shared prosperity ［J］. Global Health Journal, 2019.

［209］Etienne B. Yehoue, Mona Hammami, Jean – François Ruhashyankiko. Determinants of Public – Private Partnerships in Infrastructure ［J］. IMF Working Papers. 2006. 10. 5089/9781451863598. 001.

［210］Faguet J. Does decentralization increase government responsiveness to local needs? – Evidence from Bolivia ［J］. Journal of Public Economics, 2010, 88 (3): 867 – 893.

［211］Faguet J P. Decentralization and governance ［J］. World Development, 2014, 53: 2 – 13.

［212］Fallon, T. The New Silk Road: Xi Jinping's Grand Strategy for Eurasia ［J］. American Foreign Policy Interests, 2015, 37 (3): 140 – 147.

［213］Francois de Soyres, Alen Mulabdic, Siobhan Murray, Nadia

Rocha, Michele Ruta. How much will the Belt and Road Initiative reduce trade costs? [J]. International Economics, 2019, 159 (10): 151 – 164.

[214] Galilea P, Medda F. Does the political and economic context influence the success of a transport project? An analysis of transport public-private partnerships [J]. Research in Transportation Economics, 2010, 30 (1): 102 – 109.

[215] Germà Bel, Xavier Fageda. Preventing competition because of solidarity: rhetoric and reality of airport investments in Spain [J]. Applied Economics, 2009, 41 (22): 2853 – 2865.

[216] Ghosal S, Miller M, Thampanishvong K. Waiting for a haircut? A bargaining perspective on sovereign debt restructuring [J]. Oxford Economic Papers, 2019, 71 (2): 405 – 420.

[217] Gregory T. Chin. The Asian Infrastructure Investment Bank – New Multilateralism: Early Development, Innovation, and Future Agendas [J]. Global Policy, 2019, 10 (4): 95 – 121.

[218] Hartman P, Ogden J, Jackson R. Contract duration: Barrier or bridge to successful public-private partnerships? [J]. Technology in Society, 2020, 63: 101403.

[219] Heckman J. J. , Ichimura H, and Todd P. E. . Matching as an econometric evaluation estimator: Evidence from evaluating a job training programme [J]. Review of Economic Studies, 1997, 64 (4): 605 – 654.

[220] Hering, L. , and S. Poncet. Environmental Policy and Exports: Evidence from Chinese Cities [J]. Journal of Environmental Economics and Management, 2014, 68 (2): 296 – 318.

[221] Hulten, C. R. , Schwab, R. M. , A fiscal federalism approach to infrastructure policy [J]. Regional Science and Urban Economics, 1997, 27 (2): 139 – 159.

[222] International Monetary Fund. Moving from Liquidity-to Growth-Driven Markets [R]. Global Financial Stability Report, 2014.

[223] Iossa E, Martimort D. The simple microeconomics of public-private partnerships [J]. Journal of public economic theory, 2015, 17 (1): 4 – 48.

[224] J. Bird, M. Lebrand, A. Venables. The Belt and Road Initiative: Reshaping Economic Geography in Central Asia? [J]. World Bank Policy Re-

search working paper, 2019 No. WPS 8807.

[225] Jiayi Zhou, Richard Ghiasy. The Silk Road Economic Belt: Considering security implications and EU – China cooperation prospects [J]. Stockholm International Peace Research Institute (SIPRI), 2017.

[226] Jinbo Song, Yunpeng Zhao, Lulu Jin, Yan Sun. Pareto optimization of public-private partnership toll road contracts with government guarantees [J]. Transportation Research Part A: Policy and Practice, 2018, 117 (8): 158 – 175.

[227] John Hurley, Scott Morris and Gailyn Portelance. Examining the Debt Implications of the Belt and Road Initiative from a Policy Perspective [J]. Journal of Infrastructure, Policy and Development, 2019 (1): 139 – 175.

[228] Jorge Fleta – Asín, Fernando Muñoz. How does risk transference to private partner impact on public-private partnerships' success? Empirical evidence from developing economies [J]. Socio – Economic Planning Sciences, 2020, 72 (6): 86 – 92.

[229] José Manuel Vassallo, Antonio Sánchez Soliño. Minimum Income Guarantee in Transportation Infrastructure Concessions in Chile [J]. Transportation Research Record Journal of the Transportation Research Board, 2006 (1): 15 – 22.

[230] Julan Du, Yifei Zhang, Does One Belt One Road Initiative Promote Chinese Overseas Direct Investment? [J]. China Economic Review, 2018, 47 (2): 189 – 205.

[231] Kappeler A, Solé – Ollé, Albert, Stephan A, et al. Does fiscal decentralization foster regional investment in productive infrastructure? [J]. European Journal of Political Economy, 2013, 31 (3): 15 – 25.

[232] Kappeler, A., Välilä, T.. Fiscal federalism and the composition of public investment in Europe. European Journal of Political Economy [J]. European Journal of Political Economy, 2008, 24 (4), 562 – 570.

[233] Knight, Brian. Estimating the Value of Proposal Power [J]. American Economic Review, 2005, 95 (5): 1639 – 1652.

[234] Koen Verhoest, Ole Helby Petersen, Walter Scherrer, Raden Murwantara Soecipto. How Do Governments Support the Development of Public Private Partnerships? Measuring and Comparing PPP Governmental Support in 20

European Countries [J]. Transport Reviews, 2015, 35 (2): 118 – 139.

[235] Langørgen A. A structural approach for analyzing fiscal equalization [J]. International Tax & Public Finance, 2012, 22 (3): 1 – 25.

[236] Leonard K. Cheng. Three questions on China's "Belt and Road Initiative" [J]. China Economic Review, 2016, 40 (9): 309 – 313.

[237] Liu T, Wang Y, Wilkinson S. Identifying critical factors affecting the effectiveness and efficiency of tendering processes in Public – Private Partnerships (PPPs): A comparative analysis of Australia and China [J]. International Journal of project management, 2016, 34 (4): 701 – 716.

[238] Local government borrowing: Risks and rewards [M]. Open Society Institute, 2004.

[239] Lopes, A. I., T. T. Caetano. Firm-level Conditions to Engage in Public – Private Partnerships: What Can We Learn? [J]. Journal of Economics and Business, 2015, 79: 82 – 99.

[240] Martin de J., Rui M., Dominic S., Yongchi M., Bao X.. Introducing Public – PrivatePartnerships for Metropolitan Subways in China: What is the Evidence [J]. Journal of Transport Geography, 2010, 18: 301 – 313.

[241] Mau, K. & R. Seuren. OneBelt, OneRoad, oneway? Where European exporters benefit from the New Silk Road [J]. Review of World Economics, 2023, 159 (2): 257 – 297.

[242] Michele Ruta, Dappe Herrera, Chunlin Zhang. Belt and Road Economics: Opportunities and Risks of Transport Corridors [J]. World Bank Policy Research working paper, 2019, No. 1878.

[243] Moore R. and Kerr S. On a Highway to Help: Multilateral Development Bank Financing and Support for Infrastructure [J]. Economic Roundup, 2014 (1): 21 – 32.

[244] Muhammad Akhtaruzzaman, Nathan Berg, Donald Lien. Confucius Institutes and FDI Flows from China to Africa [J]. China Economic Review, 2017, 44 (7): 241 – 252.

[245] Nunzia Carbonara, Nicola Costantino, Roberta Pellegrino. Concession period for PPPs: A win-win model for a fair risk sharing [J]. International Journal of Project Management, 2014, 32 (7): 1223 – 1232.

[246] Orphanides A. Central Bank Policies and the Debt Trap [J]. Social

Science Electronic Publishing, 2017, 37 (2): 223 – 246.

[247] Overholt, W. H.. One Belt, One Road, One Pivot [J]. Global Asian, 2015, 20 (3): 1 – 8.

[248] Panayides, P. M., F. Parola, J. S. L. Lam. The Effect of Institutional Factors on Public-private Partnership Success in Ports [J]. Transportation Research Part A, 2015, 71: 110 – 127.

[249] Patricia Galilea, Francesca Medda. Does the political and economic context influence the success of a transport project? An analysis of transport public-private partnerships [J]. Research in Transportation Economics, 2010, 30 (1): 102 – 109.

[250] Percoco, M.. Quality of Institutions and Private Participation in Transport Infrastructure Investment: Evidence from Developing Countries [J]. Transportation Research Part A, 2014, 70: 50 – 58.

[251] Robert Osei – Kyei, Albert P. C. Chan. Review of studies on the Critical Success Factors for Public – Private Partnership (PPP) projects from 1990 to 2013 [J]. International Journal of Project Management. 2015, 33 (6): 1335 – 1346.

[252] Rodenbiker J. Green silk roads, partner state development, and environmental governance: Belt and road infrastructure on the Sino – East African frontier [J]. Critical Asian Studies, 2023, 55 (2): 169 – 192.

[253] Rosenbaum, Paul R., Rubin, Donald B. Constructing a Control Group Using Multivariate Matched Sampling Methods That Incorporate the Propensity Score [J]. The American Statistician, 1985, 39 (1): 33 – 38.

[254] Ruta, Michele; Herrera Dappe, Matias; Lall, Somik; Zhang, Chunlin. 2019. Belt and Road Economics: Opportunities and Risks of Transport Corridors. Washington, DC: World Bank. © World Bank. https: //openknowledge. worldbank. org/ handle/10986/31878 License: CC BY 3. 0 IGO. "

[255] Sanogo T. Does fiscal decentralization enhance citizens' access to public services and reduce poverty? Evidence from Côte d'Ivoire municipalities in a conflict setting [J]. World development, 2019, 113: 204 – 221.

[256] Schepper S. D., Haezendonck E., Michaël D.. Understanding pre-contractual transaction costs for Public – Private Partnership infrastructure projects [J]. International Journal of Project Management, 2015, 33 (4):

932 – 946.

［257］Suprabha Baniya, Nadia Rocha, Michele Ruta Trade Effects of the New Silk Road: A Gravity Analysis ［J］. World Bank Policy Research Working Paper, 2019, No. 8694.

［258］Timothy Irwin. Government Guarantees: Allocating and Valuing Risk in Privately Financed Infrastructure Projects ［M］. World Bank Policy Research working paper, 2007, No. 39497.

［259］Veronica Herrera, Alison E. Post. Can Developing Countries Both Decentralize and Depoliticize Urban Water Services? Evaluating the Legacy of the 1990s Reform Wave ［J］. World Development, 2014, 64 (6): 621 – 641.

［260］Wang Y C, Tsai J J, You E. The impact of RMB internationalization on the exchange rate linkages in China and ASEAN countries ［J］. Applied Economics, 2022, 54 (43): 4961 – 4978.

［261］Weiwu Zou, Mohan Kumaraswamy, Jacky Chung, James Wong. Identifying the critical success factors for relationship management in PPP projects ［J］. International Journal of Project Management, 2014, 32 (2): 265 – 274.

［262］Weyzig, F. Tax Treaty Shopping: Structural Determinants of Foreign Direct Investment Routed through the Netherlands ［J］. International Tax and Public Finance, 2013, 20 (6): 910 – 937.

［263］Wibowo A, Permana A, Kochendörfer B, et al. Modeling Contingent Liabilities Arising from Government Guarantees in Indonesian BOT/PPP Toll Roads ［J］. Journal of Construction Engineering & Management, 2012, 138 (12): 1403 – 1410.

［264］William H. Overholt, One Belt, One Road, One Pivot ［J］. Global Asian, 2015, 20 (3): 1 – 8.

［265］Wu J, Liu J, Jin X, et al. Government Accountability within Infrastructure Public – Private Partnerships ［J］. International Journal of Project Management, 2016, 34 (8): 1471 – 1478.

［266］Xiao, Z. & Lam, J. S. L. . Willingness to Take Contractual Risk in Port Public – Private Partnerships under Economic Volatility: The Role of Institutional Environment in Emerging Economics ［J］. Transport Policy, 2019, 81 (9): 106 – 116.

[267] Yehoue M E B, Hammami M, Ruhashyankiko J F. Determinants of public-private partnerships in infrastructure [M]. International Monetary Fund, 2006.

[268] Yinglin Wang, Peng Cui, Jicai Liu. Analysis of the risk-sharing ratio in PPP projects based on government minimum revenue guarantees [J]. International Journal of Project Management, 2018, 36 (6): 899 – 909.

[269] Yohanna M. L. Gultom, When extractive political institutions affect public-private partnerships: Empirical evidence from Indonesia's independent power producers under two political regimes [J]. Energy Policy, 2021, 149 (11): 112 – 128.

[270] Yurdakul H, Kamasak R, Öztürk T Y. Macroeconomic drivers of Public Private Partnership (PPP) projects in low income and developing countries: A panel data analysis [J]. Borsa Istanbul Review, 2022, 22 (1): 37 – 46.

[271] Zengqi Xiao, Jasmine Siu Lee Lam. The impact of institutional conditions on willingness to take contractual risk in port public-private partnerships of developing countries [J]. Transportation Research Part A: Policy and Practice, 2020, 133 (3): 12 – 26.

[272] Zhang S, Chan A P C, Feng Y, et al. Critical review on PPP Research – A search from the Chinese and International Journals [J]. International journal of project management, 2016, 34 (4): 597 – 612.

[273] Zhang Y. From state to market: Private participation in China's urban infrastructure sectors, 1992 – 2008 [J]. World Development, 2014, 64: 473 – 486.

[274] Zhao Y, Liu X, Wang S, et al. Energy relations between China and the countries along the Belt and Road: An analysis of the distribution of energy resources and interdependence relationships [J]. Renewable and Sustainable Energy Reviews, 2019, 107: 133 – 144.

[275] Zhuo Feng, Shui – Bo Zhang, Ying Gao. Modeling the impact of government guarantees on tollcharge, road quality and capacity for Build – Operate – Transfer (BOT) road projects [J]. Transportation Research Part A: Policy and Practice, 2015, 78 (5): 54 – 67.

后　　记

2013 年，习近平主席提出共建"一带一路"倡议，我国沿线各省区积极响应并制定推进方案，2014 年，宁夏回族自治区党委、政府提出"全力打造丝绸之路经济带'战略支点'"的定位。2015 年，宁夏经济学会组织研讨"宁夏如何打造丝绸之路经济带'战略支点'？"，笔者受邀就"一带一路"建设的目标、重点、难点和路径等作了主题报告，自此正式开始关注与研究共建"一带一路"倡议相关问题。2016 年，笔者申请并获批宁夏高等学校科学技术研究项目（优秀青年教师培育项目）1 项，题目为《金融支持"一带一路"建设的路径研究》，尝试从金融视角提出支持"一带一路"高质量发展的相关思考，经过 3 年的深入研究，在 2019 年结题时提交了由经济科学出版社出版、入选"中国经济治略丛书"、约 33 万字的学术专著《共建"一带一路"倡议的金融支持体系建设研究》。正是在这些工作完成的过程中，笔者深刻认识到，共建"一带一路"倡议作为中国迈向新时代的国家顶层设计，攸关中国改革开放的成败，关乎世界和平与发展的前景。在完成这些工作的基础上，笔者深刻地认识到"一带一路"建设中资金支持体系建设与优化的重要性，并深感以 PPP 模式支持"一带一路"建设是以国际语言推动国际倡议建设进而具有重大现实必要性与可行性。

2021 年，笔者以"'一带一路'沿线 PPP 项目中政府引导对社会资本吸纳效应的影响研究"为题，申请并获批了国家自然科学基金项目（项目编号：72164032）。事实上，在获批该国家自然科学基金项目之前，笔者在前期研究中已经关注到了沿线经济体 PPP 项目发起政府级别、多边金融机构等对私人部门投资额的影响，也评估了保险资金支持"一带一路"建设的效果，这些研究成果先后发表在《中国软科学》《财政研究》《现代财经——天津财经大学学报》等杂志上，借出版本书之际，笔者根据全书逻辑框架以及对研究的进一步细化，将这些内容纳入到本书的第五章、第六章和第八章。在此基础上，笔者针对 10 年来广泛涌现的"一带一路"

主题下的相关文献，又重新梳理了这些研究的主要进展及核心观点，这也成为本书第二章的研究内容。笔者针对第二章观点性梳理的不足，结合CiteSpace可视化工具与CNKI数据库，勾勒了"一带一路"框架下相关研究的轮廓，以期廓清"来龙"与"去脉"，这也成为本书第三章的研究内容。为了提供一个更为直观的"一带一路"沿线投资环境，笔者结合相关数据库的统计数据从PPP项目、经济金融环境、制度质量等方面开展了统计分析，进而形成了本书第四章的研究内容。笔者进一步关注到影响私人部门核心利益的PPP项目收益来源方式，运用实证方法检验了PPP项目中收益来源方式对私人部门投资额的影响，进而形成本书第七章的内容。随着"一带一路"的进展，外媒所宣讲的"债务陷阱论"甚嚣尘上，因而笔者又结合大样本数据评估了中国企业对"一带一路"沿线的投资效应，这也成为本书第九章的内容。在进行实证分析的基础上，本书最后一章则是站在共建"一带一路"倡议10周年的历史节点上，从定量分析回归到定性分析，系统梳理"一带一路"倡议的进展、经验并提出未来的展望。

共建"一带一路"倡议提出的10年，也是笔者持续关注金融支持"一带一路"建设的10年。在这10年中，理论与实践中一些超预期的建设成果不断涌现，但总体上对以PPP模式支持"一带一路"建设的系统分析并不多见。有鉴于此，本书的重要目标之一便是系统描述以PPP模式支持"一带一路"建设的现状；其二便是为"一带一路"建设可持续的资金供给渠道提供有价值的参考信息；其三是"抛砖引玉"，希望更多研究人员能够关注以PPP模式支持"一带一路"建设。

在本研究完成之际，愿向为本研究开展提供支持与帮助的个人与单位表达深深的谢意。本研究的开展和出版得到了笔者所主持的国家自然科学基金项目（项目编号：72164032）和宁夏高等学校一流学科建设（理论经济学学科）资助项目（项目编号：NXYLXK2017B04）的支持，在此表示深深的感谢！本书的完成得到了赵军、陈军梅、黄海楠、葛立方、马赫然等同事的方向性启发与支持，我所指导的学生安纪钊、徐玉卿、池俸禄、郭昱、刘仁杰等也在资料收集、数据处理等方面提供了很多帮助，笔者所在单位的领导与学科团队也给予了重要支持与鼓励。正是有了你们的支持、帮助与分担，我才能再度整理、研究并出版该著作！经济科学出版社的王娟女士以严谨的工作态度、细致的工作作风为本书的出版统筹了相关的审阅、校对和编辑工作，在此表示感谢！

再次回到本研究的主题，"一带一路"的一端是活跃的东亚经济圈，另一端是发达的欧洲经济圈，笔者深感"一带一路"倡议对沿线国家居民福祉的影响，深感"一带一路"倡议对世界政治经济格局的深远影响，深感"一带一路"建设为我国所带来的机遇与挑战。祝愿"一带一路"的"朋友圈"越来越广泛、各国的务实合作越来越深入、"一带一路"建设的成效越来越显著！

仇娟东

于宁夏银川

2024 年 1 月 1 日